北京大学经济学教材系列 | 国际经济与贸易系列

The European
Union Economy

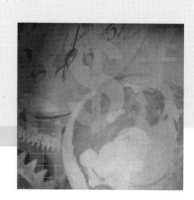

欧盟经济

张新生 吴侨玲 编著

图书在版编目(CIP)数据

欧盟经济/张新生，吴侨玲编著.—北京:北京大学出版社，2022.4
北京大学经济学教材系列
ISBN 978-7-301-32928-3

Ⅰ.①欧… Ⅱ.①张…②吴… Ⅲ.①欧洲联盟—经济政策—高等学校—教材 Ⅳ.①F150.4

中国版本图书馆CIP数据核字(2022)第040972号

书　　　名	欧盟经济 OUMENG JINGJI
著作责任者	张新生　吴侨玲　编著
责任编辑	兰　慧
标准书号	ISBN 978-7-301-32928-3
出版发行	北京大学出版社
地　　　址	北京市海淀区成府路205号　100871
网　　　址	http://www.pup.cn
微信公众号	北京大学经管书苑（pupembook）
电子信箱	em@pup.cn
电　　　话	邮购部 010-62752015　发行部 010-62750672　编辑部 010-62752926
印　刷　者	北京市科星印刷有限责任公司
经　销　者	新华书店 787毫米×1092毫米　16开本　13.25印张　314千字 2022年4月第1版　2022年4月第1次印刷
定　　　价	42.00元

未经许可，不得以任何方式复制或抄袭本书之部分或全部内容。
版权所有，侵权必究
举报电话：010-62752024　电子信箱：fd@pup.pku.edu.cn
图书如有印装质量问题，请与出版部联系，电话：010-62756370

总　序

当今世界正经历百年未有之大变局,新一轮科技革命和产业变革深入发展,国际力量对比深刻调整,各种经济活动和经济现象不是趋于简单化,而是变得越来越复杂,越来越具有嬗变性和多样性。如何对更纷繁、更复杂、更多彩的经济现象在理论上进行更透彻的理解和把握,科学地解释、有效地解决经济活动过程中已经存在的和即将面对的一系列问题,是现在和未来的各类经济工作者需要高度关注的重要课题。

北京大学经济学院作为教育部确定的"国家经济学基础人才培养基地"和"全国人才培养模式创新实验区",以及北京大学经济学"教材研究与建设基地",一直致力于不断全面提升教学和科研水平,不断吸引和培养世界一流的学生,不断地推出具有重大学术价值的科研成果,以创建世界一流的经济学院。而创建世界一流经济学院,一个必要条件就是培养世界一流的经济学人才。我们的目标是让学生能够得到系统的、科学的、严格的专业训练,深入地掌握经济学学习和研究的基本方法、基本原理和最新动态,为他们能够科学地解释和有效地解决他们即将面对的现实经济问题奠定基础。

基于这种认识,北京大学经济学院在近年来深入总结了人才培养各个方面的经验教训,在全面考察和深入研究国内外著名经济院系本科生、硕士研究生、博士研究生的培养方案以及学科建设和课程设置经验的基础上,对本院学生的培养方案和课程设置等进行了全方位改革,并组织编撰了"北京大学经济学教材系列"。

编撰本系列教材的基本宗旨是:

第一,学科发展的国际经验与中国实际的有机结合。在教学的实践中我们深刻地认识到,任何一本国际顶尖的教材,都存在一个与中国经济实践有机结合的问题。某些基本原理和方法可能具有国际普适性,但对原理和方法的把握则必须与本土的经济活动相联系,必须把抽象的原理与本土鲜活的、丰富多彩的经济现象相联系。我们力争在该系列教材中,充分吸收国际范围内同类教材所承载的理论体系和方法论体系,在此基础上,切实运用中国案例进行解读,使其成为能够解释和解决学生遇到的经济现象和经济问题的知识。

第二,"成熟"的理论、方法与最新研究成果的有机结合。教科书的内容必须是"成熟"或"相对成熟"的理论和方法,即具有一定"公认度"的理论和方法,不能是"一家之言",否则就不是教材,而是"专著"。从一定意义上说,教材是"成熟"或"相对成熟"的理论和方法的"汇编",所以,相对"滞后"于经济发展实际和理论研究的现状是教材的一个特点。然而,经济活动过程及其相关现象是不断变化的,经济理论的研究也在时刻发生着变化,我们不仅要告诉学生那些已经成熟的东西,而且要培养学生把握学术发展最新动态的能力。因此,在系统介绍已有的理论体系和方法论基础的同时,本系列教材还向学生介绍了相关理论及其方法的创新点。

第三,"国际规范"与"中国特点"在写作范式上的有机结合。经济学在中国发展的

"规范化""国际化""现代化"与"本土化"关系的处理,是多年来学术界讨论学科发展的一个焦点问题。本系列教材不可能对这一问题做出确定性的回答,但是在写作范式上,却争取做好这种结合。基本理论和方法的阐述坚持"规范化""国际化""现代化",而语言的表述则坚守"本土化",以适应本土师生的阅读习惯和文本解读方式。

为深入贯彻落实习近平总书记关于教育的重要论述、全国教育大会精神以及中共中央办公厅、国务院办公厅《关于深化新时代学校思想政治理论课改革创新的若干意见》,我们按照国家教材委员会《全国大中小学教材建设规划(2019—2022年)》《习近平新时代中国特色社会主义思想进课程教材指南》和教育部《普通高等学校教材管理办法》《高等学校课程思政建设指导纲要》等文件精神,将课程思政内容融入教材,以坚持正确导向,强化价值引领,落实立德树人根本任务。

此外,为了响应国家积极组织构建信息技术与教育教学深度融合、多种介质综合运用、表现力丰富的高质量数字化教材体系的要求,本系列教材在形式上将不再局限于传统纸质教材,而是会根据学科特点,添加讲解重点难点的视频音频、检测学习效果的在线测评、扩展学习内容的延伸阅读、展示运算过程及结果的软件应用等数字资源,以增强教材的表现力和吸引力,有效服务线上教学、混合式教学等新型教学模式。

本系列教材的作者均是我院主讲同门课程的教师,各教材也是他们在多年教案的基础上修订而成的。自2004年本系列教材推出以来至本次全面改版之前,共出版教材22本,其中有6本教材入选国家级规划教材("九五"至"十二五"),9本教材获选北京市精品教材及立项,多部教材成为该领域的经典,取得了良好的教学与学术影响,成为本科教材中的力作。

为了更好地适应新时期的教学需要以及教材发展要求,我们持续对本系列教材进行改版更新,并吸收近年来的优秀教材进入系列,以飨读者。当然,我们也深刻地认识到,教材建设是一个长期的动态过程,已出版教材总是会存在不够成熟的地方,总是会存在这样那样的缺陷。本系列教材出版以来,已有超过三分之一的教材至少改版一次。我们也真诚地期待能继续听到专家和读者的意见,以期使其不断地得到充实和完善。

十分感谢北京大学出版社的真诚合作和相关人员付出的艰辛劳动。感谢经济学院历届的学生们,你们为经济学院的教学工作做出了特有的贡献。

将本系列教材真诚地献给使用它们的老师和学生们!

北京大学经济学院教材编委会

目 录

第一章 欧盟概况 ·· (1)
    第一节 欧盟简介 ·· (1)
    第二节 欧盟的法律基础 ·· (2)
    第三节 欧盟的主要机构设置 ·· (5)
    第四节 欧洲一体化的程度 ··· (7)
    第五节 欧共体/欧盟的创建与发展 ·· (9)

第二章 欧盟的共同农业政策 ··· (28)
    第一节 共同农业政策产生的背景 ·· (28)
    第二节 共同农业政策的主要内容 ·· (31)
    第三节 共同农业政策的运行机制 ·· (32)
    第四节 实施共同农业政策的积极意义及产生的问题 ························ (34)
    第五节 共同农业政策的历次改革 ·· (35)
    第六节 欧盟东扩对共同农业政策的影响 ······································· (42)
    第七节 共同农业政策对欧盟的影响及未来面临的挑战 ····················· (44)

第三章 共同商业政策 ··· (47)
    第一节 共同商业政策概况 ··· (47)
    第二节 欧共体/欧盟对外签署的贸易协定 ···································· (49)
    第三节 欧共体/欧盟优惠贸易制度——普惠制 ······························· (56)
    第四节 共同进出口规则 ·· (59)
    第五节 欧盟对外贸易中的主要保护性政策工具 ······························ (62)
    第六节 欧盟与中国的贸易关系 ··· (75)
    第七节 欧盟与美国的贸易关系 ··· (84)
    第八节 欧盟与日本贸易关系简介 ·· (94)

第四章 欧盟财政政策 ··· (96)
    第一节 欧盟的财政预算 ·· (96)
    第二节 财政政策的主要特点 ·· (99)
    第三节 欧盟财政政策的实施情况、存在的问题及其原因 ·················· (100)

第五章　地区政策 ……………………………………………………（106）
第一节　地区政策的产生和发展 ……………………………………（106）
第二节　地区政策的重点 ……………………………………………（113）
第三节　地区政策的目标 ……………………………………………（114）
第四节　基金管理机制与相应的制度安排 …………………………（115）
第五节　地区政策取得的成绩及存在的问题 ………………………（117）

第六章　欧洲统一大市场 ……………………………………………（121）
第一节　欧洲统一大市场的历程 ……………………………………（121）
第二节　欧洲统一大市场的影响 ……………………………………（128）
第三节　欧洲统一大市场存在的问题 ………………………………（129）

第七章　欧洲货币一体化 ……………………………………………（131）
第一节　欧洲货币一体化概述 ………………………………………（131）
第二节　欧洲货币体系 ………………………………………………（133）
第三节　欧洲货币一体化进程 ………………………………………（137）
第四节　欧元 …………………………………………………………（139）
第五节　欧洲货币制度 ………………………………………………（142）
第六节　欧洲货币体系危机 …………………………………………（146）

第八章　欧洲债务危机 ………………………………………………（150）
第一节　概述 …………………………………………………………（150）
第二节　欧洲债务危机的过程 ………………………………………（152）
第三节　欧洲债务危机的成因 ………………………………………（154）
第四节　欧洲的救市计划 ……………………………………………（159）
第五节　欧洲债务危机对欧盟经济复苏的影响 ……………………（164）
第六节　欧洲债务危机对金融业的影响 ……………………………（164）
第七节　希腊主权债务危机没有导致欧元崩溃 ……………………（165）
第八节　希腊摆脱危机 ………………………………………………（165）
第九节　欧元前景 ……………………………………………………（166）

第九章　欧洲难民危机 ………………………………………………（168）
第一节　危机产生的原因 ……………………………………………（170）
第二节　难民潮成了难民危机 ………………………………………（174）
第三节　德国独木难支 ………………………………………………（174）
第四节　欧洲国家在安置难民问题上的态度 ………………………（176）
第五节　欧盟面临的挑战 ……………………………………………（177）

第十章　英国脱欧 ……………………………………………………（178）
第一节　政治原因 ……………………………………………………（178）
第二节　经济原因 ……………………………………………………（180）

第三节　文化原因 …………………………………………………（181）
　　第四节　历史原因 …………………………………………………（182）
　　第五节　地理原因 …………………………………………………（183）
　　第六节　难民原因 …………………………………………………（183）
　　第七节　民粹主义在公投中的作用 ………………………………（184）
　　第八节　脱欧影响 …………………………………………………（184）
　　第九节　脱欧谈判 …………………………………………………（188）

参考文献 ……………………………………………………………（203）

后记 …………………………………………………………………（205）

第一章 欧盟概况

第一节 欧盟简介

欧洲联盟(以下简称"欧盟")六十多年的发展历程向世人展示了欧洲一体化在不断扩大与深化方面取得的一个又一个令人瞩目的成就。欧盟的前身欧洲共同体(以下简称"欧共体")创建于1967年7月1日,当时的6个创始国为联邦德国、法国、意大利、比利时、荷兰和卢森堡。欧盟作为世界上最大的区域性经济贸易集团,目前拥有27个成员国,而且其扩大进程还在继续。欧洲一体化进程始终是在不断的扩大与深化的主旋律中向前发展的。欧盟经过7次扩大而不断发展壮大。同时,欧盟在欧洲一体化的深化方面成绩斐然:从关税同盟到欧洲统一大市场,再到欧元的问世,欧洲人实现了"三级火箭"的发展目标。

【成员】 奥地利、比利时、保加利亚、塞浦路斯、捷克、丹麦、爱沙尼亚、芬兰、法国、德国、希腊、匈牙利、爱尔兰、意大利、拉脱维亚、罗马尼亚、立陶宛、卢森堡、马耳他、荷兰、波兰、葡萄牙、斯洛伐克、斯洛文尼亚、西班牙、瑞典、克罗地亚。

【中文名称】 欧洲联盟(简称"欧盟")

【英文名称】 European Union(简称"EU")

【人口】 4.48亿(2020年)

【面积】 437.99万平方公里

【国内生产总值】 18.749万亿美元(2018年),人均约为3.65万美元(2018年)

【货币】 欧元,1999年1月1日正式启用,2002年1月1日0时正式流通

【欧盟总部所在地】 比利时首都布鲁塞尔

【盟旗】 蓝底上由12颗金色五星构成的圆环

【盟歌】 贝多芬第九交响曲中《欢乐颂》的主旋律

【欧洲日】 即"舒曼日":5月9日。

【格言】 多元一体

【欧洲理事会主席】 夏尔·米歇尔(Charles Michel)(比利时前首相),2019年12月1日上任

【欧盟委员会主席】 乌尔苏拉·冯·德莱恩(Ursula von der Leyen)(德国前国防部长),2019年12月1日上任

【欧洲中央银行行长】 克里斯蒂娜·拉加德(Christine Lagarde)(国际货币基金组织前总裁),2019年11月1日上任

欧盟盟旗

新欧盟总部大厦

第二节 欧盟的法律基础

早期关于建立欧洲煤钢共同体的《巴黎条约》、建立欧洲经济共同体和欧洲原子能共同体的《罗马条约》以及后期关于建立欧盟的《马斯特里赫特条约》等国际条约,构成了欧盟的法律基础。实际上,欧盟的法律是欧洲一体化建设六十多年来制定的,由众多条约、条例、指令、决定和判例等组成,其效力在成员国的国家法律之上,老成员国必须遵守,新成员国也必须在加入欧盟时作为先决条件接受。它具有以下几个特征:

一、具有超国家性

欧盟是西欧诸国推行经济一体化和政治联盟的产物。欧共体/欧盟的目标、功能,以及为实现目标而应采取的方法和步骤在建立欧共体/欧盟的基础条约中都做了明确规定。为了实现欧共体/欧盟的最终目标,各成员国必须根据条约的规定,为追求欧共体/欧盟的整体利益而对自身的权利做出限制。根据《巴黎条约》第9条的规定,委员应为欧共体的一般利益而完全独立地行使其职责,在履行其义务时,它们不请求亦不接受任何政府的指示,以避免做出与其职责的超国家性质相抵触的任何行为。各成员国其委员会成员行使职责时不对其施加影响。欧盟职能的超国家性决定了其法律的超国家性。

二、具有联邦性

欧共体最初建立的终极目标是通过设立共同机构、建立共同市场和实行共同的社会政策来实现欧洲的统一。因此,欧共体(后逐步演化为欧盟)的发展必然出现这样一种趋势,即在欧共体组织本身朝着类似于三权分立的近代西方国家形态转化的同时,欧共体各成员国的主权日益受到限制。欧共体/欧盟成员国根据条约建立起来的共同体组织对成员国拥有很大的权力,这是以往任何国际组织都不曾有过的。首先,欧盟基础条约具有宪法的效力,它对欧盟的机构设置、权限与职能,以及欧盟的基本社会政策做出了明确规定,成为欧盟正常运转的法律基础,对欧盟成员国具有直接的法律约束力。其次,欧盟不仅有专司立法的机构(如欧盟理事会和欧洲议会,它们分别代表成员国政府和欧共体公民,共同行使立法权),而且还有独立的行政管理机构(欧盟委员会)和司法机构(欧洲法院),而欧洲法院具有普通法院和宪法法院的混合职能,对欧盟成员国直接拥有司法管辖权。最后,欧盟在推进成员国经济、政治一体化的过程中,制定了大量共同的社会政策,形成了比较完善的经济贸易法律制度,这些法律和政策构成了成员国国内法的一部分。欧洲法院通过判例,确认了欧盟法在成员国的"直接适用原则"和欧盟法与成员国国内法发生冲突时的"优势原则"。直接适用原则是指欧盟各基础条约中的某些条款以及由欧盟理事会和欧盟委员会制定的条例无须成员国通过国内立法程序就可以在成员国中直接适用;优势原则则确认了欧盟法的效力高于国内法。

三、是国际法和国内法的结合

欧盟法就其本质而言,是成员国为最终实现欧洲经济、政治、社会的和谐统一而采取的过渡时期的法律形式,它既不是国内法,也不是国际法,而是成员国之间为追求共同体的整体利益,自愿限制、转让部分国家主权而采取的法律措施。欧盟法也是一种特殊类型的法律制度。它是在民族、历史、文化、语言、政治经济和社会形态上具有密切联系的特定地区的国家实行区域性经济、政治联合,推进社会一体化的结果。

专栏 1-1

欧盟法律体系简介

欧盟法律体系是指以建立欧盟的国际条约为核心而建立起来的,包括欧盟自己为实施条约而制定的各项条例、指令、决定和判例以及欧盟各国的相关国内法,旨在调整欧盟各国对内和对外关系的国际法与国内法规范的总称,是一个将国际条约的内容逐渐发展成为国内法规范的法律体系。欧盟法律体系包括以下三个层面:

首先,欧盟法律体系包括成立欧共体的国际条约以及后续修改的一系列条约,比如《巴黎条约》《罗马条约》《布鲁塞尔条约》《单一欧洲文件》《申根协定》《马斯特里赫特条约》《里斯本条约》等。在欧盟法这个层面上,欧盟成立所依据的国际条约以及对其修改的条约的性质是国际法。它作为欧盟及其前身欧共体成员的各缔约国制定,由各缔约国按条约规定的程序批准生效。

其次,欧盟法包括欧洲议会、欧盟理事会等欧盟主要机构根据基本条约,以解释条约和执行条约的方式制定的,具有国内法属性的条例、指令、决定等法规及欧洲法院的判例。欧盟立法机构颁布的条例、指令和决定这三种形式的法规,是欧盟法的重要渊源。它最能反映欧洲一体化的发展与变化,因此,从某种意义上讲,这一部分法规是欧盟法最主要的渊源。它的效力高于各成员国的国内立法。欧盟法院的判例也是欧盟法的重要来源。根据《马斯特里赫特条约》建立的欧盟法院的任务是通过解决争端来保证条约所规定的义务得以履行,进而维护欧盟法制的统一。它行使欧盟的全部司法职权,同时还有权对条约条款进行解释,并有权确定部分法规的有效性。在司法实践中,欧盟法院审理了大量的案件,其中一些判决提出了一系列对整个联盟具有指导意义的原则和规则,成为各成员国行动的准则。欧盟法院的判例在数量上虽不如欧盟法规多,但它的作用是其他法规所无法替代的。

最后,欧盟法包括各成员国的国内法。这类法律既包括成员国的公法,比如外贸管制法、刑法、诉讼法,也包括各成员国国内的私法,比如民法、商法。各国制定的法律是国内法,也要受欧盟法的第二个层面规则(条例、指令、决定等法规及欧洲法院的判例)的制约。本来欧盟各国的国内法都是独立的,但成员国在加入欧盟条约时承诺自我约束,让渡本国的立法权,承诺本国国内法的效力低于欧盟制定的条例、指令、决定,不得与之冲突。

欧盟法是一个动态的法律体系,即随着欧洲一体化进程的发展而不断演变,其趋势是由国际法向国内法演变,这个演变是由欧盟法中最活跃的第二层面的法律来完成的。随着第二层面的法律的增多,会涉及欧盟各国政治、经济生活的各个方面。由于它的效力高于各缔约国国内法,国内法与之抵触无效,一旦第二层面的法律完全统一并取代欧盟各国的国内法,欧盟就变成一国了。

资料来源:作者根据相关资料整理得到。

专栏 1-2

欧盟竞争法

欧盟的法律是欧洲一体化建设六十多年来制定的,由众多条约、条例、指令、决定和判例等组成,其效力在成员国的国家法律之上,老成员国必须遵守,新成员国也必须在加入欧盟时作为先决条件接受,欧盟竞争法就是其中的一个例子。

欧盟竞争政策的渊源是《里斯本条约》的第 101 条至第 109 条,是保证欧盟内部大市场中竞争不被扭曲的重要体系。其立法目的主要是保持欧盟内部市场上的公平竞争和促进欧盟单一市场的进一步发展,终极目的是保护"消费者"。因此,竞争在欧盟被认为是市场经济的灵魂和基本机制,而竞争政策或竞争法则被看成是市场经济中的"经济宪法"。

除了欧盟层面的竞争立法和竞争主管机构,欧盟各成员国也有相应的立法和主管机构。但是,成员国的竞争政策只能在欧盟竞争政策框架内,在不影响欧盟竞争政策效应的前提下,作为补充来规范成员国内部的少数竞争行为。也就是说,欧盟竞争法的效力要高于其成员国竞争法。成员国竞争法不得与欧盟竞争法相抵触,否则该成员国竞争法相关规定无效。

欧盟竞争法与其成员国竞争法管辖的范围也有所不同:只有当有关反竞争行为影响到成员国之间的贸易时,才属于欧盟竞争法管辖的范围,欧盟委员会具有排他管辖权;在某些情况下,欧盟委员会与成员国的竞争主管机关和法院均可实施管辖权;而那些影响只限于成员国内部的反竞争行为,比如一个城市中两家主要面包店的联合定价协议,其对欧盟共同大市场并无影响,仅属于其所在成员国的竞争法的管辖范围。

资料来源:作者根据相关资料整理得到。

第三节 欧盟的主要机构设置

欧盟的主要机构为欧洲议会、欧洲理事会、欧盟理事会、欧盟委员会、欧洲法院、欧洲中央银行和欧洲审计院。

一、欧洲议会

欧洲议会(The European Parliament)是欧盟的监督、咨询和立法机构,并有部分预算决定权。议会大厦设在法国斯特拉斯堡,议会秘书处分别设在卢森堡和比利时。自 1979 年起,欧洲议会议员由成员国直接普选产生,任期 5 年。设议长 1 人、副议长 14 人,任期两年半,可连选连任,本届议会共有 8 个党团,议员 751 名。

二、欧洲理事会

欧洲理事会(The European Council,又称欧盟首脑会议或欧盟峰会)是欧盟的最高决策机构,由欧盟成员国国家元首或政府首脑组成,欧盟委员会主席也是其成员。欧洲理事会通常每年在布鲁塞尔召开四次会议。欧洲理事会设常任主席一职,负责协调欧洲理事会的日常工作,任期两年半,可连任一届。首任主席是比利时人赫尔曼·范龙佩(Herman Van Rompuy),现任主席是比利时前首相夏尔·米歇尔。

三、欧盟理事会

欧盟理事会(The Council,欧共体时期称"部长理事会")是欧盟的主要决策机构,由来自欧盟各成员国政府的部长组成。主席由成员国轮任,任期六个月。每一个理事会的会议都由成员国的一名部长参加(由哪方面的部长参加取决于议事日程上的议题。例如,需要讨论外交问题时,就由各成员国的外交部长参加;需要讨论农业问题时,就由各成员国的农业部长参加)。欧盟理事会主要负责制定欧盟法律、法规和有关欧盟发展、机构改革的各项重大政策;负责共同外交和安全政策、司法、内政等方面的政府间合作与协调事务;任命欧盟主要机构的负责人并对其进行监督。

四、欧盟委员会

欧盟委员会(The European Commission)是欧盟的常设执行机构,总部设在布鲁塞尔。欧盟委员会负责实施欧盟条约,以及欧洲理事会做出的决定;向欧洲理事会和欧盟理事会提出政策实施报告和立法动议;监督欧盟法律的实施,处理欧盟日常事务,代表欧盟进行对外联系和贸易等方面的谈判。本届委员会于2019年12月1日正式就职,任期五年。欧盟委员会在每届欧洲议会选举后的六个月内任命,它在政治上向议会负责,议会有权通过弹劾委员会的动议而解散它。现任主席是德国前国防部长乌尔苏拉·冯·德莱恩。

五、欧洲法院

欧洲法院(The Court of Justice)是欧盟的仲裁机构,由欧盟各成员国的一名法官组成,由成员国政府共同任命,任期六年,可续期,总部设在卢森堡。欧洲法院独立执法,其职责是确保欧盟法律得到遵守、欧盟条约得到正确的解释和运用。

六、欧洲中央银行

欧洲中央银行(The European Central Bank,以下简称"欧洲央行")的总部设在法兰克福,负责管理欧元和欧盟的货币政策。其管理机构由6名董事会成员和19个欧元区成员国的央行行长组成。欧洲央行的主要职责是保持价格稳定、监管欧元区银行业务。现任行长是国际货币基金组织(IMF)前总裁克里斯蒂娜·拉加德。

七、欧洲审计院

欧洲审计院(The European Court of Auditors)成立于1975年,总部设在卢森堡。欧洲审计院由欧盟各成员国的一名成员组成,经欧洲议会协商后由成员国共同任命,任期六年。欧洲审计院负责审计欧盟及其各机构的账目,审查欧盟的收支状况,并确保欧盟预算得到良好的管理。

除上述主要机构外,欧盟其他重要机构还有经济和社会委员会、地区委员会、欧洲投资银行等。

第四节 欧洲一体化的程度

一、区域经济一体化的类型

区域经济一体化是一个不断由低级向高级程度发展的客观过程,按照目标和成熟程度的不同,区域经济一体化可分为自由贸易区、关税同盟、共同市场、经济联盟和政治联盟五个层次。

(一)自由贸易区

自由贸易区(Free Trade Area)是指由签订自由贸易协定的国家组成的贸易区,加入贸易区的成员国之间免征商品贸易关税,使商品在区域内实现完全自由流动,但各成员国可以保持各自的关税结构,对非成员国的进口商品按照各自的税则征收进口关税。根据所涉及的商品范围的大小、种类的不同,自由贸易区还可分为工业贸易区和完全自由贸易区,前者只取消工业产品贸易的关税,后者还包括取消对农产品贸易的关税。

(二)关税同盟

关税同盟(Customs Union)是指两个或两个以上的国家,通过条约形式,完全取消相互间的关税或其他壁垒,并对非同盟国家实行统一的关税税率而缔结的组织。关税同盟在一体化的程度上比自由贸易区又进了一步。成立关税同盟的目的在于为成员国的产品提供更为广阔的市场,排除非成员国产品的竞争。关税同盟开始带有超国家的性质,为实现某一既定的经济目标,往往实行统一的对外政策或采取一致的行动,比自由贸易区的排他性更强一些,它使成员国的"国家主权"出让给经济一体化组织的程度更高一些,以至于一个国家一旦加入了某个关税同盟,就失去了自主关税的权利。

(三)共同市场

共同市场(Common Market)是比关税同盟联合得更为紧密的经济一体化组织。除对外实行统一的关税制度外,还取消了对劳动力、资本等生产要素在成员国之间流动的所有限制。为了保证共同市场的正常运转,就要维持成员国之间货币汇价的稳定,制定共同的财产法,协调劳动立法和税收制度,一般还要求设立超越民族国家权利的共同组织管理机构。

(四)经济联盟

经济联盟(Economic Union)是经济一体化更为成熟的阶段,它与共同市场的最大区别是经济联盟的成员国必须将其经济主权移交给超国家的决策机构。经济联盟由一个超国家的权威性机构将成员国的经济组成一个整体,具有统一的财政税收制度、统一的货币制度和统一的对外经济政策。

(五)政治联盟

政治联盟(Political Union)是经济一体化的最高形式,在这种形式下,联盟的成员国不仅在经济上执行相同的政策,在政治上也采取完全一致的行动,所以既是经济联盟,也是政治联盟。

二、世界主要区域经济集团

冷战结束之后,经济全球化和区域经济一体化发展迅速。截至2013年1月,向世界贸易组织(WTO)报告的区域贸易协议共有546个,其中354个已经实施。几乎所有WTO成员方都参加了一个或者多个自由贸易协议。而经济规模最大的几个自由贸易区有北美自由贸易区、中国-东盟自由贸易区等。

(一)北美自由贸易区

北美自由贸易区(North America Free Trade Area,NAFTA)的动议由美国前总统乔治·赫伯特·沃克·布什(老布什)于1990年6月提出,其目的是试图通过加强美国与拉美国家之间的经贸联系,建立以美国为中心的美洲自由贸易区或美洲经济圈。

北美自由贸易区由美国、加拿大和墨西哥三个国家组成,三国于1992年8月12日就《北美自由贸易协定》达成一致意见,并于同年12月17日由三国领导人分别在各自的国家正式签署。

《北美自由贸易协定》的宗旨:取消贸易壁垒;创造公平的条件,增加投资机会;保护知识产权;建立执行协定和解决贸易争端的有效机制,促进三边和多边合作。1994年1月1日,《北美自由贸易协定》正式生效,北美自由贸易区宣布成立。北美自由贸易区面积覆盖2158万平方公里,人口4.6亿。成立之初三国的国内生产总值(GDP)总量为7.94万亿美元。

北美自由贸易区开创了区域经济一体化的新模式,即发达国家和发展中国家之间组成区域集团的模式,两个发达的经济大国(美国、加拿大)和一个发展中国家(墨西哥)在经济发展水平上存在巨大差距,却组成了一个区域集团,共同推动经济的发展。这开拓了在新的世界格局下南北经济合作的新途径。

(二)中国-东盟自由贸易区

中国-东盟自由贸易区(China and ASEAN Free Trade Area,CAFTA),是中国与东盟十国组建的自由贸易区,2010年1月1日正式全面启动。自贸区建成后,东盟和中国的贸易占到世界贸易的13%,成为一个涵盖11个国家、19亿人口、GDP达6万亿美元的巨大经济体,是目前世界上人口最多的自由贸易区,也是发展中国家间最大的自由贸易区。

三、欧盟创建的欧洲一体化

欧盟是由欧共体发展而来的,最初成员国只有6个,分别为法国、联邦德国、意大利、比利时、荷兰和卢森堡。欧盟是一个集政治实体和经济实体于一身、在世界上具有重要影响的区域一体化组织,其在欧洲一体化建设过程中从一开始就跨越了自由贸易区阶段。欧共体于1968年7月1日实现了关税同盟;欧盟于1993年基本建成欧洲统一大市场,1999年1月1日又顺利启动欧元,并首先在11个成员国实现了货币联盟,之后成员国增加到17个。目前,欧洲经济与货币联盟还在不断完善中,并在为实现政治联盟积极创造条件。

欧盟现有27个成员国(2016年6月23日英国通过公投决定退出欧盟,并于2020年1月31日正式脱欧),人口4.48亿。欧盟的宗旨是"通过建立无内部边界的空间,加强经济、社会的协调发展和建立最终实行统一货币的经济与货币联盟,促进成员国经济和社会的均衡发展""通过实行共同外交和安全政策,在国际舞台上弘扬联盟的个性"。而随着欧盟的扩大,其经济实力将进一步增强。

第五节 欧共体/欧盟的创建与发展

一、欧共体创立背景

(一)历史上的欧洲统一思潮

欧洲统一思潮早在中世纪就已经出现。中世纪时期的法兰克王国和神圣罗马帝国等将欧洲许多地区统一在其疆域之内。1453年,拜占庭帝国首都君士坦丁堡被奥斯曼帝国攻破,1646年,波希米亚国王建议欧洲基督教国家组成联盟,对抗奥斯曼帝国的扩张。1776年,美国独立战争爆发,当时就有欧洲人设想欧洲仿效美利坚合众国,建立欧洲合众国。19世纪初,拿破仑·波拿巴在大陆封锁期间实行关税同盟,该关税同盟对后来欧盟的建立和发展有着不可磨灭的作用。

几个世纪以来,欧洲的各民族和国家都试图通过武力来赢得对欧洲大陆的控制权。发生在20世纪的两次世界大战更是严重地削弱了欧洲的国际地位,特别是第二次世界大战(以下简称"二战")结束后,欧洲各国国库空虚,物资匮乏,物价大幅上涨,失业人数不断增加,国内经济日渐衰落,这些都使它们难以同美国和苏联竞争,导致其国际政治地位的下降。

经过两次世界大战血与火的洗礼,欧洲人意识到使用武力谋求国家利益和统一欧洲是行不通的,受到战争重创的欧洲国家也不可能依靠本国的力量恢复经济并在国际舞台上发挥重大作用,只有联合起来才能复兴和繁荣,只有和平与统一行动才能使一个强大和统一的欧洲之梦成为现实。

统一是一个漫长的历史过程,只有在经济统一的基础上才有可能实现政治统一。二战结束不久后,英国首相温斯顿·丘吉尔(Winston Churchill)在苏黎世的一次演讲中提出了建立"欧洲合众国"的设想。然而,各国领导人并没有采取政治同盟先于经济同盟的方式,而是提出了通过经济联合的手段促成欧洲最终的统一,欧共体就是在这样一个背景下产生的。欧洲一体化的历程也证明了这条道路是正确的。

(二)欧洲联合的诱因

两次世界大战是欧洲联合的诱因,而欧洲统一思潮进入高潮则是在二战之后。二战最深刻的影响是极大地改变了世界范围内的力量对比,彻底打破了几个世纪以来形成的以欧洲为中心的国际格局,欧洲各国无论是战胜国还是战败国,实力都被大大削弱了。在欧洲大国中,德国和意大利两国因战败而退出争霸的历史舞台,英国和法国虽然跻身于战胜国之列,但是付出了沉重的代价,它们不仅没有像在第一次世界大战中那样掠取到新的殖民地,连原有的殖民统治也岌岌可危。欧洲已经成为一片废墟,没有外援,想重新站起来甚至只是想继续生存下去都是不可能的。欧洲不再是世界政治权力的中心。世界权力的天平取决于非欧洲的美国和半欧洲的苏联。

二战后不久,冷战又把欧洲推到了美国和苏联对峙的前沿阵地,西欧国家凭借单个国家的力量不仅无力与美苏较量,连生存都成问题。经过两次世界大战,西欧各国开始认识到使用武力谋求国家利益和统一欧洲是行不通的,受战争重创的欧洲国家也不可能依靠本国的力量恢复经济并在国际舞台上发挥重大作用,欧洲各国需要联合起来求生存、求发展,只有联合起来才能复兴和繁荣。

(三) 欧洲一体化的基础

欧洲在二战后兴起的一体化运动可以说是欧洲长期追求的理想目标,并且有一定的基础:第一,欧洲各国有着共同的文化遗产和心理认同感;第二,近代欧洲各国的冲突和战争不断,给欧洲人民造成了无穷的灾难,人民普遍害怕、厌恶战争;第三,二战后欧洲各国传统的国际地位一落千丈,沦为二、三流国家,为了提高国际地位和影响力,欧洲各国普遍意识到必须走联合之路;第四,二战后美国和苏联在欧洲的"冷战"使欧洲各国认识到合作的必要性;第五,法国和德国两个宿敌的和解为欧洲联合奠定了基础。正如丘吉尔在《欧洲联合起来》(*Europe Unite: Speeches 1947 and 1948*)的演讲中所说的"千年的争吵已使欧洲陷于衰败,并且几乎使世界文明遭到毁灭,现在是结束这种争吵的时候了。旧账是永远算不清的,报复是代价最高、耗费最大的劳民伤财之举"。1963年1月22日,联邦德国总理康拉德·阿登纳(Konrad Adenauer)与法国总统戴高乐在巴黎爱丽舍宫签订德法合作协议,即《爱丽舍条约》,标志着德法两国的最终和解。两国之间长达数百年的"世仇"成为历史,从此化干戈为玉帛,携手共建欧洲一体化。《爱丽舍条约》不仅重塑了德法两国的战后关系,更为重要的是为欧洲一体化发展打下了坚实的基础。

19世纪法国作家维克多·雨果(Victor Hugo)曾预言:"总有一天,到那时,所有的欧洲国家,无须丢掉你们各自的特点和闪光的个性,都将紧紧地融合在一个高一级的整体里;到那时,你们将构筑欧洲的友爱关系……"

(四) 欧洲一体化的发展

二战后的欧洲联合运动就是在这样的背景下发展起来的。1946年9月19日,英国首相丘吉尔在瑞士苏黎世大学发表题为《欧洲的悲剧》(*The Tragedy of Europe*)的演讲,鼓吹建立"欧洲合众国"。1948年5月,各种各样的欧洲运动在荷兰海牙形成了第一次聚会,把二战后初期的欧洲统一运动推向高潮。1950年5月9日,法国外长罗伯特·舒曼(Robert Schuman)提出欧洲煤钢共同体计划(即舒曼计划),旨在约束联邦德国,并消除法德之间长期存在的敌对状态,实现欧洲的联合。1951年4月18日,由法国、意大利、联邦德国、荷兰、比利时、卢森堡六国签订的《巴黎条约》建立了欧洲煤钢共同体,其宗旨是希望通过建立这样的共同体使战争实际上成为不可能,从而达到保障西欧的和平与安全、经济和谐发展的目的。1955年6月1日,参加欧洲煤钢共同体的六国外长在意大利墨西拿举行会议,建议将欧洲煤钢共同体的原则推广到其他经济领域,并建立共同市场。1957年3月25日,六国外长在罗马签订了建立欧洲经济共同体与欧洲原子能共同体的两个条约,统称《罗马条约》,于1958年1月1日生效。1965年4月8日,六国签订了《布鲁塞尔条约》,决定将欧洲煤钢共同体、欧洲原子能共同体和欧洲经济共同体三个共同体统一起来,统称欧洲共同体,其宗旨是争取在成员国之间逐步实现人员、商品、资本和服务的自由流动,但三个组织仍各自存在,具有独立的法人资格。《布鲁塞尔条约》于1967年7月1日生效,欧共体正式成立,其总部设在比利时首都布鲁塞尔。

专栏 1-3

舒曼计划

一、舒曼计划梗概

1949年12月13日,欧洲委员会咨询议会通过决议,建议成立欧洲超国家的钢铁高级机构,以协调管理西欧各国的钢铁工业。该决议还建议在煤炭、石油、电力和交通运输等方面也建立类似的高级机构。

1950年5月4日,法国外交部长舒曼致函欧洲委员会秘书处,表示法国对上述建议感兴趣。1950年5月9日,舒曼举行记者招待会,发表了一项声明,提议"把法国、联邦德国的全部煤钢生产置于一个其他欧洲国家都可参加的高级联营机构的管制之下""各成员国之间的煤钢流通将立即免除一切关税"。这就是"舒曼计划"。

根据舒曼的建议,1950年6月20日开始,法国、联邦德国、意大利、比利时、荷兰、卢森堡六国政府代表在巴黎进行了近一年的磋商,终于达成协议,于1951年4月18日签订了为期50年的《欧洲煤钢联营条约》。该计划主张以法国和联邦德国的煤钢工业为基础,把西欧各国的煤钢工业部门联合起来,由一个超国家的高级机构共同管理"联营"。条约签订后,苏联照会法国政府,谴责"舒曼计划的目标是恢复联邦德国的战争工业和加紧联邦德国的军国主义化"。而美国出于与苏联抗衡和加强对西欧的控制的考虑,却赞同舒曼计划。

1952年7月25日,欧洲煤钢联营条约正式生效。同年8月,超国家的"联营"最高权力机构正式成立,由九人组成,舒曼计划的起草人法国的让·莫内(Jean Monnet)担任该机构的首任主席。

1953年2月到1954年8月,"联营"六国先后建立了煤、钢、铁砂、废铁、合金钢和特种钢的共同市场。"联营"的最高权力机构负责协调成员国的煤钢生产、投资、价格、原料分配和内部的有效竞争。欧洲煤钢联营促进了成员国冶金工业的发展,它的建立为20世纪50年代后期成立"欧洲共同市场"奠定了基础。

二、舒曼计划出台的背景

(一)重振法国的经济

法国在二战期间损失惨重。为恢复强国地位,法国必须振兴经济。战后初期,法国将快速发展钢铁生产作为其重建的战略目标,力争在炼钢工业上取代联邦德国的领先地位。但是法国遇到了能源短缺和煤炭价格竞争问题。与联邦德国相比,法国的钢铁工业在两个方面处于不利的竞争地位:一是工资水平比联邦德国高,二是购买联邦德国鲁尔地区的煤和焦炭时所付的价格高于德国公司。因此,法国的经济复兴有赖于对联邦德国资源的控制和利用。

在法国的要求下,1948年年底英国、美国、法国、荷兰、比利时、卢森堡六国制定了对鲁尔实行国际管制的《鲁尔法规》。法国此举的主要目的是以煤钢共同体的超国家一体化机制来保持对联邦德国煤钢等基础工业的继续控制,从而套住联邦德国,以利于法国的经济复兴。

（二）确保法国的安全

从19世纪以来的欧洲历史（特别是两次世界大战史）来看,德国的每次复兴都意味着欧洲的战争和灾难。因此,战后各国对德国的复兴无不心存疑惧,法国尤其如此。

1. 法国对德国复兴的担忧

在法国看来,德国的再度复兴将产生严重后果,发展下去必将重蹈战争覆辙。法德之间的恩怨由来已久。历史上两国曾长期互为敌手,仅从1870年普法战争到二战的70年间,两国就有过三次大战,巴黎曾两度遭德军占领。因此,法国一直把德国看作其安全的主要威胁和称霸欧洲的劲敌,对德国军国主义有着强烈的复仇主义情绪。如何削弱德国、限制其发展,进而维护法国的安全和欧洲霸主地位,是长期困扰法国的一个难题。二战结束的时间,对战胜国法国来说,正是解决这一难题的好机会。战后初期主政的戴高乐对德政策强硬。他力主用强硬手段肢解德国,永远削弱德国,同时利用德国的资源,恢复和发展法国经济,重振法国的欧洲大国地位。

为此,法国战后初期的战略目标是控制联邦德国的鲁尔区,以防止鲁尔区再度成为军事工业的基础。据此,法国制定了使鲁尔区从联邦德国分离出去,并为法国所用的战略方针。然而,苏联、美国和英国三大国都不支持法国的鲁尔政策。从1944年晚些时候开始,戴高乐和他的主要助手就在为法国对德国的这一政策而到处游说。1944年年底,戴高乐前往苏联,参加法国和苏联同盟条约的谈判。在与斯大林的会面中,戴高乐提出了法国战后处理鲁尔区的方案。但斯大林告诉他,移动边界、把几个省分离出去并不是最好的解决办法。1945年11月,法国又派出了一个以穆尔维勒为首的代表团去美国,试图说服美国支持法国的鲁尔政策,但是同样受到了冷遇。在会谈结束后,一位美方谈判代表对法国代表说,在核武器已经成为战争中的领导力量的今天,希望通过控制鲁尔区来取得任何形式的安全,都无异于白日做梦。与此同时,法国的鲁尔政策也遭到了英国的反对。英国的工党政府认为,最好的办法不是把鲁尔区和莱茵区从联邦德国分离出去,而是使鲁尔工业区社会化。可以说,法国的鲁尔政策从一开始就受到了严重的挫折。冷战爆发后的形势变化使法国的对德政策遭到了致命的打击。在这种形势下,法国被迫放弃以压制和削弱联邦德国的方式来确保自身安全的外交战略。

2. 国际形势促使法国与联邦德国和解

进入冷战时期,世界的主要矛盾从战胜国与战败国的对立转变成为美国和苏联两个超级大国的争霸。随着德国被一分为二,美国从称霸世界、遏止苏联的全球战略出发,在欧洲就必须扶植联邦德国,把联邦德国当作与东方直接对立的桥头堡。这个政策与法国基于自身安全、经济利益以及争夺欧洲主导地位的考虑而提出的肢解德国的主张尖锐对立。法国由于在经济上依赖美国的援助,政治上仰美国鼻息,根本就没有能力与美国抗衡,在对德问题上不得不放弃强硬政策而与美国保持一致。

与此同时,法国还面临巨大的双重压力:一是美国急需法德和解,以便使以法德为核心的联邦德国反苏战线彻底稳定下来;二是法国急需一个以解决鲁尔问题为核心的,既能为美国和联邦德国所接受,又能对德国的未来发展施加影响的法德关系新框架。

对德政策的失败使法国意识到,与其防备和肢解德国,不如把德国纳入自己的盟友队伍之中,与德国建立和睦的关系。这不仅能把法国从寝食不安的状态中解脱出来,还能打破美国主宰西欧的局面。莫内提交给舒曼的计划可谓恰逢其时,因为从这个计划中舒曼看到了突破僵局的出路,那就是一体化的道路。

三、舒曼计划的意义

舒曼计划是1945年以来欧洲一体化运动的基石。它的制订与实施对欧洲当代历史的演进和一体化进程都是至关重要的。它开创了二战后欧洲联合的新体制——"超国家"联合体制,而且是西欧国家争取成为美国和苏联之外的"第三种力量"的初步尝试。为此,舒曼计划得到了高度评价。美国国务卿迪安·古德哈姆·艾奇逊(Dean Gooderham Acheson)称之为"大胆而富有想象力的建议";联邦德国总理康拉德·阿登纳(Konrad Adenauer)称之为"勇敢的创举",是"法国对联邦德国的宽容姿态";英国首相哈罗德·麦克米伦(Harold Macmillan)在他的回忆录中写道:"舒曼计划真是个敢想、敢说而且切实可行的计划,德国由此重新获得平等地位,欧洲也将由此获得安全。"有的西方学者则称舒曼计划是"欧洲史上划时代的事件",是"西欧经济合作中的一个里程碑"。

舒曼计划对欧洲一体化的影响十分重大,其政治意义要远大于它的经济意义,其政治目标主要是推进西欧联合并以此遏制联邦德国。煤钢联营使法国和联邦德国之间的宿仇开始化解。1958年9月,两国首脑在和解问题上达成政治共识,决定两国在所有领域建立合作关系。1963年1月22日,法国和联邦德国签订《法德友好合作条约》,实现了两国历史性的和解。两国虽然在后来的合作中也出现过许多摩擦,但巴黎-波恩轴心依然牢固,并经受住了考验。直至20世纪90年代初,虽然国际形势发生巨变、德国重新统一,但法德轴心仍然安然无恙。究其原因是因为舒曼计划使战后的欧洲走上了联合之路。舒曼计划的意义可以归纳如下:

(一)舒曼计划是法德两国初步和解的标志

法德两国的关系在西欧国际关系史中一直占据着十分重要的位置。欧洲近现代史也是法德两强为称雄欧洲而纵横捭阖的历史。为争霸欧洲大陆,法德之间曾爆发过无数次战争。在20世纪上半叶的两次世界大战中,德国的入侵给法国人民带来巨大的灾难。二战后,如何防止德国东山再起,成为摆在欧洲人尤其是法国人面前的首要问题。由于国际形势的变化,法国的鲁尔政策最终以失败而告终。在此背景下,共同管理煤钢生产的舒曼计划出台了,这一计划使法德之间的一切战争不仅将是难以想象的,而且实际上也是不可能的。可以说,没有舒曼计划,就没有法德两国的和解,进而也就没有欧洲的联合。之后,在法德两国的倡议和领导之下,欧洲联合日益向广度和深度发展。作为"轴心"的法德两国已成为欧洲联合的"发动机"和"火车头"。

(二)舒曼计划创建了具有"超国家"性质的国际联合体制

在近代西欧,各国都积极捍卫本民族主权。然而西欧民族主权国家的发展,也伴随着连绵不断的战争。发生在20世纪上半叶的两次世界大战使西欧各国人民遭受了深重浩劫。因此,如何防止战争、永保欧洲和平,就成了西欧各国人民所关心的话题。欧洲人认为分裂是万祸之源,并对两次世界大战给人类带来的深重灾难的残酷现实进行了深刻反思,从而导致联邦主义思潮的兴起和欧洲联合运动的蓬勃发展。作为联邦思想的代表人物之一,舒曼计划的实际制订人莫内认为,欧洲各国如果只在民族独立的基础上重建各自的政府,强权政治和经济保护主义就会重新抬头,欧洲便无和平可言。

为了保证各成员国的利益,鲁尔的煤钢交由欧洲权力机构管理,这将打破欧洲各国间的关税壁垒,建立巨大的欧洲市场,防止各种民族主义抬头,从而实现欧洲的统一。

莫内在起草舒曼计划时,对管理煤钢的高级机构给予了很大的权力,他的这一思想在欧洲煤钢共同体条约中得到了很好的体现。欧洲煤钢共同体条约规定了共同体各机构的权力。在舒曼计划基础上成立的欧洲煤钢共同体成了欧洲联合的先例和示范。此后建立起来的欧洲经济共同体和欧洲原子能共同体以及后来的欧盟等,其基本结构在很大程度上都是按此模式建立的。事实证明,这不仅消除了煤钢作为战争物资的潜在危险,使一场新的战争不可想象,而且也使各成员国的经济发展密不可分。

(三)舒曼计划为欧洲的再次强大创造了条件

莫内认为,无论是以现代技术手段来衡量,还是以当时的美国和苏联来衡量,西欧国家都显得过于狭小。只有把欧洲各国人民联合起来,才能提高欧洲人民的生活水平和维护这一地区的和平。舒曼计划是西欧国家自主行动、联合自强的开端。在舒曼计划基础上建立的欧洲经济共同体,加强了各国之间的联系,并为它们之间的政治联合奠定了基础。在欧洲联合的进程中,尽管各国领导人在联合的方式上有分歧,但无论是主张建立"联邦"的欧洲还是建立"邦联"的欧洲,他们都把欧洲的再次强大作为目标。到20世纪70年代,欧共体已成为资本主义世界中的重要一极。1986年,欧共体的国民生产总值(GNP)已超过美国跃居世界第一。20世纪90年代,美苏两极格局解体之后,欧盟极力倡导多极化世界,力争成为多极化世界格局中具有重要作用的一极。

专栏 1-4

建立欧洲煤钢共同体的意义

建立欧洲煤钢共同体的意义并非仅仅是建立一个经济团体,真正重要的是创建人的最终目标是实现政治一体化及欧洲统一的梦想,它对统一梦想的实现具有重大贡献:

第一,超国家性质的共同体机构为欧洲联合迈出了重要一步;

第二,为欧洲联合提供了理论和实践上的行动模式;

第三,以共同利益的互补作为基础,且得到各利益主体的大力支持;

第四,从设计到实施,表明欧洲联邦主义运动得到各党派团体不同程度的信奉。

1973年之后,英国、丹麦、爱尔兰、希腊、西班牙和葡萄牙先后加入欧共体,成员国扩大到12个。欧共体12国间建立起了关税同盟,统一了外贸政策和农业政策,创立了欧洲货币体系,并建立了统一预算和政治合作制度。

1991年12月11日,欧共体马斯特里赫特首脑会议通过了建立"欧洲经济与货币联盟"和"欧洲政治联盟"的《欧洲联盟条约》(通称《马斯特里赫特条约》,以下简称《马约》)。1992年2月1日,各国外长正式签署《马约》。随着《马约》的签订和共同市场的建成,欧共体的一体化形式也由关税同盟过渡到共同市场,而在1999年1月1日欧元启动后,又再次过渡到了经济与货币联盟阶段。

经欧共体各成员国批准,《马约》于1993年11月1日正式生效,欧共体演化为欧盟,这标志着欧共体从经济实体向经济政治实体过渡。欧盟的宗旨是"通过建立无内部边界的空间,加强经济、社会的协调发展和建立最终实行统一货币的经济与货币联盟,促进成员国经济和社会的均衡发展""通过实行共同外交和安全政策,在国际舞台上弘扬联盟的个性"。

2003年7月,欧盟制宪筹备委员会全体会议就欧盟的盟旗、盟歌、格言与庆典日等问题达成了一致。根据宪法草案,欧盟的盟旗为蓝底十二颗黄星图案上由十二颗金色五星构成的圆环(十二星旗代表的是圣母玛利亚的十二星冠,寓意圣母玛利亚将永远保佑欧盟),盟歌为贝多芬第九交响曲中《欢乐颂》的主旋律,格言为"多元一体",5月9日为"欧洲日"。

二、欧洲一体化进程

欧洲一体化进程始终是在不断扩大与深化的主旋律中向前发展的。这期间,尽管经历了种种波折,但各成员国一直都在为实现这一目标而努力,即使在各成员国之间因为国家主权和利益而发生冲突最为尖锐的时期,也从未放弃这一夙愿。欧盟经过七次扩大使自己不断发展壮大。同时,在深化方面也成绩斐然。经过六十多年的发展,欧盟建立了关税同盟,实行共同的外贸、农业和渔业政策,统一了内部大市场,实现了商品、人员、资本和服务的自由流通,建立了经济与货币联盟。从关税同盟到欧洲统一大市场,再到欧元的问世,欧洲人实现了"三级火箭"的发展目标。

(一)建立关税同盟

欧共体是以关税同盟为起点,以建立共同市场为目标,并向经济与货币联盟这种经济一体化的最高形式发展的,其目的在于确保欧共体国家的市场内部商品自由流通,抵制外部产品的竞争,促进内部贸易的发展,积极推进欧洲经济一体化的进程。因此,关税同盟是共同市场形成的必要前提,也是欧共体得以存在和发展的基础,并被普遍看作欧洲经济一体化的必由之路。

1. 建立关税同盟的目的

1957年签订的《罗马条约》有两个主要目标,其中一个就是建立关税同盟(另一个是执行共同的农业政策)。建立关税同盟的目的是使成员国之间相互开放市场,取消关税壁垒和贸易限制,统一对外税率和其他贸易规则,促进商品、服务、资本和人员的自由流通,实现资源的最佳配置,最终提高各国的经济福利。

2. 关税同盟的内容

根据《罗马条约》的规定,关税同盟计划用12年的时间建成,即从1958年1月1日开始实施,至1970年1月1日正式建成,其间分为三个阶段,每个阶段为期四年。在第一阶段和第二阶段,成员国各自分别降低30%的关税,第三阶段取消剩余的40%的关税。此外,从1958年1月1日起,六国应在五年中逐步放宽相互间的贸易限额,每年放宽20%,五年后全部取消成员国之间的进出口贸易限额,制定统一的对外贸易政策,如进口数量限制、卫生防疫标准等。

3. 关税同盟的实施

在制定共同关税时,欧共体针对各成员国经济状况和利益的差别,秉承兼顾各国利益的原则,以六国原有对外关税税率的平均数作为共同关税税率,并在12年过渡期内逐步拉平对非成员国的关税税率,统一对外关税。对从关税同盟外进口的商品,欧共体根据商品的种类和商品出口国家的不同,征收共同的差别关税,如特惠税率、协定国税率、最惠国税率、普通优惠税率、普通税率等。具体来说,对来自非洲、加勒比和太平洋地区(属于欧共体联系国,以下简称"非加太地区")的发展中国家的商品一般适用特惠税率;对来自自由贸易联盟的地中海沿岸国家的商品适用协定税率。建立关税同盟后,欧共体/欧盟在参与WTO等国际贸易组织时,其成员国不再是"各自为政",而是由欧共体执委会/欧盟委员会代表整个欧共体/欧盟进行谈判和签署协定。

1959年1月1日,欧共体内部关税削减了10%,当年内部贸易额就比1958年增长了20%。1961年1月1日,内部关税再次削减30%,削减幅度比原计划高出10个百分点,而到1966年第二阶段结束时,内部关税削减幅度已达80%。后经六个国家的共同努力,最后剩下的20%也在1968年7月1日被全部取消。也就是说,欧共体在这一天就完成了《罗马条约》赋予的取消成员国之间的关税和对外实行统一关税税率的任务,比原计划提前一年半建成了关税同盟。8月正式建立了农产品共同市场,统一了农产品价格。1973年英国、丹麦、爱尔兰三个国家加入欧共体后,经过五年过渡期完全取消关税,实现商品自由流通,对外建立统一的关税壁垒。

虽然欧共体成员国之间取消了所有关税并建立了统一的共同海关税则,但在较长时间内成员国之间的海关手续和许多无形的壁垒仍阻碍着商品的自由流通。1994年1月1日,欧盟颁布了新的海关法,简化了海关程序和手续,统一了海关规则。

4. 关税同盟的优势

第一,关税同盟的建立为欧共体/欧盟成员国之间产品的相互出口创造了良好的条件。这种市场范围的扩大促进了欧共体/欧盟企业生产的发展,使生产者可以不断扩大生产规模,降低成本,享受到规模经济的好处,并且可进一步增强同盟内的企业对非成员国同类企业的竞争能力。

第二,关税同盟的建立促进了欧共体/欧盟成员国之间企业的竞争。在各成员国组成关税同盟以前,许多部门已经形成了国内的垄断,几家企业长期占据国内市场,获取超额垄断利润,因而不利于各国的资源配置和技术进步。组建关税同盟以后,由于欧共体/欧盟各国市场的相互开放,各国企业面临来自其他成员国同类企业的竞争。各企业为在竞争中取得有利地位,纷纷提升生产经营效率,增加研发投入,增强采用新技术的意识,不断降低生产成本,从而在同盟内营造一种浓烈的竞争氛围,提高经济效率,促进技术进步。

第三,关税同盟的建立有助于吸引外部投资。关税同盟的建立意味着对来自非欧共体/欧盟成员国产品的排斥,同盟外的国家为了抵消不利影响,会将生产点转移到同盟内的一些国家,在当地直接生产并销售,以便绕过统一的关税和非关税壁垒。这在客观上产生了因生产转移而带来的资本流入,吸引了外国的直接投资。

5. 关税同盟的劣势

第一,关税同盟的建立促成了新的垄断的形成,由于关税同盟的对外排他性很大,这种保护所形成的新垄断又会成为技术进步的严重障碍。

第二,关税同盟的建立会拉大欧共体/欧盟成员国不同地区之间经济发展水平的差距。关税同盟建立以后,资本逐步向投资环境比较好的地区流动,如果没有促进地区平衡发展的政策,一些国家中的落后地区与先进地区的差距将逐步拉大。

6. 关税同盟的成就

在关税同盟建成的前十年,效果从实际情况看显然是利大于弊。例如,欧共体内部贸易额在1960年仅为103亿美元,1970年则增至434亿美元,而1973年更骤增至1 229亿美元。1960—1970年,欧共体进口贸易额占世界贸易总额的比重由21.8%增至27%,出口贸易额的比重由23.2%增至28.3%。人均国民收入也有较大提高,比如,1958—1970年,联邦德国人均国民收入由790美元增至3 055美元,法国由853美元增至2 775美元,意大利则由497美元增至1 727美元。

1994年1月1日,欧盟颁布了新的海关法典,简化了海关程序和手续,统一了海关规则,取消了欧盟内部的贸易壁垒,加速了欧盟的经济一体化。欧盟27个成员国海关现均已实施《欧盟海关法典》。根据《欧盟海关法典》和欧盟第2454/93号条例,自2007年1月1日起,欧盟所有成员国进出口货物,必须使用"欧盟统一报关单"进行报关。自2009年7月1日起,必须全面实行电子报关。欧盟共同的海关规则已超越关税同盟,共同关税的推行延伸到了贸易政策的所有方面,如优惠贸易、卫生与环境、共同工业和渔业政策、利用非关税措施保护欧盟经济利益等。随着《现代海关法典》条例的生效,欧盟于2008年4月1日通过文件,决定起草一份关税同盟的发展战略,目的在于完成以《现代海关法典》和无纸通关为开端的改革进程,使海关工作方法更加现代化,加强人员能力建设,有效、高效地对资源进行重新配置。

专栏 1-5

关税同盟相关理论介绍

二战后西欧各类经济一体化组织特别是欧共体的发展对关税同盟理论产生了直接的影响。它促使理论界提出了用来判断关税同盟利弊的贸易创造效应和贸易转移效应,阐明了贸易条件、规模经济和不完全竞争因素在建立关税同盟方面的积极作用。关税同盟理论的发展和形成过程不仅进一步完善了经济一体化理论的内容体系,而且反过来证明了欧洲经济一体化的合理性和必要性,也为世界其他地区经济一体化发展提供了理论依据。

二战后,西欧既要防止苏联在政治军事上的威胁,又要限制美国垄断资本的极力扩张,同时还要尽快恢复因战争破坏而千疮百孔的社会经济。欧洲许多明智之士认为,西欧只有联合起来,组成一体化集团,才能再创昔日之辉煌。因此,欧洲联合思潮空前高涨,出现了各种经济联合的方案,这一现象立即引起一些敏锐的经济学家的关注,并成为他们研究的对象。

美国著名经济学家雅各布·范纳(Jacob Viner)对关税同盟的前景并不乐观,他认为这种经济一体化的效益具有不确定性。他在其1950年出版的《关税同盟问题》(*The Customs Union Issue*)一书中论证了自己的观点,提出了衡量关税同盟利弊的理论工具,即

"贸易创造效应"和"贸易转移效应"。所谓"贸易创造效应"是指关税同盟内部由于取消关税,实行自由贸易,致使同盟内一成员国的高成本产品为另一成员国的低成本产品所取代,从而创造出过去所不可能发生的新的贸易;"贸易转移效应"则是指关税同盟对外实行统一的保护关税后,成员国把原来从同盟外非成员国低成本产品的进口,转向从同盟内成员国高成本产品的进口,从而发生贸易方向的改变。前者可提高成员国的经济福利,而后者只会降低经济福利。所以,关税同盟建立后各国经济福利的增减,将取决于贸易创造效应与贸易转移效应的对比结果。因此范纳认为,关税同盟这种形式从理论上来讲具有很强的不确定性,并不一定会带来经济福利的提高。

范纳的观点显然受下述西欧各关税同盟不成功的实践的影响。1948年,丹麦、挪威、瑞典和冰岛四国原准备成立关税同盟,但因四国都想保留全部国家主权,挪威、瑞典两国又实行农业保护主义,加之四国贸易量很小,来自关税方面的利润不大,结果最终放弃了该计划;法国、意大利两国在1949年3月26日签订了建立关税联盟的条约,但因法国认为两国经济缺乏互补性,又担心关税同盟可能加速意大利工人移居法国,从而使意大利失业问题成为两国共同的问题,结果条约未正式生效即告吹;阿尔巴尼亚和南斯拉夫虽然建立了关税同盟,但却是短命的,仅存在了两年(1946—1948)即因政治原因而解体;唯有荷兰、比利时、卢森堡联盟差强人意,于1948年1月建立,并且维持了下来。但是,在最初的几年里,比利时对荷兰低价农产品继续实行保护关税,而荷兰从比利时的进口也仍旧受数量和其他方面的限制。

尽管经济一体化的理论家们对关税同盟的效果并不看好,但西欧六国仍旧把它作为西欧经济一体化的必由之路而加以实施。后经六国共同努力,欧共体比原计划提前一年多实现了关税同盟,此后10年间,关税同盟所显示的成就使全世界为之震惊。

六国关税同盟所获得的成就证明了范纳的理论具有部分正确性,即这种一体化组织会产生贸易创造效应和贸易转移效应。同盟内关税壁垒的打破和共同贸易政策的执行使得成员国间产生了贸易创造,内部资源得以优化配置,产品成本进一步降低,各产业专业化和竞争力显著提高,产品市场占有率日趋扩大,相应地就保证了出口的快速稳定增长。另外,一体化也使得成员国整体进口量在世界进口总量中占有较大份额,进口规模的增大使成员国具备了影响世界价格的能力,即在国际贸易中具有一定的需求垄断优势,在这种情况下对进口商品征收关税,将迫使出口国降低向进口国出口商品的价格。同时,一体化后,各成员国也因贸易创造而减少了从同盟外的进口。为了降低因出口减少而受的损失,同盟外非成员国也会自动下调其出口价格。这种贸易条件的改善,将使收入由规模相对小的国家向市场规模大且具有垄断地位的关税同盟转移,因此关税同盟是应该被肯定的。

同时,六国关税同盟所取得的成就从侧面也反映出范纳理论存在严重的缺陷,那就是它没有看到关税同盟所具有的其他优势,如共同市场的扩大、区域内产业间竞争和成员国间分工与合作的发展,以及产业结构的优化和各产业部门国际竞争力的增强等,因而也就无法说明六国关税同盟何以具有很强的生命力。到底应如何正确理解关税同盟,成了摆在经济一体化研究者面前的首要任务。

以马克斯·科登(Max Corden)为代表的一批经济学家则围绕着关税同盟与规模经济、不完全竞争的关系展开了深入探讨,从新的角度来揭示建立关税同盟的真正经济价值。1972年,科登在其《规模经济和关税同盟理论》(Economies of Scale and the Theory of Customs Union)一文中分析了关税同盟和规模经济相结合的效果。他指出:除了范纳的贸易创造效应和贸易转移效应,还有两个补充效应,一个是成本削减效应,即关税同盟建立后,关税壁垒的拆除和规模经济效果将使某成员国生产某产品的成本进一步降低,从而拥有生产该产品的最高效率,以致取代所有非成员国对同盟出口的该产品,成为同盟内的唯一供应者,随之产生贸易创造效应;另一个是贸易压制效应,即同盟外最有效率的生产国产品在进入同盟时,由于被征收共同对外关税后的价格高于某生产效率较高的成员国产品价格,从而使该成员国成为同盟内该产品的唯一供应者,进而产生同盟内的贸易转移。科登的观点显然受范纳的影响,因此关税同盟和规模经济的结合能否提高经济福利仍是不确定的。

虽然前述学者对关税同盟的作用并不是很乐观,但是,贸易创造效应和贸易转移效应概念的提出却为广大学者所普遍接受,并成为指导关税同盟研究深入发展的基础性理论。进入20世纪70年代,由于欧共体在关税同盟建设上取得了巨大成就,克鲁格曼、赫尔普曼等一大批经济学家从贸易条件和规模经济、不完全竞争入手,阐明了建立关税同盟不仅是为了改善成员国在世界范围内的贸易条件,以提高分配世界收入的比例,而且也是为了在世界竞争日趋激烈的条件下获取超额利润,以提高本国、本地区的社会福利。

随着1992年《马约》的签订和共同市场的建成,欧共体的一体化形式也由关税同盟过渡到共同市场,而在1999年1月1日欧元启动后,又再次过渡到了经济与货币联盟阶段。

伴随着关税同盟的建成,欧共体一体化水平不断提高,这进一步证明了二战后以区域经济集团化为基础的世界经济一体化是时代发展的必然趋势,并且这种趋势所带来的全球福利水平的提高是任何人都始料未及的。

资料来源:张小欣,《试论西欧经济一体化对关税同盟理论的影响》,《重庆师范大学学报(哲学社会科学版)》,2001年第3期。

(二) 建立统一大市场

冷战结束后,国际局势发生重大变化,东西方之间的关系出现缓和,以美国为首的北约和以苏联为首的华约相继采取了实际的裁军措施,缓和了东西方之间剑拔弩张的气氛。1989年东欧剧变后,华约和经济互助委员会(以下简称"经互会")相继自行解体,以柏林墙倒塌为标志的德国统一为统一大市场的形成提供了有利的政治环境。

1985年6月,法国前财政部长雅克·德洛尔(Jacques Delors)开始担任欧共体执委会主席。同年6月,在米兰首脑会议上,欧共体执委会正式提出了关于建设内部统一大市场的白皮书(以下简称"白皮书"),其中列举了300项具体措施(最后定为282项),提出要在欧共体内部建立"无国界"的统一大市场,真正实行人员、商品、资本、服务的自由流通。同年12月,白皮书得到部长理事会批准。

为推进白皮书的实施,欧共体于1986年2月17日、2月28日分别在卢森堡和海牙举行首脑会议,并签署了包括政治合作条约和欧共体修正条约在内的《单一欧洲文件》(以下简称"该文件"),提出了实施白皮书282项措施的具体计划和时间表。该文件规定将于1993年建成欧洲统一大市场,成员国边界将由统一边界取代,同时加强政治领域的合作。1987年该文件生效,被誉为欧洲一体化进程中的里程碑。此外,该文件还对《罗马条约》进行了第一次重要修改,即在决策程序上以"有效多数"取代"一致同意",提高了部长理事会和欧共体执委会的决策效率,为统一大市场的建设提供了便利。1993年1月1日,欧洲统一大市场宣布基本建成,并正式开始运作。

为了进一步消除统一大市场人员自由流动方面的障碍,1985年6月,法国、联邦德国、荷兰、比利时、卢森堡五国在卢森堡与法国和德国交界的小镇申根签署了关于人员自由流通的协议,简称《申根协定》。意大利(1990年11月27日)、西班牙和葡萄牙(1991年11月18日)、希腊(1992年11月6日)、奥地利(1995年4月21日)也先后加入。1995年3月26日,《申根协定》首先在法国、德国、荷兰、比利时、卢森堡、葡萄牙、西班牙七国生效,这七国的人员及欧盟其他国家的人员均可在七国间自由来往,第三国人员只要取得七国中任何一国的申根签证,也可在签证有效期内在七国之间自由通行。意大利和奥地利分别于1997年10月和12月开始执行《申根协定》,并且自1998年3月31日起,两国都取消了与申根国家之间的所有边境检查。希腊于2000年1月1日开始执行《申根协定》。1996年12月,丹麦、芬兰和瑞典签署了同意加入《申根协定》的议定书。之后,又有许多国家陆续加入。目前,申根协定国共有26个:奥地利、比利时、丹麦、芬兰、法国、德国、冰岛、意大利、希腊、卢森堡、荷兰、挪威、葡萄牙、西班牙、瑞典、匈牙利、捷克、斯洛伐克、斯洛文尼亚、波兰、爱沙尼亚、拉脱维亚、立陶宛、马耳他、瑞士和列支敦士登。其中,挪威、冰岛、瑞士不是欧盟国家。欧盟成员国中的爱尔兰、罗马尼亚、保加利亚和克罗地亚不是《申根协定》的成员国。

《申根协定》取消了内部边界,极大地方便了人员、货物、资本和服务在欧盟内部的自由流动,是欧盟在欧洲一体化道路上迈出的重要一步。

(三)建立经济与货币联盟

欧盟早在《罗马条约》第2条中就提出要"建立经济与货币联盟"。1969年12月,在法国总统乔治·蓬皮杜(Georges Pompidou)的倡议下,欧盟六个创始国举行首脑会议,做出了建立欧洲经济与货币联盟的原则性决定,并于1970年提出了《维尔纳报告》(Werner Report),提出用十年的时间分三个阶段建立经济与货币联盟的设想。但由于受20世纪70年代初美元危机和石油危机的冲击,这一努力并没有成功,各国不得不寻求其他的货币合作途径以减少美元危机带来的冲击。

1989年,以欧盟委员会主席德洛尔为首的专门委员会再次提出了分三阶段建立经济与货币联盟的报告《德洛尔报告》(Delors Report,以下简称"该报告")。1989年6月马德里首脑会议通过了该报告,欧洲经济与货币联盟开始进入实质性建设时期。鉴于各成员国对该报告的反应各不相同,为实现欧洲经济与货币联盟,推进欧洲的统一,1991年12月,欧共体在荷兰小镇马斯特里赫特举行首脑会议,经过两天辩论,代表们通过并草签了具有历史意义的《欧洲经济与货币联盟条约》和《政治联盟条约》,统称《欧洲联盟条约》,即《马约》。该条约于1992年2月7日正式签署,并于1993年11月1日正式生效。该条约对《罗马条约》做了重大修改,正式确立了欧洲经济与货币联盟和政治联盟的目标。《马约》的目标是最迟于1999年1月1日建立经济与货币联盟,届时将在联盟内实现统一货币、统一中央银行以及统一货币汇率政策。《马约》规定了一个分三个阶段实现货币一体化的计划：

第一阶段：1990年7月1日至1993年年底，实现所有成员国加入欧洲货币体系的汇率机制，实现资本的自由流动，协调各成员国的经济政策，建立相应的监督机制。

第二阶段：1994年1月1日至1997年，进一步实现各国宏观经济政策的协调，加强成员国之间的经济趋同；在德国法兰克福建立独立的欧洲货币管理体系——欧洲货币局（EMI），为统一货币做技术和程序上的准备，各国货币汇率的波动在原有基础上进一步缩小并趋于固定，确定加入经济与货币联盟统一的标准和时间表。

第三阶段：1997年至1999年1月1日，最终建立统一的欧洲货币和独立的欧洲中央银行。

参与签订该条约的是原欧共体的12个国家：比利时、丹麦、联邦德国、希腊、西班牙、法国、爱尔兰、意大利、卢森堡、荷兰、葡萄牙和英国。芬兰、奥地利和瑞典于1995年1月1日加入。在签署条约时，英国要求欧盟同意其不加入欧元区，即当欧元诞生时，英镑将继续存在下去，英格兰银行（英国的中央银行）也将继续制定其货币政策。

三、欧盟的历次扩大

欧盟的前身是欧共体。1951年4月18日，法国、联邦德国、意大利、荷兰、比利时和卢森堡六国在法国首都巴黎签署《欧洲煤钢共同体条约》（又称《巴黎条约》）；1952年7月25日，欧洲煤钢共同体正式成立。1957年3月25日，上述六国在意大利首都罗马签署旨在建立欧洲经济共同体和欧洲原子能共同体的条约（又称《罗马条约》）。1958年1月1日，欧洲经济共同体和欧洲原子能共同体正式组建。1965年4月8日，上述六国在比利时首都布鲁塞尔又签署《布鲁塞尔条约》，决定将欧洲煤钢共同体、欧洲经济共同体和欧洲原子能共同体合并，统称欧共体。1967年7月1日，《布鲁塞尔条约》生效，欧共体正式诞生。1993年11月1日《马约》正式生效，欧共体更名为欧洲联盟，简称"欧盟"。从成立至今，欧盟已先后经历了七次扩大，三次发生在欧共体更名为欧盟之前，四次发生在更名之后。成员国从最初的6个创始国（法国、联邦德国、意大利、荷兰、比利时和卢森堡）发展到28国（英国于2020年1月31日退出）。以下为历次扩大的情况：

1973年，英国、丹麦和爱尔兰加入欧共体，这是欧共体/欧盟历史上的第一次扩大。第一次扩大后，成员国由原来的6个增加到9个。第二次扩大发生在1981年1月1日，希腊成为欧共体第10个成员国。1986年1月1日，葡萄牙和西班牙加入欧共体，欧共体成员国增至12个，这是第三次扩大。

1995年，奥地利、瑞典和芬兰三国在第四次扩大中成为欧盟成员国，使欧盟成员国扩大到15个。第四次扩大是在《马约》生效之后，即在欧共体更名为欧盟之后。这时的欧盟经济得到了快速发展，1995—2000年间经济增速达3%，GDP由1997年的1.90万美元增至1999年的2.06万美元。欧盟的经济总量从1993年的约6.7万亿美元增长到2002年的近10万亿美元。

2002年11月18日，欧盟15国外长会议决定邀请塞浦路斯、匈牙利、捷克、爱沙尼亚、拉脱维亚、立陶宛、马耳他、波兰、斯洛伐克和斯洛文尼亚10个中东欧国家入盟。2002年12月13日，在哥本哈根召开的欧盟首脑会议决定结束与10个候选国的谈判，正式邀请它们在2004年5月加入欧盟。2003年4月16日,标志着以上10个国家加入欧盟的《雅典宣言》在希腊首都雅典签署。2004年5月1日,上述10个国家正式成为欧盟成员。

这是欧盟历史上的第五次扩大,也是迄今为止规模最大的一次扩大。这次扩大使欧洲一体化建设跨越了冷战时期遗留在欧洲大陆上的历史鸿沟。欧盟以往的扩大都是向西方国家开放,而这次入盟的10个新成员国中,有8个均为中东欧国家,所以这次扩大被称为"东扩",它标志着欧洲结束了二战后的分裂局面。这次扩大使欧盟在经济上变得更强,这10个国家入盟后,欧盟成员国从15个增加到25个;总面积扩大至74万平方公里;人口从约3.8亿增至约4.5亿;经济总量由东扩前的91 690亿欧元增至96 130亿欧元,约增加5%,仅次于美国的110 840亿欧元;贸易总量由东扩前的17 546亿欧元增加至18 461亿欧元,仅次于美国的19 495亿欧元。

同时,这次扩大也使欧盟在政治、外交和安全领域的分量更重。尽管这次扩大也给欧盟带来了新的困难和挑战,但它为欧洲一体化建设奠定了更加坚实的基础。欧盟的第五次扩大意味着战后雅尔塔体系所造成的东西欧对立的局面真正彻底地结束了。数百年来以战争、强权和均势为主要特征的欧洲民族国家关系,正在转变为以和平与高度一体化为特征的新型关系。因此,它被称为具有历史意义的举措,是自冷战结束后正式把欧洲统一起来的举措。时任欧盟委员会主席罗马诺·普罗迪(Romano Prodi)在一份声明中说:"10个新成员的加入将结束欧洲的分裂。欧盟在历史上第一次将真正成为一体,因为统一是其人民的自由意愿。"

罗马尼亚和保加利亚2007年1月1日正式成为欧盟成员国。数万名罗马尼亚群众聚集在首都布加勒斯特市中心,载歌载舞进行狂欢,庆祝罗马尼亚正式加入欧盟

2007年1月1日,罗马尼亚和保加利亚正式成为欧盟成员国。这是欧盟历史上第六次扩大。这时欧盟已成为一个拥有27个成员国、人口超过4.8亿的大型区域一体化组织。2007年的欧盟经济继续保持较好的增长势头,内需趋旺,出口增长,主要经济指标普

遍好转,经济增长基础趋于稳固,欧盟和欧元区经济增长分别为 2.9% 和 2.6%。欧盟继续推进经济社会改革,加快里斯本进程[①]的实施,增加研发投入,建立以创新为核心的新经济,提升欧盟经济竞争力。罗马尼亚和保加利亚两国入盟后从欧盟获得了更多的资金支持,两国经济也得到了进一步发展。

> **专栏 1-6**
>
> 中东欧国家加入欧盟的条件
>
> 1993 年 6 月,欧共体哥本哈根首脑会议提出中东欧国家加入欧共体的标准,涵盖政治、经济和法律三个方面:政治方面,要求候选国具有稳定和民主的政治体制;经济方面,要求候选国具有正常运转的市场经济,并能应付欧共体内部的竞争压力;法律方面,要求候选国实行法制、尊重人权、保护少数民族,以及接受欧共体在建立政治和经济联盟方面的全部立法。这样做的目的是保证欧共体的"同质化"。中东欧国家要想加入欧共体,就必须满足所有上述条件。欧共体执委会定期对候选国进行评估,检查这些国家的努力情况,并确定候选国能否按时达标。
>
> 罗马尼亚和保加利亚没能在 2004 年欧盟大规模东扩时加入其中,一方面是因为经济情况不好,这两个国家是中东欧国家中最穷的两个,当时人均 GNP 总值只有欧盟平均水平的 1/3;另一方面是因为两国贪污腐败情况严重。为此,欧盟对这两个国家提出了一系列要求,如两国必须经常接受打击有组织犯罪等方面的检查,在执行欧盟农业补贴、处理司法以及国内事务过程中必须采取更加透明的步骤,等等。此外,欧盟要求这两个国家每半年汇报一次打击腐败的进度,保加利亚必须严厉打击洗钱活动,罗马尼亚必须成立一个专门的反贪机构以调查政府官员的不明收入。
>
> 2006 年 9 月 26 日,欧盟委员会通过一份最终报告,建议罗马尼亚、保加利亚两国于 2007 年 1 月 1 日加入欧盟。10 月 17 日,欧盟外长会议批准了欧盟委员会的此项建议报告。

经过 12 年的努力,克罗地亚于 2013 年 7 月 1 日正式加入欧盟,成为第 28 个成员国。欧盟至此完成了第七次扩大。克罗地亚加入欧盟是欧洲一体化历史上的重大事件,它表明,即使在欧元区债务危机的背景下,欧盟也未放弃其扩大战略。同时,克罗地亚入盟还表明,欧盟在西巴尔干的扩大是其长期战略,不会因为欧盟内部暂时出现的困难而改变。经历了七次扩大后的欧盟,在当时成为一个涵盖 28 个国家、总面积达 437.99 万平方公里、总人口超过 5.1 亿的世界经济实力最强、一体化程度最高的国家联合体。

四、欧盟应对扩大带来的压力

由于成员国不断增加,欧共体 20 世纪 50 年代的运行机制已不能适应其发展的需要,特别是第五次扩大后,欧盟的运行机制遇到了挑战。为了使成员国扩大到 25 国之后

---

① 欧盟于 2000 年 3 月在里斯本制定了一项发展战略,力争到 2010 年使欧盟成为"世界上最富竞争力和以知识经济为基础的最具活力的经济体"。——编者注

仍能有效运作,欧盟成员国一致认为有必要制定一部欧洲宪法(涵盖欧盟所有既有法律的一部大法)。

2004年6月18日,参加欧盟首脑会议的25国领导人,一致通过了"欧盟宪法草案"。欧盟宪法草案的通过使得欧盟在制定统一宪法性文件的道路上向前迈进了一步。10月29日,欧盟25国首脑在意大利首都罗马签署了《欧盟宪法条约》。这是欧盟的首部宪法条约,旨在保证欧盟的有效运作以及欧洲一体化进程的顺利发展。但根据有关规定,《欧盟宪法条约》必须经所有成员国批准后才能正式生效(原定于2006年11月1日正式生效)。然而,法国和荷兰分别于2005年5月29日和6月2日在全民公决中否决了《欧盟宪法条约》,这就意味着该条约很难再被付诸实施,这部被寄予厚望的宪法条约就此搁浅。"欧洲宪法条约危机"是欧洲一体化进程中面临的一次较大的危机。

这次危机爆发的主要原因是欧盟扩大的步伐太快,第五次扩大(东扩)一下就吸收了10个国家,而之前的4次扩大加在一起才吸收了9个国家。欧盟规模迅速扩大后,各种矛盾和问题明显多于以往。例如,东扩使欧盟的资金大量流向新成员国,来自中东欧的移民增加了老成员国的就业和社会问题等。

而宪法危机不解决,欧盟就无法继续讨论扩大的问题,保加利亚和罗马尼亚能否如期在2007年入盟成为问题,与其他国家讨论入盟问题的计划可能会被搁置。

为了化解矛盾、走出欧洲宪法条约危机,同时也为推动欧盟制宪进程,2007年6月,欧盟首脑会议在布鲁塞尔决定以一部新条约取代已经失败的《欧盟宪法条约》。根据欧盟各国首脑达成的框架协议,新条约不是涵盖欧盟所有既有法律的一部大法,而是对创建欧共体的《罗马条约》(1957年签署)和建立欧盟的《马约》(1991年签署)进行修改增补的一部普通法律。这样,新条约的重要性下降,各成员国可以通过议会审批方式核准条约,而无须举行可能导致条约遭到否决的全民公决。

2007年10月19日,欧盟非正式首脑会议在葡萄牙首都里斯本通过了欧盟新条约,即《里斯本条约》。2009年12月1日,《里斯本条约》正式生效。《里斯本条约》删掉了"宪法"这一颇具争议的提法,回避了欧盟"盟旗""盟歌"等"超国家"标志。相比《欧盟宪法条约》,《里斯本条约》的内容大为简化,但仍保留了《欧盟宪法条约》的实质性内容。根据《里斯本条约》,欧盟对决策方式和机构设置都进行了大刀阔斧的革新,以便使不断扩大的欧盟能够更好地运转。

《里斯本条约》生效后,欧盟的组织机构和运行机制的变化主要体现在以下三个方面:一是在取消原来由轮值主席国首脑担任欧洲理事会主席的做法的同时,设立欧洲理事会常任主席,这个职位相当于"欧盟总统",在国际舞台上代表欧盟,这个职位任期两年半,可以连任一届;二是把欧盟理事会负责外交和安全政策的代表与欧盟委员会负责对外关系事务的委员这两个职务合并,设立新的欧盟外交与安全政策高级代表,类似于外长,并扩大这个职务的权限,特别是给予这个职位对外援助的财权;三是把一些原本必须采用一致通过原则的政策领域划归到多数表决制的领域,以避免某项政策因一国反对而无法通过的尴尬局面,提高运行机制的效率。

《里斯本条约》的正式生效意味着欧盟将翻开新的一页,欧洲一体化进程由此将得到进一步推进。从《欧盟宪法条约》的搁浅到《里斯本条约》的正式生效,可以看出欧盟对一体化进程尤其是政治一体化的积极探索和努力。与此同时,欧盟在一体化过程中经历的坎坷也表明,欧洲民众对于在欧盟层面制定一部统一的宪法还有不同的认识。

但是,纵观欧盟的发展历程,欧洲一体化的历史就是一部在妥协中不断前进的历史。欧洲一体化的脚步从未停歇,因为一体化给欧洲带来了巨大的政治、经济和安全利益。

五、欧盟东扩的经济意义

(一) 东扩的原因

欧盟东扩指的是把中东欧前社会主义国家接纳进来,最终实现建立一个"大欧洲"的目标。欧盟第五次扩大实际上就是欧盟的东扩。从欧盟方面来看,其东扩的原因主要有政治、经济和安全方面的考虑:

1. 政治方面的原因

二战结束后,欧洲人为地被分割为东、西两部分。中东欧国家被划入了苏联的势力范围,东西欧对峙的局面持续了几十年。东欧剧变后,西欧国家认为这是一次难得的历史机遇,应将中东欧纳入西欧势力范围,以巩固"和平演变"的成果,并防止这一地区的形势发生逆转。此外,东扩后的欧盟政治、经济实力必将得到增强,从而有利于其在未来的多极格局中成为强有力的一极。

2. 经济方面的原因

中东欧国家有一亿多人口,在地域上与欧盟国家毗连,自然资源丰富、土地肥沃、劳动力素质较高、社会消费水平也较高,对于欧盟来说,无疑是一个具有很大诱惑力的市场。为了开拓中东欧市场并最终将其纳入欧洲统一大市场,同时也为进一步推动欧洲一体化建设进程铺平道路,欧盟需要把中东欧国家发展为成员国。

3. 安全方面的原因

中东欧地区是两次世界大战的策源地,是冷战时期对峙的前哨阵地,战略地位十分重要。冷战结束后,西方战略学家仍然对俄罗斯不放心,在他们眼里,虽然俄罗斯长期处于严重危机中,但未来走向并不确定,对欧洲安全仍有潜在的威胁,因此,必须在它复苏之前将东欧纳入欧盟的势力范围。

而从中东欧国家方面来看,苏联解体、东欧剧变及随之而来的华约组织和经互会的相继解体,使得欧盟东扩成为可能。这些国家在一体化问题上的态度对欧盟东扩也至关重要。苏联解体、东欧剧变后,东欧原社会主义阵营中的东欧国家摆脱了苏联的控制。为了摆脱剧变后在政治上没有归属感的境地,中东欧国家积极要求加入欧盟,它们中的多数国家纷纷提出"回归欧洲"的口号,并把加入欧盟和北约作为其对外政策的首要目标,力争尽快在政治、经济、军事等方面同欧洲接轨,实现一体化。1996年7月7—9日,东欧各国领导人在奥地利历史名城萨尔茨堡举行了为期三天的首脑会议,会议强调与西方实现一体化是该地区稳定和改革的前提条件。中东欧国家领导人在这个问题上的坚定态度对欧盟东扩的影响也不可小觑。

此外,中东欧国家的经济状况也使这些国家的领导人意识到"回归欧洲"的必要性。中东欧国家政治制度改变以后,无一例外地陷入严重的经济危机之中。据联合国欧洲委员会和有关方面的报道,自1988年至20世纪90年代中期,中东欧国家的GDP连续下降,平均通货膨胀率达到60%。之后,虽然部分中东欧国家的经济已走出困境,但整个中东欧地区还没有哪个国家的经济能够经得起重大挫折,存在的问题仍很严重。为此,中东欧国家坚信,借助欧盟的力量能够促进其经济根本转轨,从而实现经济持续健康发展。

(二)东扩的经济意义

10个新成员国加入欧盟后,虽然欧盟整体经济实力只增强了5%,但扩大却为欧盟经济的发展带来了新的契机。这是因为新成员国不但提供了新的消费市场,同时也提供了新的重要原料产地和廉价劳动力市场,新老成员国之间在经济上的互补性是显而易见的。东扩后,大批东欧人涌向西欧。以英国为例,至2004年年底,仅在劳工登记处登记在案的波兰人就超过20万,还有更多没有登记的移民。据称这是英国自17世纪以来最大的一次来自一个国家的移民潮。调查表明移民给欧洲经济带来的影响是正面的。仍以英国为例,英国政府和雇主表示波兰人工作勤奋,干的都是英国工人不愿意干的工作,解决了英国劳动力短缺的问题,波兰人的到来使得类似于公共汽车司机这样的职位不再空缺,公共服务的质量得到了提高。大多数东欧移民是18—34岁具有高等学历的毕业生,他们为西欧提供了高素质的劳动力。同时,中东欧移民在西欧挣钱后,汇回国内,也促进了国内经济的发展。此外,中东欧地区丰富的历史文化遗产也刺激了欧盟旅游业的发展。

欧盟东扩给欧洲经济发展带来了新的动力,为建立世界最大的单一市场清除了贸易壁垒。可以说,它不但是欧盟21世纪拉动经济增长、保持经济活力和提高国际竞争力的助推器,也是中东欧国家摆脱经济困境、实现经济发展的最佳途径。扩大后的欧盟将在世界贸易中占有更大份额,在WTO和其他与贸易相关的国际机构中扮演更加重要的角色。

东扩后,随着经济实力的增强,欧盟不断追求在国际政治舞台上发挥与其经济实力相应的重要作用,成为建设世界多极化进程中的重要力量。目前,欧盟在各个领域中积极参与国际事务,在大多数重大国际和地区问题上都发挥着重要的作用,特别是它的对外发展援助占世界总量的55%,是全球最大的发展援助方。欧盟的不断扩大既增强了其实力,无疑也将使其产生更加广泛的国际影响。2018年欧盟27个成员国的基本情况如表1-1所示。

表1-1 2018年欧盟27个成员国基本情况

	入盟年份	面积(平方公里)	人口(万)	GDP(万亿美元)	人均GDP(美元)
欧盟		4 384 318	51 350.00	15.900	36 569
德国	1952	357 580	8 292.79	3.950	47 603
法国	1952	549 087	6 698.72	2.780	41 463
意大利	1952	301 340	6 043.13	2.080	34 483
西班牙	1986	505 935	4 672.37	1.420	30 370
荷兰	1952	41 540	1 723.10	0.914	53 024
波兰	2004	312 680	3 797.85	0.586	15 421
瑞典	1995	447 430	1 018.32	0.556	54 608
比利时	1952	30 530	1 142.21	0.543	47 519
奥地利	1995	83 879	884.70	0.455	51 462
爱尔兰	1973	70 280	485.35	0.382	78 806
丹麦	1973	42 920	579.74	0.356	61 350

(续表)

	入盟年份	面积（平方公里）	人口（万）	GDP（万亿美元）	人均GDP（美元）
芬兰	1995	338 450	551.80	0.277	50 152
捷克	2004	78 870	1 062.57	0.245	23 079
罗马尼亚	2007	238 400	1 947.39	0.240	12 301
葡萄牙	1986	92 226	1 028.17	0.241	23 408
希腊	1981	131 960	1 072.77	0.218	20 324
匈牙利	2004	93 030	976.88	0.158	16 162
斯洛伐克	2004	49 030	544.70	0.106	19 443
卢森堡	1952	2 590	60.77	0.071	116 639
保加利亚	2007	111 000	702.42	0.065	9 273
克罗地亚	2013	56 590	408.94	0.061	14 909
斯洛文尼亚	2004	20 675	206.74	0.054	26 124
立陶宛	2004	65 286	278.95	0.053	19 153
拉脱维亚	2004	64 490	192.65	0.034	17 861
爱沙尼亚	2004	45 340	132.09	0.031	23 266
塞浦路斯	2004	9 250	118.93	0.025	28 159
马耳他	2004	320	48.35	0.015	30 098

资料来源：世界银行。

注：由于英国已于2020年脱欧，故表中未加入英国的信息。

六、英国脱欧

欧洲一体化进程一波三折，危机不断。2009年爆发了主权债务危机，接着在2010年年底爆发了难民危机，英国在2016年爆发了脱欧危机。这些都对欧洲一体化进程构成了威胁。

2016年6月23日，英国就脱欧问题举行全民公投，最终决定退出欧盟。2017年3月29日，英国向欧盟递交脱欧信，正式启动脱欧程序。2017年6月19日，也就是在脱欧公投过去将近一年之际，英国和欧盟在布鲁塞尔正式开启了马拉松式的脱欧谈判。这场谈判被当时不少媒体形容为"世纪谈判"。

2018年11月，双方终于达成了脱欧协议草案。由于英国议会和英国政府内部在脱欧问题上存在严重分歧，国内各方利益难以协调和平衡，英国议会三次否决了首相特蕾莎·梅（Theresa May）与欧盟达成的脱欧协议草案。在英国议会无休止的争吵中，英国脱欧的实际日期也不断被推后。

2020年1月30日，欧盟正式批准了英国脱欧，完成了所有法律程序。根据这份协议，英国于2020年1月31日正式脱离欧盟。2月1日至12月31日为英国脱欧的过渡期，英国在过渡期内与欧盟进行了多项事务的谈判。经过多轮谈判，欧盟与英国终于在2020年12月24日就贸易问题及相关合作关系达成协议，从而为英国按计划在2020年年底前结束脱欧过渡期扫清了障碍。

第二章 欧盟的共同农业政策

欧盟的共同农业政策是在欧共体共同农业政策基础上形成的,其演变大致分为欧共体共同农业政策阶段和欧盟共同农业政策阶段。在欧洲经济一体化六十多年的历程中,共同农业政策是欧共体实施的第一项共同政策。此后,它也是欧共体的核心政策,并且是欧洲一体化得以存在和发展的保证。1958年,欧共体六个创始国代表在意大利的斯特雷萨会议上就有关制定共同农业政策的基本目标、原则和一系列制度达成一致,并将其列入《罗马条约》的第39条中。但由于种种原因,该政策直到1962年才真正得以全面实施,并在此后成为欧洲最具争议的政策之一。

当时,由于欧共体成员国多数都是农产品净进口国,因此欧共体共同农业政策的主要目标是为农业人口提供一个平等的生活标准,保证农产品的供给,稳定市场和以合理的价格向消费者提供产品。为达成这些目标,欧共体制定了一系列措施,其中包括一整套复杂的规章制度,涉及贸易控制、价格支持机制、收入转移、生产补贴、健康与环境规定和标准。该政策的实施使欧共体农业获得快速发展,农产品产量迅速提高,并使其从世界上最大的农产品进口方变为世界上最大的农产品出口方之一。然而,由于共同农业政策一味地刺激农产品生产,对农产品实行价格补贴和出口补贴,导致大量农产品过剩,使欧共体背上了沉重的财政负担。同时,欧共体对外实行贸易保护、限制农产品进口的做法招致贸易伙伴尤其是美国的反对。在内外部的双重压力下,欧共体/欧盟对共同农业政策实施了几次改革。欧盟东扩给该政策带来的极大挑战也迫使欧盟对此政策做出了相应的调整与改革。

第一节 共同农业政策产生的背景

共同农业政策(Common Agriculturial Policy,CAP)是欧共体实施的第一项共同政策,至今仍是欧盟拨款最多的政策,占共同预算的比重略低于50%。虽然农业占欧共体GDP的比重不到3%,农业就业人口占总人口的比重不到5%,但由于农产品、食品占欧共体居民日常生活的开支超过20%,以及农业在经济、政治、社会方面的基础作用,农业对欧共体经济的重要性远远超过了其占GDP的比重。因此,在农业领域实施共同政策是欧共体走向产业一体化的第一步。把共同农业政策明确列入《罗马条约》,证明了欧共体创始国赋予这一政策的重要性。

共同农业政策最早在《罗马条约》中被提出。1960年6月30日欧共体正式提出建立共同农业政策的方案,1962年起逐步予以实施。当初设定的基本目标是:提高农业的劳动生产率,确保农业人员的"公平"收入,稳定农产品市场,保持农产品合理的销售价格以及确保农产品的供应。其主要内容是对内建立共同农业基金"欧洲农业指导与保证基金"(EAGGF),统一农产品市场和价格,对农产品出口予以补贴;对外设置随市场供求变化而调整的差价税、配额等,使欧共体农业免遭外部廉价农产品的竞争。

早在20世纪50年代,农业就在欧洲经济中占有重要地位。1955—1956年,在欧共体的六个创始国中,农业人口约占人口总数的21.2%,农业为GNP所做的贡献大约为10.7%,农产品在对外贸易中所占的比重较高(进口约为19.1%,出口约为12.8%)(见表2-1)。促使六国签署《罗马条约》并放弃原先的保护主义政策转而采取共同农业政策的主要原因,就在于大家意识到这个领域里地区差别很大。例如,同欧洲其他地区特别是与地中海地区相比,欧洲西北部地区的社会结构条件更有利于农业活动的发展。另外,就农业在国民经济中的比重而言,欧洲各国之间也大不相同。比如,虽然各国农业人口就业率都不低,但意大利高达40.0%,而比利时却只有9.3%(见表2-1)。

表2-1 农业在欧共体六个创始国经济中的比重(1955—1956)

(单位:%)

国家	农业人口占总人口比重	农业占GNP比重	农业进口比重	农业出口比重
比利时	9.3	7.3	14.7	7.0
法国	26.3	10.2	24.8	13.0
联邦德国	18.5	7.5	28.0	2.0
意大利	40.0	19.7	17.0	19.6
卢森堡	19.4	9.0	14.7	7.0
荷兰	13.2	10.7	15.6	28.1
欧共体平均值	21.2	10.7	19.1	12.8

资料来源:OECE,CRE,1957年。

欧洲农业生产总值的构成在很大程度上取决于牲畜养殖(主要是牛类),而各国牲畜养殖都接近或超过整个农业生产总值的2/3,只有意大利为1/3多一点(见表2-2)。

表2-2 欧共体六个创始国农业生产总值的构成(1955)

(单位:%)

国家	生产			
	粮食	蔬菜	牲畜养殖品	总额
比利时	8.9	28.7	62.4	100.0
法国	8.1	32.1	59.8	100.0
联邦德国	8.5	20.4	71.1	100.0
意大利	20.8	45.3	33.9	100.0
卢森堡	11.7	10.2	78.1	100.0
荷兰	4.8	28.9	66.3	100.0
欧共体平均值	10.5	27.6	61.9	100.0

资料来源:FAO-OECE,1955年。

整个欧洲的农业收入比其他劳动部门收入都低,各地区之间存在差异。六国农场规模不同,机械化程度差异很大,有机械化程度相当高的现代化农业企业,也有众多小型和落后的企业。工业发展较慢的意大利,1960年其耕地面积在10公顷以下的农场占总数的87%,而欧共体的平均水平是67%(见表2-3)。

表 2-3　欧共体六个创始国农场规模比重(1960)

(单位:%)

国家	1—5 公顷	5—10 公顷	10—20 公顷	20—50 公顷	50 公顷以上	总额
比利时	48.5	26.5	16.0	6.0	1.0	100.0
法国	26.0	21.0	27.0	21.0	5.0	100.0
联邦德国	45.0	25.0	21.0	8.0	1.0	100.0
意大利	68.0	19.0	8.5	3.0	1.5	100.0
卢森堡	32.0	18.0	26.0	22.0	2.0	100.0
荷兰	38.0	27.0	23.0	11.0	1.0	100.0
欧共体平均值	46.0	21.0	18.0	11.0	4.0	100.0

资料来源:Paggi,1997 年。

另外,在二战结束之初,六国或多或少都需要解决与农业结构调整和现代化相关的众多问题。各国存在的差异既关系到每个国家农业市场的运转问题,也关系到国内市场价格体系的调控问题。由于在欧洲范围内主要农产品的价格水平变化不定,农业收入也存在巨大差别(见表 2-4)。

表 2-4　欧共体六个创始国主要农产品价格差别(1958—1959)

产品	联邦德国	法国	意大利	比利时	卢森堡	荷兰
小麦	109.4	74.9	109.1	100.4	123.3	83.0
黑麦	116.7	71.0	101.7	87.1	138.9	84.7
大麦	134.6	76.6	93.4	105.1	110.5	100.1
甜菜	122.3	81.5	103.9	92.8	—	99.1
牛奶	101.6	92.1	98.7	94.3	116.1	97.8
牛肉	101.3	87.8	113.7	89.5	105.9	101.8
猪肉	110.0	93.7	105.7	84.9	115.3	90.4
鸡蛋	109.4	89.8	113.1	94.5	119.9	73.2

资料来源:欧共体执委会,1968 年。
注:设六国年平均值为 100。

虽然六个创始国意识到它们支持农业增长的政策不足,同时也意识到在农业方面存在很大差异,但是,由于各国的国情不同,自给自足的立场占据上风,还有一定程度的民族主义,因此 20 世纪 50 年代初六国在农业领域开展一体化的最初努力失败了。成员国中法国和荷兰是农业非常发达的两个国家,它们认为这是向欧共体内部市场销售本国产品的又一个好机会。相反,一些工业化程度更高的国家(如联邦德国、比利时和卢森堡)传统上就是农产品进口国,它们对得到更有利的贸易条件更感兴趣。意大利的立场介于两者之间,一方面,意大利是柑橘、蔬菜和葡萄酒等产品的出口国,因此很愿意在成员国内部建立共同市场,消除欧洲境内的关税壁垒;另一方面,鉴于自己的农业生产和结构与其他成员国存在差异,意大利认为要启动共同农业政策就得先进行结构性调整,至少要能够缓解本国农业基础设施短缺的问题,而意大利的农业生产总值在整个欧共体农业生产总值中占比将近 1/4。

自从 1957 年签署《罗马条约》,六国就克服了过去在农业问题上的对立,开始致力于欧洲"共同市场"的建设,六国都承诺要推动"经济活动的和谐发展"、各国之间的"持续均衡"发展,以及彼此之间"更密切的关系"(《欧洲经济共同体条约》第 2 条)。有关共同农业政策的总体方案明确要求"按照条约规定的条件和速度"促进共同农业政策的确立。然而,共同农业政策诞生后主要是满足了供给方所面临的结构性问题,而没有对需求方的问题加以适当关注。因为欧洲各国政府当时关心的主要是保证二战后在食品供应上能自给自足。另外,随着欧洲人口增长和人民生活条件的改善,食品消费比战前增长了大约 30%。但人们没有注意到,正是在"经济繁荣"的那些年里,消费开始越来越转向非农业部门的产品。

二战结束后,西欧各国农产品极为短缺,需要大量进口。在各国政府采取的有关政策和措施支持下,农业虽然得到了较快的恢复和发展,但各国的发展水平却很不平衡,农产品价格差异较大,同时农产品价格普遍高于世界价格水平。因此,稳定农业产量和价格、实现农产品自给自足,在当时对西欧各国的经济发展具有非常重要的意义。

1957 年 3 月 25 日,法国、联邦德国、意大利、荷兰、比利时和卢森堡六国在意大利首都罗马签署了《欧洲经济共同体条约》和《欧洲原子能共同体条约》。在《欧洲经济共同体条约》中,欧共体特别提出了在恢复经济建设时,首先要关注的是农业的恢复和发展。1958 年,六国代表在意大利的斯特雷萨会议上就有关制定共同农业政策的基本目标、原则和一系列制度进行商讨,为实施共同农业政策做准备。会上,虽然各方对上述议题存在一定的分歧,但最终达成了一致,并将其列入《罗马条约》的第 39 条中。然而,由于各种原因,欧共体直到 1962 年才真正全面实施共同农业政策。

1962 年 1 月,欧共体六个创始国通过了建立农产品统一市场的协议,并逐步开始实施共同农业政策。该协议的主要内容是要建立农业共同市场和设立共同农业基金,对各成员国农产品实行统一的价格管理和价格保证,促进农产品的自由流通。

1968 年 7 月 1 日,欧共体在形成完全的关税同盟之前,所有农产品的共同市场计划已经完成。在欧洲经济一体化六十多年的历程中,共同农业政策是欧共体实施的第一项共同政策,此后,它也是欧共体/欧盟的核心政策,并且是欧洲一体化得以存在和发展的保证。

第二节 共同农业政策的主要内容

共同农业政策和关税同盟是欧共体/欧盟的两大支柱。由一整套规则和机制所组成的共同农业政策是欧盟最重要的共同政策之一,其主要目的是用来规范欧盟内部农产品的生产、加工和贸易。共同农业政策的最大特点是对内实行价格支持、对外实行贸易保护,其主要措施是实施统一的农产品价格、市场干预、差别关税和出口补贴等。具体而言,在价格制定方面,由部长理事会制定统一的目标价格、门槛价格和干预价格,保证市场平衡,维护生产者和消费者的利益;在市场干预方面,主要是通过采取价格支持和生产配额等措施干预农产品购销,调节生产和流通;在贸易措施方面,主要是通过差别关税等措施限制欧共体外部的廉价农产品进口,同时利用出口补贴销售欧共体剩余的农产品。到 20 世纪 90 年代初,置于统一的共同农业政策管辖之下的农产品有谷物、水稻、蔬菜、水果、糖、酒类、烟草、牛奶、肉、蛋、植物油、动物脂肪和油料等 13 个类别,占欧共体农产品生产的96%以上。

一、共同农业政策的五项目标

实施共同农业政策的目标是刺激农业生产、保障粮食供应和提高农业收入。当时欧共体之所以如此重视该政策,主要原因在于两次世界大战期间的粮荒给欧洲人留下了刻骨铭心的记忆,粮食安全问题受到格外重视。此外,当时欧共体六个创始国的农业生产与工业相比还比较落后,农产品无法达到自给。为了改变这一状况、促进成员国农业的发展,欧共体成立之初即着手实施共同农业政策。共同农业政策的一个核心目标就是增加农业从业人员的个人收入。

《罗马条约》第39条第1款明确规定了共同农业政策的五项目标:

(1) 通过促进技术进步,以及最充分地使用生产要素特别是劳动,以提高农业劳动生产率。

(2) 在不断提高农业劳动生产率的基础上,增加农民收入,保证农民合理的生活水平。

(3) 稳定农产品市场,为消费者提供价格合理的农产品。

(4) 保护生态环境和动物生存环境,保证食品安全。

(5) 进行农业结构调整,促进农村经济和社会全面发展。

二、共同农业政策的三项原则

为了确保共同农业政策目标的实现,1960年,部长理事会为共同农业政策制定了三项原则,用于协调成员国之间的利益,这三项原则是:

(1) 共同体市场统一原则(Market Unity),即农产品在各成员国间自由流通。通过削减关税、取消贸易壁垒以及减少补贴,各成员国间的贸易障碍大大减少,整个欧共体的农产品市场得以统一。此外,它还意味着欧共体在统一价格、竞争规则、检疫立法和稳定汇率等方面会进行协调。

(2) 共同体优先原则(Community Preference),即把本国产品的优先权扩大到整个欧共体。通过实行进口关税和出口补贴的双重体制,使欧共体的农产品价格低于世界市场价格,避免欧共体农产品市场受到外部低价农产品的冲击,以维护欧共体内部农民的利益。

(3) 价格和预算统一原则(Financial Solidarity),即制定统一的农产品价格和财政预算,由各成员国缴纳一定的费用建立欧洲农业指导与保证基金,用于补贴和支持欧共体的农业发展。

第三节 共同农业政策的运行机制

共同农业政策的运行机制包括价格机制、货币补偿金机制、欧洲农业指导与保证基金、共同农业市场组织。

一、价格机制

价格机制是共同农业政策运行机制的核心。欧共体/欧盟通过对内给予价格支持和对外进行保护的做法,对其主要农产品和市场提供补贴及保护。价格机制通过对农产品制定一系列共同价格,实现欧共体/欧盟农产品价格的统一。共同价格不是市场价格,而是管理价格,即市场价格在共同价格限定的范围内自由波动,但一旦超过该限定范围,欧共体/欧盟就会采取干预政策,以维持市场价格的稳定。价格机制是为了保证市场平稳、避免市场波动、维护生产者和消费者的利益。价格机制包括目标价格、干预价格和门槛价格三种。

(一) 目标价格

目标价格(The Target Price)是价格机制的中心,是由部长理事会/欧盟理事会根据有关农产品在欧共体/欧盟市场上的最高价格确定。目标价格是欧共体/欧盟对农业生产者的指导价格,同时也是生产者价格浮动的上限。

(二) 干预价格

干预价格(The Intervention Price)也称保护价格或保证价格。干预价格低于目标价格,一旦欧共体/欧盟内的市场价格低于目标价格,欧共体/欧盟就用干预价格收购农产品,以维持市场价格的稳定。干预价格是欧共体/欧盟对市场上农产品价格管理的下限,是欧共体/欧盟农产品的最低保证价格。

(三) 门槛价格

门槛价格(The Threshold Price)是对欧共体/欧盟之外的国家设立的,是为进口农产品规定的最低价格,目的是保证欧共体/欧盟进口农产品的价格能与欧共体/欧盟的目标价格一致。

从政策目标的角度看,共同农业政策确实起到了提高农业劳动生产率、增加农产品供给、稳定市场和价格的效果。但是,随着大量农产品出现剩余,共同财政支出也大量增加,致使共同农业政策为此付出了高昂的代价。此外,这项政策的大部分好处被欧共体/欧盟内的大农场主获得,这违背了欧共体最初的地区发展目标。

二、货币补偿金机制

由于欧共体成立之初没有统一的货币,因此当各国货币汇率出现频繁波动时,会对共同价格体系的稳定造成很大威胁。为了维持农产品的共同价格,1969年,欧共体又创立了货币补偿金机制,对货币升值国的出口和进口农产品分别按其货币升值幅度提供补贴或征税,对货币贬值国则按贬值幅度对其出口进行征税、进口给予补贴。

三、欧洲农业指导与保证基金

欧洲农业指导与保证基金(以下简称"共同农业基金")是欧共体1962年为在财政上保证共同农业政策的实施而建立的专项基金。该基金最初是由各成员国按条约规定比例交纳的捐款构成,自1971年起被纳入欧共体预算。基金分为指导基金与保证基金两部分,前者用于指导农业结构改革、促进农业现代化;后者主要用于支持农产品出口而发放的出口补贴、对农产品市场进行干预,以及因货币汇率波动而引起的货币补偿。农业基金中的保证基金占总基金的95%,指导基金只占5%。显然,这样的发展战略更有利于那些规模大的生产者,因为他们拥有更大的耕地面积,并且更容易扩大产量;而规模较小的农户经常无力承担持续性投资和风险。

共同农业基金自被纳入欧共体预算后一直是其最大的一项开支。由于欧共体农产品过剩日益严重,该项基金也随之不断增加。因而,削减该基金在总预算中的比重就成为后来欧共体/欧盟预算改革和共同农业政策改革的重要内容之一。

四、共同农业市场组织

共同农业市场组织是共同农业政策的主要机制,它把欧共体/欧盟生产的农产品划分为若干大类,每一类农产品由一个市场组织管理。共同农业市场组织从操作上确保共同农业政策的实施,成为共同农业政策的重要支柱。欧共体/欧盟根据生产和销售条件的不同将农产品主要分为以下四种类型,并成立了相应的市场组织。

第一类:主要涉及谷物、油菜籽、蛋白质作物、绵羊肉和牛肉。这类产品按照生产要素对生产者提供直接资助。

第二类:主要涉及橄榄油、烟草、棉花、某些处理过的水果和蔬菜。这类产品根据生产水平的一定比例提供资助。

第三类:主要涉及奶制品和糖类。这是对成本主要由消费者承担的产品提供支持。

第四类:主要涉及水果、蔬菜、高档葡萄酒、猪肉、家禽等。这类产品允许市场自身调节供需,很少干预。

第四节 实施共同农业政策的积极意义及产生的问题

一、积极意义

共同农业政策在很短的时间内就取得了巨大的成功。20世纪70—80年代,欧共体成员国的农业产量大增,粮食、牛奶、牛肉和葡萄酒不仅自给,而且有余。到了90年代初,欧共体/欧盟务农人数减少了一半,农业产量却提高了2—4倍,粮食产量从1960年能满足市场需求的80%增长到120%。共同农业政策实施以来,不仅对促进欧洲农业发展、稳定农产品市场,也对推动欧洲一体化建设做出了重要贡献,具体表现在以下几个方面:

(一)保证了农产品市场的供给

通过实施共同农业政策,欧共体成员国的农产品产量得到迅速提高,从而保证了农产品市场的供给。1983年,欧共体成为世界第三大小麦出口方,同时成为世界上最大的糖料供应方和奶制品的主要供应方。到1984年,欧共体成为世界第二大牛肉净出口方。

(二)刺激了成员国农业生产的发展

共同农业政策对农产品的价格支持和对出口的补贴极大地刺激了成员国农业生产的发展。那些在农业方面有优势的成员国竭力发展农业生产,获得了较大的价格支持;

而没有优势的成员国也竭力采取各种措施来发展农业生产,以减少从其他成员国进口农产品,这不仅能节省外汇支出,也增加了其农产品在欧共体市场上的竞争力。

（三）内部的农产品贸易迅速发展

统一对外的农产品进口关税壁垒保护了欧共体内部的农产品市场,使得农产品贸易迅速发展,贸易额大幅增长。自二战结束到20世纪60年代初,西欧一直是美国、加拿大和澳大利亚等国的农产品出口市场。例如,1958年,欧共体中的一些国家共进口谷物1 180万吨,其中只有8%是从成员国购买的,而绝大部分都是从包括上述国家在内的欧共体以外的国家进口的。而1961—1974年,欧共体内部农产品贸易额从34亿美元激增至204亿美元,增长了5倍。由此可见,共同农业政策为欧洲经济一体化建设奠定了重要基础。

二、产生的问题

虽然共同农业政策在很短的时间内取得了巨大的成功,实现了促进欧洲农业发展、稳定农产品市场的目标,但与此同时,由于欧共体对共同农业政策调整滞后,其弊端日益凸显,严重后果之一是补贴政策导致农民盲目扩大生产,造成产品供大于求,严重过剩,降低了农产品竞争力,同时也破坏了生态。20世纪80年代末,欧共体的农业补贴达到高峰,农业预算占到整个预算的63%,仅多余产品贮存一项,一年就要拿出200多亿埃居（欧洲货币单位,1埃居约等于1美元）。此外,这种违背市场规律的做法招致国际社会的批评。共同农业政策产生的主要问题如下:

（1）共同农业政策对农产品的价格支持和农业生产补贴,导致农业产出增长超过市场对农产品的吸收能力。1973—1988年间,欧共体的农业产量年均增长2%,而内部消费年均增长只有0.5%。1984—1985年,欧共体主要农畜产品严重过剩。

（2）随着成员国的增加以及农业生产规模的扩大,欧共体农业开支日益庞大,给成员国造成了严重的财政负担,加重了普通消费者的负担,高价格和税收强制性将预算成本分摊给非农家庭。1980年,共同农业政策开支在总支出中所占的比重高达73%。

（3）由于共同农业政策补贴和产量挂钩,大多数补贴被大农场主获得,大量的中小家庭农场则获益不多。补贴和产量挂钩的做法增加了大农户的收入,却未能增加小农户的收入。

（4）成员国内部利益分配不均。如联邦德国虽然承担了总体预算的29.2%,却只能从欧共体得到14.8%的回报。

（5）欧共体对农产品的价格补贴和出口补贴,影响了世界农产品价格和其他农产品出口国在世界市场的份额,因此遭到国际社会的批评。美国和凯恩斯集团成员指责欧共体违背了WTO的自由贸易原则。欧共体同其贸易伙伴特别是美国在农产品出口领域的摩擦和纠纷日益尖锐。

第五节　共同农业政策的历次改革

自共同农业政策实施以来,欧共体当初所设定的目标逐步得到实现,在保证农产品市场稳定的同时大大促进了欧共体农业生产的发展,并为工业的发展奠定了雄厚的基础。但共同农业政策也导致欧共体农业开支的过分膨胀及其财政负担过重,农业方面的开支连续多年占欧共体年度预算的49%左右。共同农业政策也导致欧共体一些农产品过剩。此外,由于利益和意见不一,各成员国经常就农业问题发生争吵。鉴于此,自20世纪60年代起,欧共体逐渐开始对共同农业政策进行改革,并制定了新的农业结构政策规则(与欧共体阶段的共同农业政策相比,欧盟阶段的共同农业政策也经历了若干次调整和改革,其中有两次比较重要,第一次是在1992年,第二次是在2000年)。共同农业政策自产生以来所经历的几次改革如下:

一、20世纪60年代重组农业结构的改革

共同农业政策构建的最初目的主要是应对二战后食品供应的短缺,提高农产品的生产效率进而提高产量。为此,欧共体执委会于1968年公布了以欧共体执委会副主席西科·曼斯霍尔特(Sicco Mansholt)命名的《欧洲共同农业政策改革备忘录》即"曼斯霍尔特计划"。该计划所采取的一系列措施包括:为实现农业的大规模生产,鼓励兼并小农场以形成大农场;让老年生产者退出生产;等等。由于改革过于激进,大量家庭农场遭到了毁灭性的打击,许多措施最终未能付诸实施。

二、20世纪70年代实现农业现代化的改革

始于1972年的共同农业政策改革的主要目的是加快实现欧洲农业的现代化,采取的主要措施有:推进农业职业培训,鼓励青年从事农业生产,让年老的农民提前退休以更新农业生产的劳动力。1975年又推行了"贫困地区计划",向生产条件比较恶劣的地区如山区的农民提供补贴。此后,欧洲一些农产品生产部门出现了生产过剩的现象。为保证农民的收入水平,政府对农产品实行价格支持,这大大加重了欧共体财政预算的负担。因此,生产过剩的问题和财政预算负担过重的问题就成了下一阶段共同农业政策改革的重点。

三、20世纪80年代解决农产品过剩及预算制度的改革

为了解决生产过剩问题,欧共体执委会于1985年颁布了《共同农业政策展望》绿皮书,其中分析了共同农业政策的未来发展路径,提出了削减生产的新方法。而在这之前的20世纪70年代末至80年代初,政府针对过剩问题就已经开始采取一些措施,如1979年建立"共同责任税",要求奶制品部门生产严重过剩的农民必须支付罚金;1981年规定食糖生产者应该承担全部出口费用;1984年为控制牛奶产量建立了牛奶生产配额制;等等。为了解决财政预算问题,1988年欧洲理事会通过了一揽子改革措施,其中就包括"农业开支指导"原则,通过限定欧共体农业支出的最高额度,规定主要农产品获得补贴的最高产量等措施。之后,共同农业政策预算支出在总预算中所占的比重开始下降,如1985年这一比重为75%,而到了80年代末这一比重就下降到了65%。

从上述几次改革可以看出,90年代以前共同农业政策的改革,无论是最初的"曼斯霍尔特计划"还是80年代末的一揽子改革措施,目的都是解决农产品过剩问题以及削减共同农业政策预算开支。但是,由于这些改革方案所涉及的内容有限,改革效果并不明显。

四、1992年的麦克萨里改革

除了20世纪80年代出现的严重的农产品过剩问题以及农业开支一直居高不下的

问题依然存在,20世纪90年代的共同农业政策还面临诸如新成员国的加入以及协调成员国在乌拉圭回合谈判中的立场等问题。因此,共同农业政策的改革又一次提上日程。1992年,当时负责农业问题的欧共体委员会委员麦克萨里(MacSharry)提出了一项基础性的改革措施,并于1992年5月21日获得欧洲理事会通过,后被称为麦克萨里改革。这次改革措施的主要内容包括:

(1) 降低支持价格水平、控制生产。将粮食、油料作物、牛肉及奶制品等主要农产品的干预价格在三年内降低15%—30%。例如,粮食和牛肉的价格三年内降到接近国际市场的水平(如谷类价格降低29%,牛肉价格降低15%)。在控制生产方面,主要是实施耕地面积削减计划,冻结15%的谷物耕种面积。

(2) 收入支持,对农场主进行直接补贴。包括对那些被冻结了耕种面积的农业生产者,根据种植面积给予补贴。

(3) 农业结构调整政策。包括通过建立基金,鼓励保护环境;对55岁以上农业生产者实行提前退休制度,以便安置青年;扶持山区和条件差的地区发展农业;等等。

此次共同农业政策改革是第一次在外部力量推动下进行的,是一次较为系统的改革。此次改革最重要的措施是改变了补贴方式,使共同农业政策从价格支持转向直接补贴,不再单纯依靠价格来支持农民收入。通过此次改革,欧共体在解决农产品过剩和减轻财政负担方面取得了良好的效果。此外,改革考虑了WTO农业谈判的立场和外部的批评意见,从而缓和了欧共体与其他国家的贸易冲突。

五、欧盟《2000年议程》

20世纪90年代末期,欧盟面临的内外部形势如下:外部,WTO提出了新一轮农产品贸易谈判要求;来自美国、加拿大等农业出口大国不断要求欧盟取消农业补贴的压力在增大。内部,欧盟即将进行东扩(第五次扩大)。由于东扩申请入盟的中东欧国家的农业在经济中比重较高,届时欧盟共同农业政策将更加不堪重负。在此形势下,1999年欧盟通过了《2000年议程》,决定对农业政策进行更为彻底的改革,力图改变曾经"扭曲贸易"的农业政策。此次改革的目标是促进欧盟农业朝着自由化、现代化和可持续性方向发展。在保护农村环境的同时,进一步改革农业补贴方式,落实以收入补贴替代价格补贴和出口补贴的原则,整合新成员国,加大欧盟在未来WTO多边贸易谈判中的分量。改革措施如下:

(1) 确定将2000—2006年的农业预算支出保持在420亿欧元的水平。

(2) 减少价格支持,鼓励竞争。

(3) 保证农民的生活水平,通过提高直接收入的方式来补偿农民因减少价格支持而遭受的损失。

(4) 注重保护农业生态环境。

(5) 制订新的农村发展计划,以支付酬金或对贷款创建农场提供利息补贴的方法支持青年农民创建农场并为他们提供培训、鼓励农业环境保护。

《2000年议程》是共同农业政策最为全面的一次改革。这次改革几乎涵盖了共同农业政策所有的功能,包括经济、环境、农村发展等,既推动欧盟农业经济朝着贸易自由化的方向发展,又为新成员的加入创造了有利条件。

六、2003年改革新方案

2003年改革实际上是对前次改革《2000年议程》的一个检验,也是欧共体/欧盟共同农业政策实施以来经历的最深刻的一次改革,其主要内容是废除补贴与农产品产量挂钩的做法。2003年6月26日,在卢森堡举行的欧盟农业部长会议就欧盟共同农业政策改革达成一项妥协方案。这项妥协方案的核心内容是:将农业补贴与农产品产量挂钩的做法改为向农民提供一次性补贴;个别国家可以在一定时期内继续维持对农民的直接补贴,以避免出现农民放弃耕地的现象;将农业补贴额度与环保、食品安全等标准挂钩,以便向欧洲农民发出强烈的信号,那就是必须更加注重食品安全、质量标准和环境保护,不符合上述标准的农民将无法得到补贴;减少对大型农场的补贴额度,将节省下来的资金用于支持农村地区的发展项目;等等。

欧盟预算的最大出资国德国和共同农业政策的最大受益国法国都对此方案表示满意。在15个成员国中,葡萄牙是唯一对改革方案投反对票的国家。欧盟委员会负责农业和渔业事务的委员弗朗茨·菲施勒(Franz Fischler)在会议结束后举行的记者招待会上说,改革方案将使欧盟实施了四十多年的共同农业政策面临"很大变革",过去那种"破坏国际贸易体系和损害发展中国家利益的补贴方式"将不再存在。他强调,这项改革将使欧盟农业生产更具竞争力和可持续发展能力、更市场化、更符合消费者的需要。欧盟委员会时任主席普罗迪也发表声明说,这项改革对农民、消费者和纳税人都是有益的,同时也将提升欧盟在2003年9月在墨西哥坎昆举行的WTO部长级会议上的谈判地位。

此次改革的核心是对农业补贴政策进行改革,使补贴与产量脱钩,旨在提高农业生产的效率。新方案的最大特点是将用于补贴大农场的直接支付资金转向农村发展,主要用于解决环境问题,提高农产品质量,加强动物福利和支持农户达到欧盟标准等,具体反映在以下几个方面:① 欧盟向农场支付的补贴不再与产量挂钩,而是更注重对环保、食品安全和动物福利标准的遵守,在有稳定收入保障的前提下,农民可以自主决定种植农作物的种类,以满足市场需求;② 欧盟将对农村发展注入更多资金,以改善环境,提高产品质量及动物福利标准,帮助农民达到从2005年开始实施的欧盟生产标准的要求,使欧盟农民具有更强的竞争力,农业生产更具市场导向性;③ 通过减少对大农场的直接支付,可以为农民实施环保、质量标准和动物福利方面的项目提供更多的资金;④ 实施"财政纪律"机制,限定经费使用最高额度,防止超额支出,进一步削弱干预机制,增强农户对市场信号的反应能力。

此次改革从根本上改变了过去共同农业政策向农民进行补贴的方式,使农业生产及贸易更趋向于市场化,从而满足了WTO关于农业补贴的规定,更加符合WTO规则,为欧盟参加新一轮多边贸易谈判增加了筹码。而此前欧盟每年约1000亿欧元的预算中大约有一半是用于农业补贴的,这种补贴政策被其他农业大国认为是"扭曲贸易"的不公平竞争政策。可以说,这次农业政策的改革是欧盟历史上最为深刻、最为全面的改革,它标志着欧盟告别了曾经"扭曲贸易"的农业政策,并将开始实施有利于全球贸易的农业政策,是欧盟农业新时代的开始。

七、2007年CAP"健康检查"

CAP"健康检查"就是基于2003年改革以来的经验,继续采用2003年改革所采取的措施,从而使欧盟更好地适应拥有 27 个成员国所面临的新的机遇与挑战。其关心的主要问题是:怎样才能使直接补贴机制更有效率,更简单化;怎样使那些一开始为一个仅拥有 6 个成员国的共同体所设置的市场支持工具适应当前的情况;怎样面对来自环境变化、生物燃料、水资源管理以及生物多样性保护等方面的新挑战。

八、2008 年欧盟农业补贴政策改革

2008 年 7 月 2 日,欧盟决定永久性结束自 1992 年开始实行的休耕政策,其目的是应对食品价格飙升。11 月 20 日,欧盟成员国就农业补贴等共同农业政策问题达成妥协。虽然在 2003 年的改革中欧盟就已经提出了农业补贴与产量脱钩,但当时的改革并不彻底。而这次改革最重要的内容是农户领取的补贴数额不再根据产量多少来决定,而是根据环境保护、动物福利和食品安全等综合因素来决定。因此,这次妥协的意义非同一般,它意味着欧盟在农业补贴上的政策又向前迈进了一大步,这将有利于欧盟农业生产通过更好地以市场为导向来实现可持续发展。同时,此次改革节省下来的补贴资金将被用来支持落后地区的发展与环境保护。

九、2011 年欧盟共同农业政策改革

2011 年 10 月 12 日,欧盟委员会公布了欧盟共同农业政策改革的法律草案,草案包括直接支付、单一共同市场组织、农村发展和监督管理等四大要素。草案要求自 2019 年开始,所有成员国将在国家或区域一级实施统一标准的直接支付。欧盟委员会还承诺将致力于在 2020 年实现各成员国直接支付完全平等分配的长远目标。直接支付改革的重要内容之一,是强制要求各成员国至少将直接支付中的 30% 与鼓励生产者实施有利于应对气候变化和环境保护的生产实践相挂钩。该绿色建议措施包括:保持永久性牧场;保持种植作物品种多样性,要求农户在其可耕地上至少种植 3 种作物,每种作物至少占总面积的 5%,最多不超过 70%;保持耕地至少有 7% 的"生态重点区",用于保留绿篱、树木、缓冲带、休耕地及自然景观特征;等等。另外一个重要变化是设定了直接支付最高限额,任何单一农场每年接受的最高支付限额为 30 万欧元。为消除法律上的漏洞,排除没有从事农业活动的直接支付申请者,欧盟委员会还严格界定"不活跃"农民,如土地位于适合放牧和种植区域而未进行最基本的生产活动的土地所有者。此外,直接支付对年轻农民和小农户也有涉及。此次改革要求各成员国将直接支出的 2% 用于支持年轻农民(40 岁以下),年轻农民在其进入该行业的最初 5 年内,将会得到最高 25% 的额外支持。而种植面积小于 3 公顷的小农户,如参加 2014 年实施的欧盟小农户计划,将根据其农场具体规模,获得每年 500—1 000 欧元的固定支付。

共同农业政策到目前为止的改革提高了欧盟的农业生产率,稳定了农产品市场,保障了农产品的正常供给,使农业从业人员的收入免受世界市场的波动,使欧盟的农业政策朝着市场化方向发展。

十、《2014—2020 年计划》

2013 年年底,欧盟就共同农业政策改革达成一致并颁布了《2014—2020 年计划》(以下简称《计划》),《计划》引入了"绿色发展目标",要求农民必须满足环保标准才能获得欧

盟补贴。《计划》还提出了增强农业竞争力、实现自然资源可持续管理以及成员国区域平衡发展的三大长期目标。为此,欧盟对以直接支付和市场支持政策为主的第一支柱政策体系、以农村发展政策为主的第二支柱政策体系以及共同农业政策预算进行了改革。

《计划》的平均年度预算较2013年有所增加,但增幅不大。此次改革的主要特点是实现了政策支柱间资金的灵活调配,增强了资金转移的灵活度。《计划》规定,从2015年起,欧盟的各成员国可把本国最高额度为15%的资金在两个支柱间相互转移;对于第一支柱直接支付水平低于欧盟平均水平90%的成员国,从第二支柱向第一支柱转移的资金比例可以提高至25%。该项措施赋予了成员国较大的灵活度,以便成员国通过此举将资金更好地用于本国农业发展,但是,大量专家学者和欧盟官员认为改革内容过于烦琐。两支柱政策体系改革如下:

(一)第一支柱政策体系改革

直接支付制度改革是欧盟共同农业政策第一支柱政策体系改革的重要内容。此次改革在原有直接支付的基础上增设了自愿挂钩直接支付、自然条件限制及农业环境欠佳地区直接支付、重新分配直接支付、青年农民直接支付及绿色直接支付等,并将直接支付制度结构调整为强制性直接支付和自愿性直接支付,同时还对成员国之间存在较大差异的直接支付标准进行了改革。

1. 强制性直接支付

强制性直接支付包括新基础支付计划、青年农民直接支付和绿色直接支付。新基础支付计划将依据受益农场的土地面积发放。

欧盟希望通过推行青年农民计划吸引更多的年轻农民从事农业,有效应对农村劳动力老龄化问题。该计划规定,自2015年开始各国需将不高于直接支付总额2%的资金用于支持新从事农业的青年农民(40岁以下);新从事农业的青年农民在最初5年内享受给付标准基础上最高25%的额外支持;此外,第二支柱农村发展政策中也提供了配套支持青年农民的政策。

绿色直接支付规定各成员国将直接支付资金总额的30%与应对气候变化和环境保护的绿色生产措施相挂钩;为满足保持永久性牧场、维持种植作物品种多样性以及保护生态重点区域等绿色措施的农户提供奖励和补助。

2. 自愿性直接支付

自愿性直接支付包括自愿挂钩直接支付、自然条件限制及农业环境欠佳地区直接支付、重新分配直接支付及小农场直接支付等内容。自愿挂钩直接支付规定,所有的成员国均可采取8%的挂钩直接支付,还可以给予用作动物饲料的蛋白质作物2%的额外挂钩直接支付,若某成员国当前挂钩直接支付超过5%的水平,在未来则可提高至13%;对于自然条件较为落后的地区,自然条件限制及农业环境欠佳地区直接支付将会有不超过5%的直接支付资金补贴;重新分配直接支付将会设定不超过30%的直接支付金额用于支持面积小于30公顷的农场主;小农场直接支付计划为参与该计划的农户提供每年500—1 500欧元的固定补贴,各成员国将制定自己的具体标准,但资金总额不得超过本国直接支付资金总额的10%。

3. 统一直接支付标准

在直接支付中,为了减小现行成员国、地区和农户之间每公顷平均支付存在的较大差异,欧盟制定了减少成员国之间的差异以及到 2019 年实现国家层面实施统一支付标准的目标。此外,为了实现成员国支付标准的内部趋同,欧盟采取了多项措施降低对大农场的支付,如规定各成员国对单一农场基本支付金额超过 15 万欧元的部分,强制削减至少 5%,若成员国选择重新分配的直接支付,则无须削减,各成员国自愿执行每年支付给单个农场的最高金额不超过 30 万欧元的标准。

(二)第二支柱政策体系改革

第二支柱政策体系改革实际是对农村发展政策的改革。此次改革将协调整合现有框架下推行的农村发展方式,更加注重项目实施的效果,以进一步推动农村的可持续发展和区域间的平衡发展。在不考虑两个支柱间资金转换的情况下,改革后用于农村发展的资金将占支出总额的 25% 左右。

欧盟要求成员国的农村发展资金必须优先用于以下六个方面的项目:① 促进知识转化,以及农业、林业和农村地区创新;② 增强各地区多种形式农场的活力和竞争能力,促进农场科技创新,促进森林可持续管理;③ 促进农业产业链发展,包括农产品加工和营销、增进动物福利和强化农业风险管理;④ 恢复、保护和提升农业与林业生态系统;⑤ 提高资源效率,支持农业、食品和林业的低碳发展;⑥ 促进社会包容,减少农村贫困。通过明确六大优先发展方向,提高第二支柱政策体系的针对性和目的性。此外,六个优先发展方向中前五项同第一支柱体系中的绿色措施以及实施的市场手段是相互促进的,此次改革增强了第一支柱政策体系和第二支柱政策体系之间的联系。

本次改革对共同农业政策进行了全面回顾,保留了共同农业政策的两个支柱政策体系,并使两个支柱政策体系的内涵发生了很大变化,增强了两个支柱政策体系之间资金调配的灵活度。由于此次改革是在 WTO 农业协议框架下进行的,因此适时调整和优化了农业补贴政策,使农业补贴方式更加符合 WTO 规则。此外,此次改革还有以下几个显著特点:① 更加重视保护自然资源和生态环境,使多项农业补贴政策与环境保护直接挂钩;② 新的农业补贴政策不仅关注对农业生产的支持,也包括对农产品流通、加工、农业科技研发和推广等方面的综合支持;③ 更加注重政策的统筹协调,注重兼顾公平和效率,更加注重促进农业的可持续发展。综上所述,所有这一切对欧盟农业农村的发展,以及对整个欧盟经济的发展都具有重要意义。

从发展历程来看,未来欧盟农业政策的发展方向仍将是不断减少市场干预措施,使农业生产更加市场化。此外,通过乡村发展计划全面提升农业竞争力,实现农业与环境的协调发展。

对《计划》,英国和法国有不同的看法。英国希望在整个欧盟范围内减少直接支付,减轻农民对补贴的依赖,并通过市场引导增强农业竞争力。同时,英国对农业生产"绿化"方面的议案有些失望,因为《计划》要求农场将 7% 的土地用于环保,这与英国希望提高粮食产量的想法有一定矛盾。英国希望新政策简单明了、方便执行、易于操作,以帮助各国更好地应对市场变化,使农业更具竞争性。而法国则希望给农民更大的支持,并且赋予农民法律工具以便其更好地保护自己的利益;希望更加关注共同市场管理政策,健全风险管理工具,以帮助农业生产者更好地应对市场风险。

奥地利的超市

奥地利维也纳

第六节 欧盟东扩对共同农业政策的影响

2004年5月1日,塞浦路斯、匈牙利、捷克、爱沙尼亚、拉脱维亚、立陶宛、马耳他、波兰、斯洛伐克和斯洛文尼亚10个中东欧国家的正式入盟标志着欧盟东扩成功。这10个国家入盟后，欧盟成员国从15个增加到25个。欧盟的扩大无疑增强了其在世界政治和经济舞台上的地位，也为欧洲一体化的深入发展提供了前所未有的机遇。

共同农业政策是欧洲一体化得以起步并持续发展的重要因素之一。欧盟东扩是共同农业政策改革和发展过程中的一个重大挑战。不论是中东欧国家还是欧盟15国对农业都十分敏感。中东欧国家对于开放西欧农产品市场有很高的积极性；而欧盟15国却为自己的农产品可能受到来自中东欧国家农产品的竞争而感到担忧，唯恐无法再继续保护本国农民的利益。对中东欧国家而言，农业的相对重要性远远大于欧盟。此外，中东欧国家的农产品价格水平和农业技术发达程度都低于欧盟。因此，在这种情况下，中东欧国家的加入将会为欧盟的预算增加难以承受的负担。

根据欧盟《2000年议程》，在2000—2006年的7年财政计划中，农业总支出将不超过3100亿欧元。东扩前后的几年里，欧盟每年的农产品直接补贴为405亿欧元，约占欧盟财政预算的一半。在新成员国加入后，如果维持目前的补贴政策，势必造成农业补贴总额急剧膨胀，形成无法弥补的财政缺口。而诸如结构性问题严重、现代化水平低、社会问题多、农业人口老龄化、私有化及经济重组进展缓慢等现象，都是东扩给欧盟带来的严重的社会和经济问题。具体来说，东扩将会对欧盟共同政策带来一系列的影响和挑战，还会进一步加剧业已存在的问题和矛盾，这主要体现在以下几个方面：

首先，财政政策面临挑战。新成员入盟后会进一步加剧欧盟农产品生产过剩的矛盾，进而在直接补贴和过剩农产品的处置方面带来更大的政策压力。如果将现有的农业政策原封不动地扩大到中东欧地区，不仅欧盟不堪重负，而且还会加重业已存在的生产过剩问题，给现行的欧盟农业补贴政策带来挑战。而如果不在中东欧地区实行这一政策，对中东欧国家来说，入盟的好处将大打折扣。按照欧盟当时的政策，欧盟的预算结构中，共同农业基金和地区结构基金两项就占到了总预算的80%，其中，农业基金一项就占50%。新成员国多为农业国，农业在国民经济中占有很大的比重，农业价格总体水平较低，生产技术较为落后。还有，新入盟的成员国中，除塞浦路斯外，其他国家都将是欧盟资金的纯受益国，其中仅农业补贴一项欧盟就要增加30%的支出，这使欧盟的财政负担更加沉重。因此，调整和改革共同农业政策，是缓解财政预算压力、提高欧盟农业的国际竞争能力、促进欧盟农业可持续发展、迎接贸易自由化挑战的唯一选择。

其次，共同农业政策的协调难度增大。东扩所引发的诸多问题，如共同农业政策资金紧张、决策能力与效率低下等，使得有效的协调变得更加紧迫和必要。欧盟的扩大和一体化进程的深化，使得欧盟在政策协调上的难度也随之增大。东扩对欧盟共同政策的相互协调提出了很高的要求，主要包括欧盟与成员国在共同政策上的协调以及共同政策的不同范畴之间的协调。《2000年议程》中，欧盟又进一步在共同农业政策上明确强调各成员国在农业补贴负担与共同农业政策的具体实施上的参与和执行地位。因此，在共同政策上需要协调欧盟援助与成员国自身援助的关系。同时，欧盟也强调在共同政策的制定过程中协调不同目标下的各种政策范畴的关系，并在项目实施过程中进行跟踪和评估，借以修正政策偏差。

最后，东扩加剧了欧盟成员的利益纷争和立场分化。入盟后各国从欧盟方面得到的收益不一样，从欧盟得到的农业补贴和其他基金也不同，但是欧盟所要求的规则和标准是相同的,这样一来就会使这一地区原来比较落后的地方经济发展更加困难。新成员的加入和农业开支的加大,使欧盟背上了更加沉重的财政负担。中东欧国家的入盟仅仅使欧盟的 GNP 增加了 5%,这不但无法为欧盟增加多少预算,反而还会使欧盟整体富裕程度下降。扩大后的欧盟人均 GDP 将下降 16%。如果欧盟内部都无法在未来的共同农业政策上达成共识,势必会激化新老成员国之间的矛盾。如果以东扩为分水岭降低农业补贴和削减结构政策力度,将严重伤害新成员国的"归属感"和经济趋同的能力,不仅有悖于一体化的目标和宗旨,也会遭到新成员国的反对。与此同时,以德国为代表的净出资国又无论如何不愿意再提供更多的资金。这种立场的分化和难以调和将极大地制约欧盟在共同政策改革上的作为。截至欧盟完成东扩,不仅现有成员国与新成员国之间立场对立,而且现有成员国内部也未就共同政策改革达成统一的立场。

尽管东扩对欧盟共同政策提出了一系列的挑战,但在一定程度上,东扩以及当前形势的发展也为欧盟共同政策的大规模改革提供了契机。从长远来看,欧盟的农民将从农业贸易自由化中受益,同时,改革将提高生产力并带来技术创新,从而使其竞争力大大提高。

第七节 共同农业政策对欧盟的影响及未来面临的挑战

一、对欧盟的影响

(一) 推动欧洲一体化进程

共同农业政策自诞生之日起就成为欧洲一体化进程的强劲驱动力。1960 年 6 月 30 日,欧共体执委会正式提出了建立共同农业政策的方案,并于 1962 年起逐步予以实施。欧共体对共同农业政策目标的权衡实际上是一个政治决定,而共同农业政策后来的一些重要改革也是出于推动欧洲一体化的需要。由于共同农业政策在欧洲一体化进程中的重要地位和影响,它一直备受关注。

二战后初期,西欧各国的农业生产规模小,产量低,农业收入水平也低,很多国家的食品供应严重不足。因此,保障食品安全、确保国内食品的供应是当时西欧各国在磋商联合议题时必须优先考虑的目标。出于现实的政治、经济考虑,欧共体首先在农业部门确立了共同政策。《罗马条约》清楚地阐明了共同市场必须包括农业和农产品贸易。鉴于当时欧共体各创始国在其国内政策中并没有把农业部门纳入市场经济,《罗马条约》特别强调了共同市场在建立的同时应该考虑共同农业政策,而对别的经济部门却没有提及也要建立共同政策。从共同农业政策的发展历程来看,欧共体的诞生催生了共同农业政策,而共同农业政策也推动了欧洲一体化不断发展的进程。

(二) 长期制约欧共体/欧盟的其他政策

在过去的几十年里,欧共体/欧盟的其他政策曾长期受到共同农业政策的制约。由于欧共体/欧盟内部剩余农产品的增加,大量的资金不得不用于补贴向国外销售的农产品,因而共同农业政策的开支也逐年攀升,预算费用急剧增加,共同农业政策支出在欧共体/欧盟总预算中的比重越来越大。在这种情况下,欧共体/欧盟整个财政预算都受到了共同农业政策的牵制,成员国之间的各种分歧和矛盾也都与共同农业政策有着千丝万缕的联系。因此,要想协调彼此之间的利益分歧,就需要从共同农业政策中去寻找解决的办法。

(三) 利益分配是各成员国关注的焦点

共同农业政策导致的利益分配是各成员国关注的焦点。最显著的例子是20世纪后期关于货币补偿数量体系的争议。由于德国是主要的工业品出口国,需要从一个自由的贸易体系中获得机会,但它长期以来一直在共同农业政策中扮演净出资国的角色。以1999年为例,德国在欧洲农业指导和保证基金(EAGGF)中的出资是100亿欧元,受益只有57亿欧元,净出资43亿欧元。所以,德国是货币补偿数量体系的坚决拥护者,它希望削减共同农业政策开支;而其他国家如丹麦、西班牙、希腊、法国、爱尔兰、葡萄牙等由于从共同农业政策中获得的收益大于支出,是净受益国,所以都不愿意实施该体系。因此,欧盟内部形成了利益对立的两派。成员国在共同农业政策实施中的资源分配与利益得失还在相当大的程度上决定了它们在其他问题上的态度和立场。

(四) 为欧盟的扩大及成员国的经济结构调整奠定了稳定的基础

共同农业政策为欧盟的扩大及成员国的经济结构调整奠定了坚实的基础。欧共体成立后,经济一体化的规模不断扩大。长期以来,尤其是20世纪90年代以来,共同农业政策改革的动力和压力均与新成员国的不断加入有着密切的关系,而共同农业政策也为候选国进入欧盟提供了必要的缓冲。例如,为了帮助10个中东欧国家平稳过渡到2004年,欧盟根据《2000年议程》的框架,制订了农业和农村发展特别援助计划,并于2000年开始实施。在这份计划中,欧盟为候选国在过渡期制定了年度预算,用于经济结构调整和农村发展项目,包括对农业进行投资、推动农村加工业的发展、鼓励农村经济多样化、改善和控制动植物的健康等。

如今,欧盟农业已成为一个资本集约化的部门,农业生产发生了革命性的变化。1960—1990年间,欧共体成员国的农业、渔业部门劳动力减少了2/3。2004年,欧盟成为世界上最大的经济实体。欧盟通过这种温和的改革方式在欧洲实现了社会变革,在相当大的程度上要归功于其共同农业政策,因为共同农业政策为成员国的经济结构调整及社会变革提供了不可或缺的条件。

(五) 对欧盟的对外贸易政策产生影响

由于欧盟共同农业政策实施出口补贴,欧盟与美国及凯恩斯集团在农产品贸易问题上纠纷不断,欧盟的这一做法也常常引发其与世界主要农产品出口大国的贸易冲突。这些国家抱怨欧盟共同农业政策导致了世界农产品生产和贸易的严重扭曲。事实证明,共同农业政策的改革在一定程度上能够影响欧盟对外贸易政策的走向。同时,共同农业政策的历次改革也受到外部世界的高度关注。2003年6月,在欧盟农业部长最终达成的共同农业政策改革方案中,欧盟提出了要废除过去某些传统农业补贴的做法,WTO立即对此做出反应,表示支持。

二、未来面临的挑战

作为欧洲一体化的基石,共同农业政策在促进欧共体/欧盟发展方面发挥了积极的作用。但是,进入21世纪以后,世界经济、政治形势及欧盟内部环境使共同农业政策面临更加严峻的挑战。从全球范围看,农业政策与环境问题、竞争政策、贸易政策之间的关系越来越紧密,它们都将置于WTO的调控之下。当前,共同农业政策改革的外部压力主要来源于WTO谈判所达成的乌拉圭回合农业协议。欧盟在1994年结束的乌拉圭回合农业协议中做出了若干承诺,其中有一部分现在正在或刚开始逐步实施。如何协调各成员国的步伐,以及协调在新一轮世界农产品贸易谈判中的立场,是共同农业政策无法回避的问题。从欧盟内部存在的问题来看,影响共同农业政策演变的主要问题如下:

(一) 环境问题

在过去几十年的发展过程中,欧盟的农业发生了巨变,但同时也对环境造成了巨大的破坏。集约化的现代农业生产方式导致土质的严重下降,过度使用土地降低了土地的生产能力;地下水受到农业生产使用的化学物质污染;由于农业生产,周围环境的变化导致一些自然物种的消失以及生物多样性的减少;等等。所以,如何使欧盟的农业发展和环境相协调,维持现有的环境以及保护现有的自然遗产,在共同农业政策中纳入对环境有利的规章制度,是未来一段时间欧盟急需解决的重要问题。

(二) 新老成员国的利益协调问题

由欧盟东扩引出的新老成员国的利益协调是另一个重要问题。2003年1月,欧盟提出共同农业政策改革方案。6月,农业部长会议经过多次讨论,对该方案最终达成了一致。这个方案突出了"三个优先",即把农业生产的质量放在优先地位,把环境保护放在优先地位,把农业食品安全放在优先地位。此次欧盟农业改革步骤从2005年起分阶段推进,但是具体实施起来困难却不少。

2004年5月起,东欧10国成为欧盟的新成员,从最初的6个创始国到2004年的25个成员国,欧盟的规模发生了巨大的变化。东扩对欧盟而言意义非凡。欧盟成员国从15国增至25国,领土面积扩大了23%,总人口增加了7500万达到4.5亿,欧盟的农业人口也因此而增加,农村面积扩大。但是,此次加入欧盟的新成员国中多数国家农业发展水平较低,农业在国民经济中所占的比重却较大,农业人口的收入水平也较低。因此,欧盟农村的发展、农产品的供给以及农民的收入会受到影响。

由于农业对于中东欧国家而言要比对欧盟原成员国重要得多,这些新成员国自然会对农业补贴提出各种要求。而欧盟原成员国的农民及农业利益集团因为农业补贴被瓜分而产生抵触情绪也在情理之中。因此,面对2004年以后的欧盟,共同农业政策不仅要考虑人口、耕种面积的增加,还要考虑成员国之间在市场、体制和利益方面的整合协调,从而使共同农业政策的规则能够更加有效地运作。新的历史条件下欧盟共同农业政策面临的这些问题,预示着其未来改革之路将不会一帆风顺。

第三章　共同商业政策

共同商业政策(Common Commercial Policy, CCP)是欧共体继共同农业政策之后实施的又一项重要的共同政策,它以建立关税同盟为基础,以实现当初 12 国的共同市场为目标,以制定进出口贸易规则和贸易保护措施为主要内容,因而是欧共体对外关系的核心领域。共同商业政策的形成与发展促进了欧共体统一大市场的建设。共同商业政策实际上是欧共体/欧盟的对外贸易政策,其关注的焦点是欧共体/欧盟的对外援助、对外投资和商业合作。《罗马条约》第 113 条规定,共同商业政策包括成员国一致的对外贸易原则。共同商业政策的核心由以下政策领域构成:共同对外关税(Common External Tariff, CET),建立及管理与世界其他区域签订的贸易协定,贸易政策手段的统一应用。欧共体是在关税同盟的基础上形成了共同的对外贸易政策。作为关税同盟,欧共体对内实行自由贸易,而与第三国的贸易则实行统一的进出口规则,即对从来自区外的产品实施共同关税,并采取数量限制、反倾销、保障措施等手段来保护自己的市场。

第一节　共同商业政策概况

一、共同商业政策的目标

欧盟委员会前主席雅克·桑特(Jacques Santer)曾经说过,共同商业政策的目标就是"通过双边、地区和多边贸易关系让欧洲出口商进入世界市场"。

《罗马条约》确定了需要实施共同政策的领域,如贸易、农业、运输等,其中在贸易领域实施共同政策,即实行共同的贸易政策是欧共体最重要的目标之一。根据《罗马条约》第 110 条,欧共体的基本贸易政策目标为:建立关税同盟、寻求共同利益,为世界贸易协调发展、逐步废除国际贸易限制和减少关税壁垒做出贡献。

关税同盟是欧共体一体化建设的基石,其核心是在成员国间形成统一的关税领土。在这块领土上,取消成员国间进出口贸易的关税和其他类似性质的国家收费;在成员国与第三国的贸易关系中建立统一标准的关税制度。

根据《罗马条约》确立的"逐渐形成共同关税"原则,成员国在 20 世纪 60 年代前期就共同关税的基本框架达成协议,随后着手进行了关税项目和分类的统一工作。最后,欧共体以第 950/68 号条例的立法方式,于 1968 年提前建立关税同盟。为适应国际经济关系的变化和一体化的发展,共同关税制度在实施过程中不断修改。现行的法规是 1987 年制定的新条例。

在有关削减关税的谈判中,与第三国进行谈判的是欧共体而不再是各成员国政府。在关税与贸易总协定体制中,欧共体代表分别与其他该协定的缔约国进行关税减让谈判。对于其他非关税与贸易总协定成员的第三方,则主要通过双边协定进行安排。

虽然欧共体建立了关税同盟,但并未建立统一的海关机构,各成员国的海关仍各司其职。如果在执行统一关税规则过程中遇到问题,则由欧共体执委会行使决定权。一旦造成争端,则通过欧共体的司法程序予以解决。

二、共同贸易政策的演变

共同贸易政策是规范欧共体/欧盟成员国针对第三国的贸易政策,最初其内容仅涉及关税税率的改变、关税和贸易协定的缔结。而进出口政策在1999年5月生效的《阿姆斯特丹条约》之前只包括货物贸易,《阿姆斯特丹条约》将其覆盖范围扩大到大部分服务贸易,2003年2月生效的《尼斯条约》又将其扩大到所有服务贸易和与贸易相关的知识产权。2009年12月生效的《里斯本条约》则在外国直接投资(FDI)领域进一步扩大了欧盟在贸易政策领域的权限。

三、各机构在共同贸易政策中承担的职能

欧共体/欧盟各机构在共同贸易政策中承担不同的职能。欧共体执委会/欧盟委员会具有立法权和执行权,负责处理具体的多双边贸易事务,向部长理事会/欧盟理事会和议会提出政策建议。部长理事会/欧盟理事会代表欧共体/欧盟各成员国发布贸易政策指令。欧洲议会最初在共同贸易政策方面发挥的作用很小,但《里斯本条约》生效后,欧洲议会权力上升,有权审批欧盟对外签署的贸易投资协定,并就欧盟重大贸易投资问题提出意见和建议。欧盟法院负责监督欧盟法律的实施、解决争端并进行司法解释。在欧盟委员会内部,贸易总司是专门负责欧盟贸易事务的部门。

四、共同贸易政策的法律基础

欧共体的法律基础是建立欧洲煤钢共同体、欧洲经济共同体和欧洲原子能共同体的三个条约。在三个条约中,《欧洲经济共同体条约》对整个经济的影响最大,该条约的目标是建立一个人员、商品、资本和服务自由流通的共同市场和对第三国实行共同贸易政策。该条约第133条是欧共体共同贸易政策的法律依据。根据该条的规定,欧共体共同贸易政策应建立在各项统一原则的基础上,重点是关税税率的修改、关税和贸易协定的缔结、统一贸易自由化措施的采取、出口政策和保护措施。

五、共同贸易政策的形成

《欧洲经济共同体条约》第133条只是共同贸易政策的法律依据,也就是说,它只为制定共同贸易政策确定了程序框架、一般规则和适用范围,但并未制定具体的政策和规定。在共同市场的建设过程中,为管理欧共体/欧盟进出口贸易,欧共体执委会/欧盟委员会提出贸易政策和规定,提交给部长理事会/欧盟理事会进行讨论,最后由部长理事会/欧盟理事会经过有效多数表决的方式做出决策,并通过其《官方公报》予以公布。因此,在《官方公报》上颁布的部长理事会/欧盟理事会的贸易政策和规定实际上就是欧共体/欧盟的共同贸易政策,这一过程也就是立法过程。

六、共同贸易政策的主要内容

共同贸易政策分为进口贸易法规和出口贸易法规两大部分,法律文件主要采取规

则、指令和决议的形式。欧共体/欧盟制定的与进口贸易直接有关的主要法规有共同关税税则(理事会第2886/89号规则)、共同进口规则(理事会第288/82号规则)、关于国营贸易国家的几个进口安排(第1765/82号规则和第3420/83号规则)、数量限制管理的共同程序(第1023/70号规则)、新贸易政策工具(第2641/84号规则)、反倾销反补贴条例(第2423/88号规则)、关于对进口实施共同原则(第3285/94号规则)和关于对某些第三国实施共同进口原则(第519/94号规则)。欧共体/欧盟共同出口规则为第2603/69号规则、关于文化产品出口规则(第3911/1992号规则)、关于危险化学品进出口规则(第304/2003号规则)、关于在官方支持的出口信贷领域适用项目融资框架协议原则(第77/2001号决议)以及关于设定农产品出口退税术语(第3846/1987号规则)等。

第二节 欧共体/欧盟对外签署的贸易协定

根据欧共体/欧盟基础条约的规定,欧共体/欧盟对外缔结条约由委员会进行谈判,最后由部长理事会/欧盟理事会签订,条约一经签订,即成为欧共体/欧盟法律的一部分,对成员国具有约束力。除WTO外,欧盟目前与下列地区组织和国家签订了贸易或者涉及贸易内容的条约或协定:《欧洲经济区协议》《洛美协定》、与地中海国家联系国协议、与南锥体国家联系协定以及与瑞士等国家签订的贸易协定。出于历史原因和地缘战略考虑,欧共体/欧盟通过采取签署上述贸易协定以及普惠制安排的形式来实施其贸易优惠制度。

一、《欧洲经济区协议》

(一) 欧洲自由贸易联盟

1. 建立背景

二战后,欧洲各国经济遭到严重削弱,百废待兴。与此同时,美国开始在国际舞台上扮演重要角色。1947年,美国国务卿乔治·马歇尔(George Marshall)提出了旨在重建欧洲经济的"马歇尔计划",为欧洲的战后恢复提供经济援助。英国、法国等18个欧洲国家在美国的敦促下,根据1948年4月16日通过的《欧洲经济合作公约》成立了欧洲经济合作组织(OEEC)。成立OEEC的主要目的是确保各成员国更好地实施马歇尔计划,协调欧洲各国经济政策,促进欧洲的经济合作,以努力实现成员国之间的自由贸易。

进入20世纪50年代,西欧国家致力于建立更完善的经济统一体。它们希望成立OEEC之外的政府间机构,以便各国展开更紧密的经济合作,共同实现这一目标。英国也曾为欧洲一体化进程提出过设想,1946年9月,英国首相丘吉尔曾提议建立"欧洲合众国"。

1951年4月18日,法国、意大利、联邦德国、荷兰、比利时、卢森堡六国签订《巴黎条约》,建立了欧洲煤钢共同体。在筹建欧洲煤钢共同体时,六国曾希望英国也加入。可是,由于英国自恃有英联邦国家及美国的贸易支持,并认为自己加入后会失去对主权及国内经济的控制,最后拒绝加入。欧洲煤钢共同体建立后,特别是1957年3月25日签订关于建立欧洲经济共同体与欧洲原子能共同体的《罗马条约》后,成员国经济发展迅速。例如,1959—1962年的几年间,共同市场各国间的贸易增加了将近一倍。共同市场内部的工业生产年均增长率高达7.6%,远远高于同期欧洲自由贸易联盟(EFTA)七国的增长速度(当时七国的增长率仅为4%)。欧洲经济共同体成员国经济逐渐走出了二战的阴影。

英国见此状况,十分后悔自己当初的决定,遂于1960年首次申请加入欧洲经济共同体,可是法国总统戴高乐对英国的反悔并不买账,断然拒绝了英国的要求。他认为英国的加入会影响法国在欧洲经济共同体中的领导地位,从而极力反对让英国加入。此后,英国多次申请加入均未果。在此情况下,英国只能联合葡萄牙、瑞士、奥地利、丹麦、瑞典和挪威来共同建立欧洲自由贸易联盟,与欧洲经济共同体分庭抗礼,并希望取得与之一样的成果。

2. 建立欧洲自由贸易联盟

为了与欧洲经济共同体抗衡,1960年1月4日,英国和奥地利、丹麦、挪威、葡萄牙、瑞典、瑞士在瑞典首都斯德哥尔摩正式签订《建立欧洲自由贸易联盟公约》,即《斯德哥尔摩公约》。该公约经上述各国议会批准后于同年5月3日生效,欧洲自由贸易联盟(EFTA)正式成立,总部设在日内瓦。

EFTA的组织形式与后来的欧共体类似,主要组织机构有理事会、常设技术委员会、联合咨询委员会和秘书处、监督局、法院。理事会是最高权力机构,由成员国部长或常驻代表组成,每月举行两次常驻代表级会议,每年举行两次部长级会议。主席由成员国轮流担任,任期半年。遇有承担新义务的决定须由全体一致通过,其他问题则以多数通过。

EFTA的宗旨是:在联盟内部实现成员国之间工业品的自由贸易和扩大农产品贸易;保证成员国之间的贸易在公平竞争的条件下进行;发展和扩大世界贸易并逐步取消贸易壁垒。其主要任务是:逐步取消成员国内部工业品的关税和其他贸易壁垒,以实现内部自由贸易;对其他国家的工业品仍各保持不同的关税税率;扩大农产品的贸易;不谋求任何形式的欧洲政治一体化。根据《建立欧洲自由贸易联盟公约》的规定,EFTA自1960年起经过10年过渡期,分9次逐步削减直至完全取消成员国间工业品贸易关税和数量限制。1966年这一目标提前实现。

EFTA建立后也经历过扩大和缩小。冰岛于1970年3月加入。芬兰于1961年6月成为准成员,并于1986年1月正式加入。列支敦士登于1960年3月成为准成员国,1991年5月正式加入。1973年1月,英国、丹麦退出EFTA,加入欧洲经济共同体。

随着欧洲经济一体化步伐的加快,特别是随着1968年关税同盟的建立,欧共体的内部市场优势和对外的经济合力开始展露出来,欧共体对EFTA成员国的吸引力不断增加。EFTA不断有成员退出转而加入欧共体/欧盟。继1973年1月英国、丹麦加入欧共体后,1986年1月,葡萄牙也退出EFTA加入欧共体。1994年12月31日,奥地利、瑞典、芬兰退出EFTA后加入欧盟,致使联盟成员国最后只剩下四个。

在英国、丹麦提出加入欧共体后,EFTA其余国家遂于1972—1973年间分别与欧共体签订协定,组成欧洲自由贸易区(亦称"大自由贸易区"),这些协定在结构和内容上大致相同,规定逐步取消工业品贸易关税和数量限制,对国家补贴和工业竞争做了规定,但农产品不包括在内。原EFTA的组织机构及其业务活动仍予保留。

"大自由贸易区"协定决定从1973年4月1日开始,经过五年的过渡,完全取消了EFTA和欧共体之间的关税。

（二）欧洲经济区

1994年1月1日，由欧盟12国和EFTA 7国中的奥地利、芬兰、冰岛、挪威和瑞典5国组成的当今世界最大的自由贸易区——欧洲经济区正式成立。欧洲经济区的诞生不仅改变了欧盟与EFTA的关系，同时也对西欧联合及世界经济产生了重大影响。

欧共体和EFTA关于建立欧洲经济区的设想始于1984年。在1984年4月举行的欧共体与EFTA成员国部长级混委会上，双方决定在已有协定基础上扩大合作，以开拓新的领域。会后，双方第一次公布了建立欧洲经济区的目标，列出了双方共同感兴趣的广泛领域。

1989年12月，欧共体和EFTA部长级会议决定深化欧洲经济区的建设。但直到1990年6月双方才开始正式谈判。谈判的目标是：① 完成商品、服务、资本和人员的自由流动；② 加强和扩大其他领域的合作，如研究与开发、环境、消费者保护等；③ 缩小地区间经济和社会的差异。

在谈判过程中，双方在共同决策捕鱼区、货车过境和共同发展基金等问题上曾出现很大分歧，致使谈判几度陷入僵局。但出于共同的利益考虑，双方最终还是达成了妥协。经过两年的协调和谈判，欧共体同EFTA于1992年5月2日在葡萄牙的波尔图正式签署了世界上最大的单一市场协议《欧洲经济区协议》。协议规定从1993年起的五年内分阶段逐步实现欧洲经济区内的商品（不包括农产品）、服务、资本和人员的自由流动，EFTA国家将从1993年1月1日起加入欧洲统一大市场。

《欧洲经济区协议》本应于1993年1月1日生效，但在批准过程中出现了波折。1992年12月6日，瑞士就《欧洲经济区协议》的批准举行公民投票，结果由于50.3%的居民反对而否决了瑞士加入欧洲经济区。鉴于列支敦士登和瑞士在司法与行政上的特殊关系，瑞士的否决使列支敦士登也无法加入欧洲经济区，导致欧洲经济区的范围由原来的19国缩小到17国。

瑞士的否决不仅导致《欧洲经济区协议》推迟生效，而且带来了一些具体问题，其中最重要的是如何填补因瑞士退出而造成的共同发展基金不足的问题。因为根据原协议，EFTA国家应向欧洲经济区内南方欠发达国家提供20亿欧洲货币单位的发展基金，其中瑞士应承担总额的27%。经过几个月的协商，双方对协议进行了修改，并于1993年2月25日达成了《欧洲经济区补充协议》，解决了共同发展基金不足的问题，最终为欧洲经济区的建立扫清了障碍。由于这些细节问题，欧洲经济区的建立被推迟了整整一年。

现在欧洲经济区的成员为EFTA四个成员国中的三个：冰岛、列支敦士登和挪威（瑞士除外），以及27个欧盟成员国。瑞士通过瑞士-欧盟双边协议参与欧洲单一市场。

欧洲经济区是根据欧盟倡导的商品、人员、服务及资本四大自由流动而建立的。欧洲经济区中的EFTA成员国与欧盟成员国之间可以开展自由贸易，但必须遵守大部分欧盟法律。欧洲经济区的非欧盟成员同意制定与欧盟相似的法律，如公司法等。

欧洲经济区的三个EFTA成员国在欧洲议会、欧盟委员会等欧盟机构中并无代表。欧洲经济区的EFTA成员国与欧盟委员会组成联合委员会，职能是讨论如何将相关欧盟法律延伸至欧洲经济区中的非欧盟成员国。欧洲经济区议会每年开两次会，审视欧洲经济区成员间的整体关系。

二、《洛美协定》

《洛美协定》是欧共体与第三世界发展中国家签订的一个集体协定,全称是《欧洲经济共同体与非洲、加勒比海和太平洋(国家)洛美协定》。它曾是欧共体/欧盟和非加太地区国家间进行对话与合作的重要机制,也是迄今为止最重要的南北合作协定。自1975年以来,为维持和扩大欧共体/欧盟成员国与非加太地区国家之间的传统经济和贸易联系,欧共体/欧盟与非加太地区国家签订了五个《洛美协定》。欧共体/欧盟一直通过该协定向非加太地区国家提供财政、技术援助和贸易优惠等。

1975年2月,属于第三世界的46个非加太地区国家,会同属于第二世界的欧共体9个国家,在西非国家多哥的首都洛美,签订了贸易和经济协定,有效期5年。其主要内容是:① 非加太地区国家的全部工业品和99.2%的农产品进入欧共体时,可以享受豁免关税和不受数量限制的优惠待遇。欧共体成员国向非加太地区国家出口商品时,并不要求得到同等的优惠,而只享受最惠国待遇。② 非加太地区国家向欧共体出口的12种重要产品的价格跌落到一定水平以下时,可以申请从欧共体所设立的专门基金中取得补贴,以保证非加太地区国家的出口收入。这种补贴一般是无息贷款,分7年还清;对一些最不发达国家来说,这种补贴是赠款,不必偿还。③ 欧共体在5年以内向非加太地区国家提供33.9亿欧洲货币单位(约合42亿美元)的财政援助。在这笔援助中,70%是无偿赠款。其余30%是条件优惠的低息长期贷款,年利率1%,还款期限为40年,宽限期10年。这个协定通称第一个《洛美协定》。

1979年10月在洛美签订的《洛美协定》,通称第二个《洛美协定》,有效期仍为5年。这个协定的主要内容是:① 把非加太地区国家享受出口补贴的农副产品种类增加到44种,从而扩大了享受特别优惠待遇的范围。② 增订了关于稳定非加太地区国家9种主要矿产品出口收入的优惠补贴制度(这种补贴一般是低息贷款,年利率1%,分10年还清)。③ 规定欧共体在5年内向非加太地区国家提供的财政援助增加到56亿欧洲货币单位(约合74.5亿美元)。参加签署这个新协定的非加太地区成员国增加到63个。

1984年12月在洛美签订的《洛美协定》,通称第三个《洛美协定》,有效期也是5年。这个协定增加的新内容是:① 确认了参加缔约的南北两大类国家之间的平等伙伴和相互依存关系。② 强调要加强非加太地区国家的集体自力更生能力,优先发展农业,争取粮食自给。③ 扩大了合作的领域,增加社会文化合作、环境保护、捕鱼、私人投资和国际旅游等合作内容。④ 欧共体许诺优先援助最不发达国家,并向非洲难民提供援助。⑤ 欧共体同意将非加太地区国家享受稳定出口收入优惠待遇的产品由原来的44种扩大到50种。⑥ 欧共体在5年内向非加太地区国家提供的财政援助增加到85亿欧洲货币单位(约合83亿美元)。参加签署这个新协定的非加太地区成员国增加到66个,欧共体成员国增加到10个。

1989年12月在洛美签订的《洛美协定》,通称第四个《洛美协定》,有效期延长1倍,即10年。这个协定又增添了一些新的内容,主要是:① 欧共体应在财政上支持非加太地区国家近年来所进行的经济结构调整计划。② 允许非加太地区国家不再偿还欧共体提供的用以稳定这些国家农矿产品出口收入的贷款补贴。③ 进一步扩大非加太地区国家农产品和工业品向欧共体的出口。④ 欧共体在5年内应向非加太地区国家提供财政援助120亿欧洲货币单位（约合132亿美元），其中108亿欧洲货币单位为赠款，12亿欧洲货币单位为优惠贷款。总金额比第三个《洛美协定》增加40%。签署这个协定的非加太地区成员国增加到68个，欧共体成员国增加到12个。其后，两类成员国又分别增加了3个，成员国合计86个。

第四个《洛美协定》于2000年期满。《洛美协定》成员国提前2年即从1998年秋就开始谈判原协定的更新问题，并于2000年2月达成协议。2000年6月23日，欧盟15个成员国以及非加太地区77个国家在贝宁的科托努共同签署了新的《伙伴关系协定》（简称《科托努协定》），用以取代原先的《洛美协定》。其有效期长达20年，每隔5年修订一次。《科托努协定》规定了新的发展目标、新的伙伴合作关系以及新的实施途径和运作方式。

《洛美协定》曾是非加太地区国家和欧共体/欧盟间进行对话与合作的重要机制，也是迄今为止最重要的南北合作协定。在第三世界国家中，68个非加太地区国家通过《洛美协定》享受到了欧共休/欧盟"优惠金字塔"顶端的优惠待遇。

三、与地中海国家联系国协议

欧共体/欧盟十分重视发展与周边国家的经济贸易往来及特殊关系。地中海国家是欧共体成立后发展对外经济贸易关系的最重要地区之一。

早在20世纪60年代，欧共体便开始了与南地中海地区国家建立经济联系的第一轮尝试。当时，除阿尔及利亚外，欧共体与所有南地中海国家均签订了一系列的贸易合作协定。1963年欧共体首先与土耳其签订了联系国协议，1970年又分别与马耳他和塞浦路斯签订了联系国协议。协议的主要内容是，根据确定的时间表，双方共同实行工业品关税同盟；对农产品贸易给予部分关税减让；欧共体加强对上述国家的工业合作和技术援助。1975年，欧共体与以色列签订的协议开始生效。该协议规定，1977年7月之前，欧共体对以色列完全取消所有工业品的关税和配额，对部分敏感性产品的某些监督性措施可延长至1979年年底。而以色列方面则需在1985年1月1日前对自欧共体进口的工业品取消所有关税。由于以色列采取了协议的特殊条款，取消关税的期限延至1989年1月，此后，欧共体工业品可不受限制地免税进入以色列市场。以色列还对欧共体部分农产品出口给予关税减让。

70年代下半叶，欧共体与南地中海国家展开了第二轮合作，与这些国家签订了一系列范围更加广泛、内容更加翔实的合作协定，其最终目的在于同南地中海国家之间建立自由贸易区。这些协定的内容包括允许南地中海国家的大部分工业制成品在一定时期后免税进入欧共体市场，并对这些国家进入欧共体的农产品提供有限的关税优惠。例如，1975年和1976年，欧共体与阿尔及利亚、埃及、苏丹、黎巴嫩、摩洛哥、叙利亚和突尼斯分别签订了合作协定。这些协定的内容大致相同，包括贸易、经济、财政和技术合作。关于贸易问题，协定规定所有原材料和工业产品可不受限制地进入欧共体市场。关于纺织品，埃及、摩洛哥和突尼斯仍然受到协定中的有关条款限制，但欧共体将逐步放松限制。这一阶段所实施的贸易优惠基本上是单向、非互惠安排，即由欧共体向南地中海国家提供贸易优惠措施。

1994年10月，由于认为地中海地区的和平、稳定和繁荣应是欧洲最优先考虑的问题之一，欧盟决心以具体行动面对本地区政治、经济、社会和环境方面的挑战，提出了进一步加强与地中海国家之间的合作、建立欧洲与地中海国家伙伴关系的设想。1995年3月,欧盟委员会通过了建立欧洲与地中海国家伙伴关系的方案。方案确定欧盟先与地中海国家建立联系国伙伴关系,进而到2010年逐步建立起包括12个南地中海国家在内的近30个国家、拥有6亿至8亿人口的欧洲-地中海自由贸易区。1995年11月,欧盟15国和地中海12国在西班牙巴塞罗那举行了外长会议。这次会议的中心议题是把地中海地区建设成为一个和平、安全和稳定的区域,争取在2010年左右建立地中海自由贸易区。会议形成了巴塞罗那宣言,这标志着联系国协议谈判工作的正式启动,亦即巴塞罗那进程的正式开始。各成员国拟定了建立合作伙伴的三大目标:① 通过政治和安全谈判确定共同的和平稳定空间;② 确立经济和财政伙伴关系,创建自由贸易区;③ 加强人民之间的接触和理解,建立社会和人文伙伴关系。

欧盟与地中海国家联系国协议涉及地中海南岸12个国家,即阿尔及利亚、巴勒斯坦、塞浦路斯、埃及、以色列、约旦、黎巴嫩、马耳他、摩洛哥、叙利亚、突尼斯和土耳其。欧盟与各地中海国家所签署的联系国协议的结构和内容基本相似,只是协议实施时间表和覆盖的产品范围有所不同。协议一般规定12年的过渡期,在12年内逐步降低关税,在期限结束时实现自由贸易。除附录所列类别外,免除所有工业品的关税和数量限制,农产品则要在过渡期结束时另行审议。各方同意将关税约束在一定水平,并不再征收其他费用。总的来看,地中海国家从欧盟享受的贸易优惠,在农产品上要低于非加太地区国家。

服务贸易方面,协议要求各方扩大服务贸易自由,并由欧盟和地中海国家的代表组成联合理事会,对各方履行服务贸易减让的情况进行评估。

资本流动方面,各方同意在国际收支平衡的前提下,允许自由进行经常项目支付、保障投资资本和利润回收。各方承诺进行磋商以推动实现投资自由。协议实施5年后,各成员国应取消国家经营垄断,保证没有采购歧视,同时规定各方推广采用欧盟工业品、农产品和食品标准及认证程序。

原产地规则也是协议的重要内容之一。欧盟承诺,如果一个地中海国家与另一个地中海国家达成自由贸易协议,欧盟将采取原产地累进政策。但在具体的累进政策上,欧盟对马格里布(阿尔及利亚、摩洛哥、突尼斯等)和马什里克(埃及、约旦、巴勒斯坦、以色列、叙利亚等)国家的规定有所不同。对于马格里布国家的产品,在计算当地成分含量时,只对来自欧盟和马格里布国家的增值部分进行累计;而对于马什里克国家,则对来自全部地中海国家的增值部分进行累进。欧盟给予阿尔及利亚的原产地政策是来自马格里布国家的原料都可以累进,但前提是该国与阿尔及利亚和欧盟都必须有自由贸易协议,而且须使用相同的原产地原则。在农业问题上,欧盟对马格里布国家更为宽松,协议同时允许各方采取反倾销和保障措施。

2005年4月12日,欧盟委员会正式公布加强欧盟与地中海国家伙伴关系("巴塞罗那进程")未来五年工作计划,主要涵盖教育、经济可持续增长、民主与人权三个方面。欧盟委员会的新闻公报称,由于巴塞罗那进程的目标是到2010年建立"欧盟-地中海大自由贸易区",因此地中海国家必须尽快开放农业和服务业以促进其经济与欧盟经济的融合。欧盟委员会提出,欧盟必须与地中海国家就建立自由贸易区的"路线图"达成协议。欧盟委员会还提出了具体的年度计划,逐一落实上述安排。欧盟-地中海自由贸易区一旦建成，将涵盖近 40 个国家、7 亿消费者。巴塞罗那进程还包括欧盟与地中海国家分别开展《欧盟-地中海联系协定》的谈判，以取代 20 世纪 70 年代签署的单向优惠的《合作协定》。欧盟还支持地中海国家之间的自由贸易安排。

四、与南锥体联系协定

2000 年 6 月，欧盟与南锥体国家（阿根廷、巴西、巴拉圭、乌拉圭）开始商谈联系协定，旨在建立政治和经济全面合作伙伴关系。联系协定包括政治议题、合作和贸易等，其中贸易议题包括货物和服务贸易双向自由，推动农产品互利贸易、促进健康卫生法规的趋同、知识产权保护、竞争政策、贸易救济措施实施原则，以及建立有效和具有约束力的争端解决机制。

五、欧盟与瑞士等国家签订的贸易协定

（一）欧盟与瑞士的协定

2002 年 6 月，欧盟与瑞士之间的七项双边协定正式生效。这些协定涉及人员自由流动、农产品贸易、公共采购、技术贸易壁垒、空运、陆路与铁路运输、科研等。之后，瑞士与欧盟继续就农业加工品贸易自由化、服务贸易自由化、瑞士与欧盟 25 国间人员自由流动等进行谈判，有的已经达成了新协议。

（二）欧盟与其他欧洲国家的协定

土耳其在 1996 年即与欧盟就非农产品和农业加工品建立了关税同盟。关税同盟还包括泛欧原产地累计系统、技术贸易壁垒、竞争政策、知识产权保护等内容。

与欧盟建立关税同盟的还有安道尔、圣马力诺。欧盟与法罗群岛则签有自由贸易协定。

（三）欧盟对西巴尔干地区的政策

南斯拉夫解体后，欧盟着力与该地区建立稳定与联系战略。该战略分三个阶段实施。欧盟给予该地区单向优惠政策，包括所有货物（农产品例外）免税准入，目标是在过渡期后建立自由贸易区。稳定与联系协定涉及竞争、国家资助、知识产权、服务贸易等内容。

（四）欧盟与智利联系协定

2002 年 11 月，欧盟与智利签署联系协定，在货物贸易方面，双方将逐渐在十年内实现自由化，其中包括所有工业品、80.9％的农产品和 90.8％的渔产品。在服务贸易方面，建立自由贸易区，并实现投资、支付和资本流动自由化。双方还将开放政府采购市场，有效保护知识产权。双方在海关程序、竞争、争端解决机制、技术标准和其他技术法规等方面也将加强合作。

（五）欧盟与墨西哥自由贸易协定

2000 年 7 月 1 日，欧盟与墨西哥签署自由贸易协定，双方根据不同过渡期逐步实现

贸易自由化。欧盟在2003年取消所有工业品关税,墨西哥则在2007年全部取消。双方决定在2010年之前分阶段取消农产品和渔产品的关税。

(六)欧盟与南非合作协定

欧盟与南非合作协定于1999年10月签署,2000年1月生效。协定主要内容是在12年过渡期内相互给予自由贸易待遇,其中欧方自由化节奏要快于南非。

第三节 欧共体/欧盟优惠贸易制度——普惠制

普惠制(全称为普遍优惠制),是指发达国家单方面对从发展中国家或地区输入的商品,特别是制成品和半制成品给予普遍的、非歧视性的和非互惠的关税优惠制度。普惠制是在"最惠国"税率基础上进一步减税或全部免税的更优惠的待遇,是广大发展中国家利用联合国贸易和发展会议共同争取的结果。普惠制遵循普遍的、非歧视性的和非互惠的三项原则。原产地规则是普惠制的核心组成部分,受惠国出口产品是否取得了原产地资格,是衡量能否享受优惠的标准。实施原产地规则的目的是确保普惠制的待遇只给予由发展中国家和地区生产与制造的产品。

一、欧共体/欧盟普惠制的演变与发展

欧共体于1971年建立普惠制,通过普惠制对发展中国家实施普惠制待遇。自1995年1月1日起,欧盟开始实施普惠制给惠方案,欧盟成员国作为统一的经济集团实施同一个普惠制给惠方案。欧盟的普惠制方案允许广大发展中国家的产品以低于正常关税的税率进入欧洲市场,它是欧盟用来向发展中国家提供发展援助的最重要的贸易工具。据欧盟方面统计,欧盟普惠制的受益国和地区多达178个,享受普惠制进口的商品每年超过500亿欧元,约占欧盟进口总额的40%。

从1996年开始,欧盟相继三次对普惠制的内容进行了重大调整,建立了普惠制毕业机制,缩小了优惠幅度,减少了对包括中国在内的发展中国家的"受惠"产品。该毕业机制分为国家毕业和产品毕业。国家毕业是指按照欧盟普惠制方案中设定的公式计算受惠国相关发展指数和专业指数,如果上述指数超过一定指标,则意味着该受惠国家已达到一定的发展水平,将被排除在受惠国名单之外;产品毕业是指如果受惠国某类产品利用普惠制向欧盟出口量超过当年欧盟在普惠制项下进口该类产品总量的25%,则该受惠国此类产品将不再享受普惠制待遇。

2002年1月1日起实施的第六个普惠制方案(理事会条例第2501/2001号规则)中的毕业机制具有可逆性,即毕业后的国家或产品如果连续三年未达到毕业标准,则可以重新申请享受普惠制待遇。

2004年10月,欧盟委员会推出了普惠制改革方案。根据新的改革方案,欧盟普惠制下的分类将由5个减少为3个。新的分类包括一般普惠制、针对最不发达国家的特殊普惠制和旨在帮助竞争力微弱国家的附加普惠制。2005年6月23日,欧盟25个成员国批准了普惠制改革方案,决定自2006年1月1日起实施新的普惠制。根据新条款,普惠制受惠国的任何一种产品如果在欧盟市场的份额超过15%,则将失去普惠制待遇,而纺织

品和服装的"毕业门槛"则为 12.5%。

二、欧盟普惠制主要阶段的实施情况

(一) 1995—2004 年欧盟普惠制的基本内容

第一,将工业产品给惠方案和农产品给惠方案合并为一个方案。合并后,其管理内容包括一般安排、特殊鼓励安排、全部或部分撤销普惠制安排、共同条款和过渡性条款。给惠产品根据其敏感程度被划分为非常敏感产品、敏感产品、半敏感产品和不敏感产品四类,普惠制税率则按产品的敏感程度依次定为协定税率(最惠国税率)的 85%、70%、35% 和 0。

第二,继续实施毕业机制。欧盟将毕业分为产品毕业和国家毕业,从"质"和"量"两方面来考虑是否对一个国家的某个行业实施毕业机制。从"量"来说,如果一个国家在受惠项下出口到欧盟市场的产品超过了所有受惠国家出口到欧盟的同类产品的 25%,那么欧盟就会决定把这个国家的这个行业从欧盟的普惠制方案中排除。从"质"来说,欧盟引进了两个指数:一个是关于这个国家的经济发展水平的发展指数,另一个是这个国家某一行业发展水平的专业化指数。如果两个指数超过一定指标,则意味着这个国家已达到一定的发展水平,它将被排除在受惠国名单之外。

第三,对原产地规则进行调整。欧盟在原产地规则上增加了给惠国成分条款,规定受惠国从欧盟任一成员国进口原料、零部件加工制成产品后,再出口到欧盟时,这些来自欧盟的原料、零部件均可视为受惠国的原产品。同时,欧盟对加工清单做了部分修改,总体上对原产地标准有所放宽。

(二) 2005—2008 年欧盟普惠制的基本内容和特点

1. 基本内容

2005 年 6 月 27 日,欧盟理事会通过了有关欧盟新的普惠制方案的第 980/2005 号条例。新条例对有关普惠制的第 2501/2001 号条例做了重大修正,并于 2006 年 1 月 1 日起实施,直到 2008 年年底。

欧盟主要通过以下措施来调整旧的普惠制方案:第一,强调优惠的对象向最不发达的国家倾斜。欧盟通过"毕业机制"也就是通过收回对某些国家的某些产品,特别是收回产自某些受惠国的最具竞争力的产品的普惠制待遇,来优先考虑那些最不发达国家和经济最脆弱的发展中国家。第二,毕业程序更加透明、简化。现行的多种"毕业标准"包括优惠产品的份额、发展指数和出口专业化指数等,而新的普惠制将以上的多重"毕业标准"修改为单一的标准,即优惠产品的份额标准。第三,改进原产地原则。

2. 特点

2005—2008 年的普惠制方案(以下简称"新方案")主要有以下特点:

在关税削减幅度方面,新方案规定,除某些农产品外,对于享受一般优惠安排的非敏感产品,免除关税;对于享受一般优惠安排的敏感产品,如果是从价税,通常在最惠国税率的基础上削减 3.5 个百分点,但对于 HS 第 50—63 章的产品,则在最惠国税率的基础上削减 20%,如果是从量税,通常在最惠国税率的基础上削减 30%,但对于 HS 22.07 的产品(酒精浓度为 80% 或以上的未变性乙醇、已变性的任何浓度的乙醇和其他酒精),则在最惠国税率的基础上削减15%。对于从价税,如果削减后税率低于或等于1%,则免税;对于从量税,如果削减后税率低于或等于2欧元/欧洲计量单位,则免税。计算结果经四舍五入,取小数点后的第一位。对于既有从价税又有从量税的敏感产品,其从量税不降。对于按照本条例一般安排进行削减的税,如果规定了最高税,该高税率不降;如果规定了最低税,该最低税不适用。对于原产于能享受"鼓励可持续发展和良好管理的特殊安排"的受惠国的除毕业产品和HS 17.04项下的部分产品以外的全部受惠产品免除关税。对于原产于最不发达国家的除HS 10.06和17.01项下的部分产品以外的全部受惠产品予以免配额、免关税的优惠待遇。

在毕业机制方面,新方案虽然仍沿用"毕业机制",但内容有了重大改变,主要如下:

(1) 关于国家毕业。新方案规定国家毕业的条件是,某受惠国或地区连续三年被世界银行列为高收入国家并且其出口至欧盟的最大五类(HS Section)受惠产品量占其出口至欧盟的全部受惠产品总量的比重小于75%。

(2) 关于产品毕业。新方案规定产品毕业的条件是,根据2004年9月1日所能得到的数据,按平均值计,连续三年,某受惠国或地区出口至欧盟的某类[HS Section;11类被分为11类a(包括第50—60章)和11类b(包括第61—63章)]受惠产品量超过所有出口至欧盟的该类受惠产品总量的15%。对于HS 11类a、b的纺织品,这个限度是12.5%。

如果某受惠国出口至欧盟的某类受惠产品量超过其出口至欧盟的所有受惠产品总量的50%,则该国的该类产品不会被安排毕业。

在对反倾销和反补贴措施所涉及的产品是否给予优惠及特定条件的规定方面,新方案规定对于反倾销和反补贴措施所涉及的产品,通常不撤销对这些产品的关税优惠。

在给惠产品范围方面,新方案增加了享受优惠的产品范围。一般安排项下享受优惠的产品新增300多条,可以享受普惠制待遇的产品从原来的6 900多个增至7 200多个,新增产品主要为农产品和水产品。

此外,部分国家原可享受优惠的产品被排除在给惠清单以外,如下所示。

巴西:食品、饮料、酒、醋、烟草、木制品、草柳编织品。

中国:化工类产品;塑料、橡胶制品;皮革制品、手袋类;木制品、草柳编织品;纸浆、纸制品;纺织品;鞋类、帽类;手杖、羽毛及毛发制品;人造花;珠宝首饰制品、钱币;贱金属及其制品;机械、录音录像及重放设备及其零件;车辆、飞行器、船舶;光学、检测、医学仪器及设备、钟表、乐器及其零部件;杂项制品。

印度尼西亚:动植物油脂;木制品;草柳编织品;纺织品;珠宝首饰、钱币。

印度:纺织品;珠宝首饰、钱币。

马来西亚:动植物油脂。

俄罗斯:化工制品;纸浆、纸制品;贱金属制品。

泰国:珠宝首饰、钱币;车辆、飞行器、船舶。

南非:车辆、飞行器、船舶。

阿尔及利亚:矿产品。

在暂时撤销优惠安排的条款和保护措施条款方面,根据新方案,可引起欧盟采取"临时撤销优惠安排"措施的情况大致如下:

(1) 严重或故意违反附件3所列国际公约所定的原则。

(2) 出口监狱劳动产品。

(3) 对毒品(违禁物质或其原材料)的出口或转运所实施的海关控制严重欠缺或不能遵守关于洗钱的国际公约。

(4) 欺诈行为、不正当行为或非偶然地不能遵守或不能保证遵守产品原产地规则及对相关程序的规定或不能提供执行和管理优惠安排所需的行政合作。

(5) 严重或非偶然的对欧盟工业或利益有不利影响的不公平贸易实践。

(6) 严重或故意破坏欧盟作为其成员的关于保护和管理渔业资源的区域性渔业组织或协约的目标。

新方案还对临时撤销优惠安排的相关程序做了详细的规定。临时撤销优惠的期限一般是三个月,但欧盟委员会可以决定延长。

新方案对保护措施条款做了更为详细的规定,而且专门规定了对农产品的监控,强调了对受惠农产品进行加强保护。

(三) 2009—2011 年欧盟普惠制的基本内容

欧盟委员会于 2008 年 7 月 22 日公布了 2007/0289(CNS)普惠制修订条例,从 2009 年 1 月 1 日至 2011 年 12 月 31 日开始实施新的普惠制方案。

法规议案对附件 1 做出修订,该附件罗列了不享受普惠制的产品类别。经修订的附件 1 保留了大部分在现行法规下不享受优惠的中国内地产品。欧盟对特别奖励安排做出较大幅度的修订,该制度的受惠国须遵守法规议案附件 3 所列的一切公约的实施准则,有关公约涉及劳工标准、人权、环境等。

鉴于普惠制提供的优惠低于《洛美协定》和《地中海协定》提供的优惠,真正实际使用普惠制的国家并非是所有发展中国家,而是非地中海的亚洲国家和拉美国家。

第四节 共同进出口规则

为执行欧共体制定的贸易制度、法规以及与国际组织和第三国签订的贸易协定,欧共体相继制定了一系列贸易规则,这些贸易规则大致可以分为共同进口规则和共同出口规则两部分。

一、共同进口规则

(一) 制定共同进口规则的原则

欧共体共同进口规则针对的是来源于第三国的产品的进口,其基本原则是进口自由。共同进口规则规定了欧共体进口的程序,并规定必要时可采取监督和保障措施来保护欧共体的利益。

根据理事会第 288/82 号规则,共同进口规则适用于所有商品,但共同市场组织项下的农产品(包括加工产品)、纺织品(多种纤维协定产品)和欧洲煤钢共同体项下的产品除外。

共同进口规则同时管理着除国营贸易国家以外的所有国家进口。规则确定了市场自由准入的总原则,但在附录中列举了一些特殊例外,以维持成员国原先实施的监督措施或数量限制。

规则为在特殊场合采取监督措施或数量限制(保障措施)提供了法律依据,并为此建立了顾问委员会,目的是便于成员国与欧共体执委会之间协商采取可能的保障措施。

欧共体执委会是负责调查保障措施的主管当局,一般情况下,它只有在成员国提出要求的情况下才展开调查。调查所得的结论发表于欧共体《官方公报》。对调查结论,有关方面有权陈述意见。

如进口对欧共体生产商可能带来损害,调查可引用规则赋予的监督措施。监督可追溯既往。监督措施一般有一个期限。监督措施一般采用发放进口许可证的方式。在特殊场合,成员国可在通知欧共体执委会后在成员国一级实行监督措施。

如遇紧急情况,欧共体执委会可立即采取数量限制以防止因进口而带来的大量损害或由此产生的威胁。此外,欧共体执委会还可建议部长理事会,以有效多数投票方式引用保障措施。在此情形下,欧共体可采取任何"合适的措施",包括与出口国谈判,让其安排自我限制。

从国营贸易国家的进口须受理事会第1765/82号规则和第3420/83号规则的管制,这两个规则是专门针对国营贸易国家的进口做出的安排。

理事会第1023/70号规则(数量限制管理的共同程序)制定了设立和管理进出口配额的程序。原则上,分配给成员国的配额和标准由部长理事会以有效多数投票方式决定。但是,1988年,欧洲高等法院裁决,在成员国中分配配额的做法不符合共同市场自由竞争原则。因此,该规则以后不再适用。

1984年,欧共体公布了理事会第2641/84号规则"新贸易政策工具"。该规则的目的是在有关机构特别是关税与贸易总协定中竭力维护欧共体的合法利益。

目前欧盟适用的共同进口贸易法规分别是1994年制定的《关于对进口实施共同原则的第(EC)3285/94号规则》和《关于对某些第三国实施共同进口原则的第(EC)519/94号规则》。欧盟取消了原由各成员国实施的进口配额,实行统一进口配额管理制度,并制定了相关进口配额分配办法、进口许可证的管理原则以及管理中的行政决定程序等。

(二) 进口措施

1. 共同关税

关税同盟是欧共体的三大支柱之一,是其发展的重要标志之一。欧共体共同关税税则约有9 500个,税率分为两类:一类为协定税率,一般适用于享受最惠国关税待遇的国家;另一类为自主税率,该税率低于协定税率,适用于协定税率未涉及的商品,如食品。欧共体关税通常实行从价税。

(1) 关税水平。欧共体的关税税率较低。1988年对享受最惠国待遇的国家的进口征税税率简单平均为7.3%,加权平均为5.1%。工业品税率比农产品税率要低,1988年工业品简单平均税率为6.4%,农产品为12.4%。免税进口的农产品和工业品约占欧共体关税税目的10%。1988年,欧共体从享受最惠国待遇国家进口的农产品,约38%为免税进口,其中油籽和油饼两项占农产品免税进口总额的28%。欧共体对许多原材料进口征收零税率或很低的关税,如木材、兽皮、初级橡胶等,平均税率略高于1%。但对以上原料生产的半成品和制成品则征收高于5%的关税。

(2)优惠贸易。在欧共体的进口贸易中,约60%的进口享受优惠待遇。其中EFTA国家占的比重最大(1987—1989年间约占23.5%),其次是地中海国家、签订了《洛美协定》的国家和其他普惠制国家。

欧共体的优惠贸易不是对所有产品都适用。实际上,很大一部分农产品未被给予优惠或只给予有限的关税减让。部分工业品被排除在普惠制之外。普惠制受惠国的进口在多种纤维协定项下受到限制,许多享受关税优惠的产品受最高限额的限制。此外,原产地规则也缩小了优惠待遇的范围。

2. 进口配额分配

进口配额主要按照以下三种方式分配:在配额分配时,优先考虑传统进口商(将进口商划分为传统进口商和新进口商两部分);按申请先后次序分配,先来先领;按比例分配。以上三种分配方式由欧共体视具体情况选用。如以上方法均不适用,欧共体还可按规定程序采取特殊的管理措施。

3. 进口许可证

欧共体对数量限制产品、保障措施产品和进口监控产品实行进口许可证管理。实施进口许可证管理的商品包括:纺织品和服装;来自WTO成员方的部分农产品,如谷物、大米、牛肉、羊肉、牛奶及其制品、糖、加工水果和蔬菜、香蕉、植物油、种子、葡萄酒等;需要关税配额的进口农产品。

4. 进口登记

欧共体对中国20类产品实行进口监督,这些商品是食品制剂、氯化铵、多元醇、柠檬酸、四环素及其衍生物、氯霉素、碱性染料及其制剂、还原染料及其制剂、烟花、聚乙烯醇、手套、鞋类、装饰瓷器、部分玻璃制品、含量低于99.99%的未熔合锌、汽车用收音机、自行车、玩具、扑克牌、扫帚和刷子。按欧共体规定,这些产品需办理进口登记手续,接受监督。

5. 纺织品进口管理

欧共体专门适用于纺织品的共同进口贸易法规是1993年制定的《关于对某些纺织品进口实施共同原则的第(EC)3030/93号规则》和1994年制定的《关于对某些第三国纺织品实施共同进口原则的第(EC)517/94号规则》。其中后者专门适用于与欧盟未签订双边纺织品协定、议定书或者其他协议,或不适用欧盟其他专门规则的第三国的纺织品进口。

2003年1月28日,欧盟理事会公布第(EC)138/2003号规则,对理事会第(EC)3030/93号规则进行了修改,专门规定适用于中国的特殊保障措施条款,其中包括双边磋商及可能采取的具体进口限制措施等内容。

6. 农产品进口管理

欧盟对部分农产品实施进口数量管理。农产品进口贸易领域的立法主要有《关于实施乌拉圭回合农业协议所需采取措施的第(EC)974/05号规则》和《关于某些加工农产品贸易安排的第(EC)3448/93号规则》等。

2003年11月,欧盟委员会颁布了第(EC)1972/2003号规则,要求欧盟新成员国在入盟之际对列入清单的农产品采取相应措施,以维护正常贸易。这些措施包括对超量储存的农产品收费、对从第三国进口并在扩盟之日或之后投放欧盟市场的农产品按投放当时的税率征收进口关税以及避免双重出口退税等。

二、共同出口规则

欧共体共同出口规则的目标是根据自由出口的原则制定出口实施程序,以及在必要时实施监督和保护措施。实际上,欧共体仅对少数产品实施出口管理措施,一般产品均可自由出口。出口贸易的立法主要有《关于实施共同出口原则的第(EEC)2603/1969号规则》《关于文化产品出口的第(EEC)3911/1992号规则》《关于危险化学品进出口的第(EC)304/2003号规则》《关于在官方支持的出口信贷领域适用项目融资框架协议原则的第(EC)77/2001号决议》以及《关于设定农产品出口退税术语的第(EC)3846/1987号规则》等。

共同出口规则虽以自由出口为原则,但不排除因公共道德、公共政策、公共安全等原因对出口产品实行数量限制和出口禁令。如当必需品出现短缺时,欧共体执委会可以引用出口许可证制度,但这么做必须要有欧共体执委会的提议或应某成员国的要求,并经部长理事会以有效多数投票的方式批准。与共同进口规则相比,共同出口规则在程序和资料要求方面比前者宽松。1992年欧共体废除了与自由出口原则相抵触的对成员国某些产品的出口限制。

此外,欧共体对部分涉及核扩散和大规模杀伤性武器等领域的产品和技术实行出口许可制度与最终用户监督制度。欧盟关于军民两用品出口管制的规定近年来出现了较大变化。欧盟于2000年6月22日公布了《关于建立两用产品及技术出口控制体系的第(EC)1334/2000号规则》,对军民两用品出口管制政策进行了调整,该规定于2000年9月28日开始实施,其最主要的内容是加强了对软件、技术等无形产品和对通过诸如电子媒体、传真和电话等"非人工方式"传输、转让等出口行为的控制,同时出口审批不仅局限于产品本身,而是延伸到了产品的零备件供应、维修服务及各种形式的技术服务。该规定仍将中国列入欧盟武器禁运国家名单中,在对华产品出口中,凡涉及军事用途,均从严控制,基本上禁止出口。

第五节 欧盟对外贸易中的主要保护性政策工具

关税与贸易总协定多次减税谈判的成功使得关税在贸易保护中的地位逐渐下降。因此,反倾销、反补贴、进出口限制等非关税措施在贸易保护中的作用日益上升,其中反倾销成为二战以后国际贸易中使用最广泛的非关税贸易保护措施之一。欧盟是世界上最大的区域性经济贸易集团,反倾销法在欧盟对外贸易中扮演着不可替代的重要角色。所以,除了上述共同进出口规则,欧盟理事会还制定了诸如反倾销、反补贴等规则,以便在特定贸易情形下采取贸易救济措施。

一、反倾销

(一) 欧盟反倾销法概述

欧盟的反倾销法律体系,是由欧盟缔结或参加的有关反倾销的国际公约、欧盟理事会发布的反倾销条例,以及欧洲煤钢共同体颁布的反倾销决议构成的。1958年1月1日生效的《罗马条约》本身并没有对反倾销措施加以规定,但根据该条约,欧共体形成后,成员国有权根据统一的原则制定用于抵制倾销、补贴的措施,这为欧共体反倾销法的制定奠定了重要的法律基础。

鉴于各成员国反倾销法律的差异不利于欧共体关税同盟的实现,特别是作为一个一体化程度较高的区域性政治和经济集团,欧共体内部在商品、资本、服务等各方面的流动日趋自由化,各成员国之间产品倾销的条件基本不存在,反倾销措施已失去其根本性意义。因此,欧共体明确规定取消各成员国原有的反倾销法,进而制定了统一的对外反倾销法。对内则通过协商和仲裁制度以及实施反托拉斯法来抑制和解决可能出现的价格歧视问题。

1965年5月,欧共体执委会提出了制定欧共体规则来防止非欧共体成员国倾销或补贴的建议。与此同时,关税与贸易总协定各缔约方于1967年"肯尼迪回合"谈判后签署了关于关税与贸易总协定第6条的解释和细则,即《国际反倾销守则》。而欧共体成员国都是关税与贸易总协定签字国,自20世纪60年代初开始,欧共体就代表其成员国参与关贸多边体制内的关税谈判,并于1968年正式取代了成员国在关税与贸易总协定中的地位。而关税与贸易总协定的各种规则包括《国际反倾销守则》都对欧共体及其成员国有效,并要求其相关法律规则与关贸规则一致。因此,1968年4月5日,欧共体执委会依据《罗马条约》第228条修正了1965年的建议,颁布了《欧共体关于抵制来自非欧共体成员国的进口倾销或产品补贴的法律》,即理事会第459/68号条例。这是欧共体/欧盟史上第一部统一适用于全体成员国的反倾销法。此后,根据欧洲一体化进程的发展和关税与贸易总协定有关规则的变化,欧共体又对该法做过多次修改。

20世纪70年代初,西方资本主义国家纷纷实行贸易保护主义,欧共体也不例外。1973年,欧共体颁布了理事会第2011/73号条例,加强了欧共体执委会在反倾销调查中的功能与权力,并增加了协商的程序。1977年,为了使新加入欧共体的英国、丹麦和爱尔兰能够适用统一的欧共体反倾销法,部长理事会又对1968年反倾销条例进行了相应修改。1979年,欧共体再次对1968年反倾销条例进行修改,规定了低于成本销售的倾销、非市场经济国家的标准、工业损害与倾销之间的因果关联分析等重要制度。"东京回合"谈判以后,关税与贸易总协定各缔约方又签署了关于执行关税与贸易总协定第6条的决定,即新的《国际反倾销守则》。为了适应这一变化,欧共体又对1968年反倾销条例进行了修改,并颁布了理事会第3017/79号条例,以取代第459/68号条例。新条例确认了对第459/68号条例历次修改的成果,同时也针对国际反倾销守则的要求进行了适当修改。

80年代,随着世界范围内的贸易保护主义愈演愈烈,为了更好地保护其成员国的利益,欧共体又对其反倾销法做了多次修改,其中最重要的是1988年颁布的第2423/88号条例。这是一部内容丰富并有深远影响的反倾销法,它确定的主要原则有:① "日落条款",即出口商的"价格承诺"或欧共体征收反倾销税有效期为5年,一旦期满即像太阳落山一样自动失效;② "反吸收税",即当被征收的反倾销税全部或部分由出口商承担时,将对进口商另行征收附加反倾销税;③ 反规避措施,即可对在欧共体内继续生产并被投放到欧共体市场的产品征收最终的反倾销税。

进入20世纪90年代,WTO力求各成员国降低关税,逐步取消非关税壁垒,全方位开放本国市场。但从实际情况看,各成员国除了逐渐放松配额限制,仍然坚持执行反倾销措施。

1992年年底,欧共体单一内部市场建设完成。两年后,欧盟决策机构对反倾销法进行了修订。欧盟理事会决定征收反倾销税的决策程序由特定多数表决制度变为简单多数表决制度,反倾销程序的各个环节也被规定了更为严格的时间限制。

1994年之后,欧盟进入了一个频繁修改反倾销立法的时期。1994年年底,为适应关税与贸易总协定乌拉圭回合反倾销协议对明确化、透明化的要求,并建立具有完整内容的反规避制度,欧盟再度修订反倾销法,并于1994年12月通过第3283/94号反倾销法令。该法令的特点:一是关于反倾销的专门规定;二是吸收了1991年反倾销协议中关于倾销的计算、提起申诉的程序及随后进行的调查、征收反倾销税、复审及公开披露信息等新的和详细的规定。

1996年,欧盟理事会颁布了第384/96号条例。之后,欧盟理事会根据欧盟对外关系政策的变化和委员会的建议,对该条例进行了三次修正,其中第二次和第三次修正主要涉及非市场经济国家在反倾销案件中的待遇问题。

1998年4月27日,欧盟理事会以第905/98号条例修改了第384/96号条例的第2条第7款。这是对第384/96号条例进行的第二次修改,这次修改主要围绕俄罗斯和中国的市场经济待遇进行,修改要点有二:一是将欧盟认定的非市场经济国家直接列了出来,其中包括阿尔巴尼亚、亚美尼亚、阿塞拜疆、白俄罗斯、格鲁吉亚、哈萨克斯坦、朝鲜、吉尔吉斯斯坦、摩尔多瓦、蒙古、塔吉克斯坦、土库曼斯坦、乌克兰、乌兹别克斯坦和越南。俄罗斯和中国被排除在非市场经济国家名单之外。二是明确规定,涉及俄罗斯和中国的反倾销调查应根据市场经济国家的标准来确定正常价值,但被起诉的俄罗斯和中国的企业必须证明自己的经营状况已经达到以下五项市场经济标准:① 根据市场供求关系决定产品的价格、成本和投入,其中包括原材料、技术和劳动力的成本、产量、销售、投资等不受国家干预,其主要投入的成本完全反映市场价值;② 实行独立的国际标准化的财会制度,账目清晰;③ 生产成本和财务状况不受旧的非市场经济体制影响,尤其不存在资产折旧、呆账、易货交易和债务互抵等现象;④ 由破产法和财产法来保障企业经营的确定性与稳定性;⑤ 外汇按市场汇率兑换。

2000年10月9日,理事会以第2238/2000号条例对第384/96号条例的第2条第7款进行了再次修改,这是对第384/96号条例进行的第三次修改。此次修正在非市场经济国家的名单中进一步删去了乌克兰、越南和哈萨克斯坦三个国家,并且明确规定,除已删除的俄罗斯、中国、乌克兰、越南、哈萨克斯坦五个国家之外,今后只要反倾销调查提起之日已经成为WTO成员的非市场经济国家都可以按照市场经济国家的标准来确定其正常价值,但被起诉的企业必须符合上次修改确立的五项标准。这就是欧盟现行的反倾销法。

专栏 3-1

欧盟将中国从其非市场经济国家名单中删除

根据欧盟反倾销法令的规定,如果进口产品来自非市场经济国家,那么在确定其正常价值时必须要参照一个市场经济国的同类产品在该国国内市场消费时的价格,或者一个市场经济国向其他国家包括向欧盟销售时的出口价格,或者一个市场经济国的同类产品的结构价格。欧盟并未对"非市场经济国家"做明确定义,而是将具体国家列入反倾销法,其中就包括中国和俄罗斯。1998年的修正案将俄罗斯和中国从非市场经济国家名单中删除,有条件地承认俄罗斯和中国部分企业的"市场经济地位",即这两个国家被调查的生产商要申请市场经济地位并能证明自己是在市场经济条件下经营的,也就是符合欧盟第905/98号条例确立的五项市场经济标准,则欧盟调查机关可按市场经济国家的规定来确定其正常价值。2000年的修正案又将越南、乌克兰和哈萨克斯坦三个国家从非市场经济国家的名单中删除,并确定今后只要在反倾销调查提起之日已经成为WTO成员的非市场经济国家都可以按照市场经济国家的标准来确定其正常价值,但前提条件是被起诉的企业必须符合五项市场经济标准。2002年,欧盟正式承认俄罗斯为市场经济国家。

自1979年欧共体正式对非市场经济国家采取替代国的做法以来,中国一直被列为非市场经济国家而成为欧共体反倾销的主要受害者。欧盟无视中国自1992年起确立社会主义市场经济的改革目标和对外开放所取得的重大成就,继续将中国列为非市场经济国家从而对中国输欧产品大肆征收反倾销税,严重影响了中欧双边关系和中国对欧贸易的正常进行,同时也损害了众多欧盟企业和消费者的利益。在中国的政府和企业以及欧盟进口商、消费者的共同努力下,在1997年中国出台第一个反倾销条例并可能对欧盟产品进行反倾销诉讼的压力下,同时考虑到中国已经成为欧盟的主要贸易伙伴之一,欧盟委员会于1998年3月通过了《与中国建立全面伙伴关系》的对华政策新文件。在该文件中,欧盟承认了中国不断上升的国际地位和作用以及近年来在各方面取得的重大成就,认识到必须从战略上用长远的眼光处理对华关系,主张对话而不是对抗,加强与中国的全面合作。与此同时,欧盟修改了第384/96号条例,将中国从非市场经济国家名单上最终删除。

这无疑是中欧关系史上的一个重大转折,对广大中国企业而言是一件好事。然而,正如前面所介绍的,中国并未被当作名副其实的市场经济国家,不能理所当然地像其他市场经济国家那样按照国内市场价格来确定输欧产品的正常价值,被起诉的中国企业仍必须申请市场经济地位并证明自己已经完全达到欧盟所列的五项市场经济标准才行。

(二) 欧盟反倾销机构

欧盟处理反倾销案件的机构主要涉及欧盟委员会、欧盟理事会、咨询委员会和欧盟初审法院。

1. 欧盟委员会

欧盟委员会是欧盟的行政部门,负责履行欧盟条约所产生的义务,执行欧盟理事会的决定,并向欧盟理事会提交建议。欧盟委员会在布鲁塞尔办公,分为不同的部门,负责贸易和反倾销事务的是第一关税司。其中倾销调查和产业损害调查又分别出不同的业务部门负责,每个部门约100人。欧盟委员会在实施贸易法律方面起着非常重要的作用,是处理反倾销事务的主要机构,是反倾销法的主要执行部门。它有权开始和结束调查、征收临时和固定的反倾销税,还有权接受出口商提出的价格承诺。

2. 欧盟理事会

欧盟理事会由每个成员国派出的一名代表组成,主要负责欧盟的立法,以及授权做出所有重要的决定。只有理事会才能决定征收固定的反倾销税。它主要负责制定规章和通过最终裁决。

3. 咨询委员会

咨询委员会由成员国的代表组成,欧盟委员会派出一位代表担任主席。咨询委员会一般在布鲁塞尔举行会议。咨询委员会对欧盟委员会的决策有很大的影响,因为它主要对反倾销的调查和应采取的措施等问题向欧盟委员会提供咨询意见。

对于倾销和倾销幅度的计算、损害的存在和范围、倾销和损害的因果关系以及拟采取的措施,欧盟委员会通常会向咨询委员会征求意见。

4. 欧盟初审法院

欧盟初审法院设在卢森堡,对反倾销和反补贴案件有管辖权。对于不服欧盟委员会裁决的出口商而言,这实际上是个上诉法院。

(三) 欧盟反倾销

根据乌拉圭回合谈判的结果,各成员国均将逐步降低关税、取消非关税壁垒及开放本国市场。为避免其产业因市场开放而遭受损害,欧盟在对外贸易中频繁使用反倾销这一贸易政策工具,以期达到保护其市场的目的。据统计,自1988年7月11日欧共体颁布理事会第2423/88号条例(关于抵制非欧洲经济共同体成员国家的倾销或补贴进口规则)以来,欧盟已对各国产品进行了多达四百余起反倾销调查。因此,反倾销和反补贴法一直被认为是欧盟贸易保护主义最重要的政策工具之一。

欧盟反倾销法的内容包括程序和实体两个部分:程序规则规定了反倾销机构的设置、反倾销诉讼的提起、倾销调查、初步裁决、终裁措施、行政审查、司法审查等内容;实体规则规定了反倾销原则、倾销的认定、损害的确定、共同体利益的确定等问题。1996年《欧盟反倾销条例》第9条规定了采取反倾销措施的三个条件:一是产品以"倾销"的方式进口至欧盟,二是该进口对欧盟工业造成了实质性的损害,三是实施反倾销措施符合欧盟利益。

1. 倾销的认定

根据1996年《欧盟反倾销条例》第1条第2款的规定,如果某一产品向欧盟的出口价格低于相似产品在正常贸易过程中确定的可比价格,该产品即被视为倾销产品。因此,认定倾销的关键就是确定出口价格、可比价格以及两者之间的差距。

《欧盟反倾销条例》第2条对正常价值、出口价格、倾销幅度等问题做了具体规定。"正常价值"一般是指"可比价格",即出口国市场上的独立顾客在正常交易中所支付或应支付的价格。如果出口国国内市场上类似产品的销售量占欧盟市场上该产品销售量的5%或更多,该类似产品的国内销售价格就可作为正常价值。但确定正常价值时有三项例外:一是国内销售不充足,即出口国国内不销售相似产品,或虽有销售但销售量达不到欧盟市场上该产品销售量的5%,则不能以国内销售价作为正常价值,而应采用该产品的结构价格,即成本加上合理的销售、管理费用和利润,或者该产品出口到合适的第三国的价格。二是亏本销售,即国内市场销售价格低于生产成本和销售、管理费用之和,如果这种亏本销售持续了一段时间(通常为一年)仍无法得到补偿,则以该产品的结构价格作为正常价值。三是非市场经济国家。欧盟认为,非市场经济国家产品的价格是受政府控制的,而且非市场经济国家的外汇与欧盟国家的货币无法自由兑换,使得其国内市场价格与欧盟市场价格之间缺乏直接联系,不具可比性。因此,在确定非市场经济国家的正常价值时,不能以其国内市场价格为标准,而应采用适当的市场经济第三国类似产品的国内价格或结构价格,或该第三国向其他国家包括欧盟出口的价格,或者在上述方法都不可能时,采用在欧盟实际支付的价格加上合理利润后形成的价格。在牵涉非市场经济国家的反倾销诉讼时,最关键的环节是选择市场经济替代国,但对于如何选择参照国,欧盟反倾销法只是规定该选择应是"适当的",并未规定具体的标准,完全由欧盟委员会自行决定。事实上,所选择的市场经济替代国的经济发展水平往往比非市场经济国家高,其物价和成本也比后者高,因此通过选择替代国的做法,非市场经济国家的输欧产品被认定为倾销的可能性也就非常大。

"出口价格"是对从出口国到欧盟销售的产品所实际支付或应该支付的价格。在没有出口价,或者由于出口商与进口商或第三方之间存在联营关系或补偿协议从而使出口价变得不可信时,则以该产品第一次销售给独立的买方的价格为基础,扣除该产品越过欧盟后所产生的所有成本和利润,以此结果作为出口价格。

"倾销幅度",即正常价值超过出口价格的幅度。倾销幅度是衡量倾销是否存在以及是否有必要采取反倾销措施的关键。在计算倾销幅度时,应当根据贸易发展水平、销售发生的时间以及销售条件的不同,对正常价值和出口价格做一定的调整,以便公正地比较正常价值和出口价格。但是否需要调整以及如何调整的决定权都在欧盟委员会。1996年《欧盟反倾销条例》第2条第10款只是列举了几个调整时需要考虑的因素:① 物理特性,被调查产品与相似产品在物理特性方面的差异所引起的价格差别应予调整;② 进口费用和间接税,相似产品如果在出口国内消费或者对其出口到欧盟可以免税或退税,其所负担的任何进口费用和间接税应当予以调整;③ 折扣、回扣以及因产品的销售量所引起的价格差异;④ 出口国内市场上不同的贸易水平所引起的价格差异;⑤ 运输、保险、装卸以及其他附加费用;⑥ 包装费用;⑦ 信贷因素;⑧ 售后服务费用;⑨ 佣金;⑩ 销售日的汇率。在充分考虑了上述因素对正常价值和出口价格进行调整以后,即可按照以下三种方式计算倾销幅度:一是一定期限内所有向欧盟出口的交易的加权平均正常价值减去同期加权平均出口价格;二是某一笔交易的正常价值减去出口价格,即每笔交易分别计算;三是一定时期内的加权平均正常价值减去某一笔交易的出口价格。其中第一种是欧盟最基本的计算方式。

2. 损害的确定

根据1996年《欧盟反倾销条例》第3条和第4条的规定,即使存在倾销,但如果欧盟工业未受损害,也不能对倾销产品征收反倾销税。所谓"损害",即对欧盟相似工业造成了实质性的损害,或对欧盟工业构成实质性损害的威胁,或严重妨碍了欧盟建立这样的工业。这里的"欧盟工业"指的是作为整体的相似产品的欧盟生产者,或其产品的集体产量构成欧盟该类产品总产量的50%以上的欧盟生产者。如果支持对某一产品的反倾销诉讼的欧盟生产者的产量达不到欧盟同类产品产量的25%,欧盟将不启动反倾销调查程序。在认定实质性损害时,以下因素必须加以考虑:① 倾销进口的数量,尤其应考虑是否有绝对明显的增长,或相对于欧盟的生产和消费有明显的增长;② 倾销进口对欧盟市场价格的影响,尤其应考虑是否造成了市场价格的大幅下跌,或抑制了本应发生的上涨;③ 对生产和销售能力、市场份额、生产率、投资回报、价格变动、现金流量、就业、工资等经济和社会指标进行综合考虑,来评价倾销进口对欧盟工业造成的实质性损害,这一列举没有穷尽,而且其中任何一项或几项对评价都不具有决定性的意义。

此外,欧盟还要求证明倾销与损害之间存在因果关系。也就是说,必须证明倾销进口的数量或者其价格水平对欧盟工业的损害是负有责任的,对其损害的严重程度是实质性的。和关税与贸易总协定的规则不同,欧盟反倾销法并不一定要求倾销是损害的主要原因,仅要求倾销是损害的原因之一。正如欧洲法院在1985年一个案件中指出的那样:"即使因倾销造成的损害只是因其他因素造成的更广泛的损害的一部分,也有可能让倾销进口对此等损害承担责任。"

3. 欧盟利益

即使倾销成立,并且对欧盟工业造成了实质性损害,欧盟反倾销法仍然要求对倾销产品征收反倾销税必须符合欧盟利益。所谓"欧盟利益"包括国内工业、用户和消费者三方的利益。认定是否符合欧盟利益必须建立在对三方利益整体评价的基础上。1996年《欧盟反倾销条例》规定各方的代表机构在反倾销调查中都享有提供信息、请求听证、发表意见的权利。当因大量征收反倾销税可能导致另一技术上至关重要的欧盟工业大幅增加成本时,欧盟委员会可能会认为此种反倾销税的征收不符合欧盟利益。

如果一项产品出口欧盟市场同时满足上述三个条件,那么,欧盟委员会就极有可能对该产品征收反倾销税。

现行欧盟反倾销法的基本渊源就是欧盟理事会第384/96号条例,即1996年《欧盟反倾销条例》,它被看成是欧盟反倾销诉讼的"基本法"。此外,欧盟理事会针对该条例的修正(至今已有三次修正)以及欧盟委员会就反倾销事项所做的决定、欧洲法院就反倾销案件所做的判决也都是欧盟反倾销法的有机组成部分。

专栏 3-2

欧盟将"共同体利益"上升为法律条文

由于欧盟用户与消费者在反倾销诉讼中越来越强烈地要求保护自身利益,欧盟认识到有必要建立一个可让有利害关系的各方辩论反倾销措施是否符合欧盟利益的管理体系,以及规定一个必须提供这类信息的期限和有关当事人的披露权。因此,欧盟在1994年反倾销法中正式将共同体利益上升为法律条文,将欧盟利益定义为欧盟产业、消费者和产品用户三方的整体利益。这样,反倾销当局在实施反倾销措施时,应该对该措施可能造成的冲击做一个全面的评估,以避免损害欧盟的整体利益。如果有关部门依据所有提供的材料,能够得出根据欧盟利益没有必要采取措施的结论,那么,即使认定存在倾销和损害也可以不采取措施。在欧盟反倾销实践中,成员国各有自己不同的利益,对欧盟利益的理解也不尽相同,有时甚至相互冲突。例如,1997年,欧盟曾对从中国、埃及等国进口的棉坯布进行反倾销调查,同年5月被欧盟理事会否决,但在法国的坚持下,欧盟委员会决定从1998年3月起征收为期6个月的临时反倾销税。德国、英国等9个成员国提出质疑,认为征收临时反倾销税的决定"没有考虑到所有成员国的共同利益"。为寻求妥协,欧盟委员会建议有关棉坯布出口国承诺最低出口价格以取代反倾销税。由此可见,"欧盟利益"是一个很难协调的问题。

专栏 3-3

欧盟反倾销法对中国的影响

欧盟反倾销法在保护公平贸易特别是对缺乏竞争力的企业保护方面发挥了重要作用。实践证明,现代反倾销法的发展,很大程度上与欧盟的反倾销活动密切相关。反倾销案件的提起有一定的正当性、偶然性和不确定性。欧盟近年来对中国的反倾销数量之多、增加之快、涉及范围之广,是有其必然原因的。

第一,欧盟内部贸易保护主义盛行。中国对欧盟贸易增长迅速,在很大程度上是因为价格优势,面对中国产品的大量进口,欧洲企业出口增长不快,欧盟委员会和欧盟理事会保护倾向逐步上升。

第二,反倾销法本身的特点。从前述欧盟反倾销法的内容以及其他国家的反倾销法不难发现,各国反倾销法都存在不确定因素和弹性,如对实质性损害、结构价格、非市场经济等重要概念都没有确切定义。同时,各国又赋予反倾销主管机构较大的自由裁量权,各国反倾销主管机构提起反倾销调查的机会增多,使得反倾销诉讼成为包括欧盟在内的各国在限制进口时经常使用的武器。

第三,欧盟反倾销法对中国存在歧视。根据欧盟理事会第384/96号规则第2条第7款,进口商品来自"非市场经济国家",其正常价值应根据一个市场经济国家相似产品的价格、其结构价格或该国向包括欧盟在内的其他国家的出口价格来确定。如果这些方法都不可行,还可以按照欧盟对相似产品实际支付或可以支付的价格,必要时可以对这些价格或者结构价值进行适当调整。这就是欧盟反倾销法对于确定"非市场经济国家"的出口产品的正常价值所采取的替代国制度。实践证明,凡是被《欧盟反倾销条例》列为"非市场经济国家",几乎都逃脱不了以"合理"和"适当"的方式选择替代国价格进行比较的厄运,中国也不例外。在1998年之前,欧盟将中国列入非市场经济国家,在倾销的确定上适用"替代国"的标准,中国产品极易被确定存在倾销,从而被征收反倾销税。1998年4月27日,欧盟理事会通过的第905号条例明确规定,在对来自中国和俄罗斯的进口产品进行反倾销调查时,如果情况表明,受调查的生产商已提出书面要求并充分证明是在市场经济条件下生产或销售该类产品的,即企业的运转是符合市场经济要求的,该项调查可免予采用替代国的标准。但欧盟仍然认为中国还处在一个市场机制转型的过渡时期,并未在对中国产品进行反倾销调查和出口设限方面普遍采取对待市场经济国家的政策,而是有针对性地规定只有符合一定的前提条件,才能按照它们在国内市场的价格,确定其正常价值。没有满足这些条件的出口产品则必须被视同为"非市场经济国家"的出口产品,继续采用替代国的标准。这些条件为:

(1)企业按市场供求关系决定价格、成本加投入(包括原材料成本、技术和劳动力成本、产量、销售和投资),其决策没有明显地受到国家干预,主要生产要素的成本基本反映市场价值;

(2) 企业有一套明晰的基本会计账簿，该账簿须按国际通用会计准则进行过独立审计并有通用性；

(3) 企业的生产成本和财务状况没有受到原非市场经济体制的显著影响，特别是在资产折旧、勾销账目、易货贸易和偿债冲抵付款等方面；

(4) 涉诉企业应受破产法和财产法的保护与约束，以保证其在经营中法律资格的确定性和稳定性；

(5) 货币兑换汇率的变化由市场决定。

因此，中国企业的产品能否以国内价格作为正常价值还需要欧盟委员会根据具体案情来决定。在实践中，欧盟委员会采取逐家企业审查的办法，来确定哪一家中国企业可以获得市场经济地位。对于审查后获得市场经济地位的企业，欧盟委员会不再采用替代国的标准，而是采用该企业自己的正常价值来计算倾销幅度。能够获得市场经济地位的中国企业，倾销幅度一般比较小，甚至没有。但对于没有获得市场经济地位的中国企业，仍然要用替代国的标准来确定正常价值。也就是说，即使有中国企业获得了市场经济地位，该企业的正常价值也不能作为其他中国企业的参照。例如，在1999年的欧盟对中国黄磷反倾销案中，欧盟确认了云南马龙化建股份有限公司的市场经济地位，其正常价值被认可，但是该企业的正常价值却不能用来作为那些没有获得市场经济地位企业的参照价值。相反，欧盟对于东欧和波罗的海转型国家，则自动认可这些国家的企业具有市场经济地位，无须进行逐一审查。

选用替代国价格的弊端显而易见，现实中经济发展水平完全相同的两个国家是不存在的，对中国来说，这种情况尤甚。中国作为最大的发展中国家，人口密度极高，具有无可比拟的劳动力成本优势，加之在动力、原材料等方面的价格优势，任何国家充当中国的替代国都必将大大高估其成本。如在确定中国出口欧盟的彩电是否存在倾销时，欧盟将新加坡定为替代国，而新加坡的劳动力成本是中国的20倍，选择这样的国家作为替代国，必然会得出中国彩电倾销的结论。同时，替代国的选择随意性过强，缺乏可预见性。替代国的选择只有在进口国厂商提起反倾销申诉，当局认为出口国生产商不符合市场经济条件时才会出现。因此出口商或出口国生产商在被控倾销之前，甚至在立案过程中都无法预知究竟把价格定于何种水平才能免遭起诉。

二、反补贴

(一) 欧盟反补贴法概述

欧共体1968年4月5日公布的第459/68号条例授权共同体主管部门对来自第三国的补贴进口采取措施，这是欧共体第一部反补贴、反倾销法律。在此后很长一段时间内，欧共体反补贴法都是与反倾销立法合而为一，条例更多关注的是反倾销问题，有关补贴和反补贴的条款数量相对较少，且规定很不完善，对诸如补贴定义、执行机构等重大问题都未做出明确规定。此后，从1968年到1988年，由于新成员国的不断加入，欧共体对这部反补贴、反倾销条例进行了多次修正。但是，直到第2423/88号条例颁布之前，相关法律都没有界定补贴的概念。

1994年年底，为履行关贸总协定乌拉圭回合谈判达成的《补贴与反补贴措施协定》（《SCM协定》），保证相关规则与WTO补贴规则的一致性，欧盟制定了第一部单独的反补贴条例，即第3284/94号条例。条例对以往有关补贴的规定做出重大修改和补充，采纳了《SCM协定》关于补贴的定义，沿用了协定关于实施反补贴措施的程序。与《SCM协定》不同的是，欧盟反补贴条例规定了反规避措施。除此之外，针对发展中国家，欧盟制定了特殊的反补贴措施，即不区分补贴的种类，不给予过渡期。如果进口产品最低补贴量达到2%（最不发达国家、年人均GNP低于1000美元的国家以及WTO成员中完全取消了出口补贴的发展中成员方则为3%），进口份额达到4%，占进口国消费份额的9%，则共同体将采取反补贴行动。之后，第1285/95号条例又对条例做出修正。

1997年10月6日，欧盟通过全新的反补贴条例，即第2026/97号条例，全称为《欧盟理事会1997年10月6日关于对来源于非欧盟国家的补贴进口货物可采取的保护措施的第2026/97号条例》。2002年11月5日，欧盟颁布第1973/2002号条例，对第2026/97号条例中关于环保补贴、研发补贴、对落后地区补贴的规定等进行了修正。随后，欧盟理事会2002年11月5日第1973/2002号条例和2004年3月8日第461/2004号条例对第1973/2002号条例进行了小幅修改。

2004年3月8日，欧盟理事会发布第461/2004号条例，对第2026/97号条例进行第二次修正。新条例降低了反补贴立案标准，缩短了对其他国家进行反补贴调查的期限。欧盟反补贴调查由欧盟委员会负责，调查结果提交欧盟理事会通过。按照原有规则，欧盟委员会建议必须得到欧盟理事会半数以上的支持才能生效，欧盟理事会投票弃权意味着对提案的否决。而新规则规定，欧盟委员会建议只有欧盟理事会过半票数反对才可否决，否则自动生效。此前，欧盟理事会在三个月内没有对欧盟委员会建议做出处理即意味着对欧盟委员会建议的否决。新规则规定，欧盟理事会在一个月内没有对欧盟委员会建议做出处理即表示欧盟委员会建议自动获得通过。此外，新规则还对反补贴调查及复审的时间做出了更为严格的限制。

2009年6月11日，为了使反补贴相关法律符合成文法的要求并提高其透明度和有效性，欧盟颁布《关于保护欧盟产业免受非欧盟成员国补贴产品进口的第（EC）2009/597号理事会条例》，对补贴认定等实质性问题进一步予以确认，并细化了申请、认定、实施等程序问题。同时，规则对法条的顺序和结构进行了小幅调整。新条例共35个条款和6个附件。

（二）欧盟反补贴机构

欧盟反补贴执行机构为欧盟委员会、欧盟理事会和欧盟咨询委员会。其中，欧盟委员会在调查中起着最为积极的作用，它既是贸易救济的管理者，又是贸易救济的执行者，既负责起草指导各成员国贸易救济措施实施的规章条例，又负责反补贴的调查和执行。但是，除在调查过程中可以以关税形式采取临时性措施外，它所有的最终决定都必须经过欧盟埋事会的批准方可采取反补贴措施。

1. 欧盟委员会

欧盟委员会是负责反补贴调查的机构。接到反补贴调查申请后，欧盟委员会对申请进行初步审查，以确定申请是否符合发起调查的标准。调查一经启动，欧盟委员会全程负责反补贴调查直至欧盟理事会以条例的形式采取最终的反补贴措施。反补贴调查过程中,欧盟委员会还负责起草工作报告,建议欧盟理事会中止调查行动或征收反补贴税。欧盟委员会下属的贸易总司是具体负责反补贴调查的部门。贸易总司通常会任命两个小组负责一项反补贴调查:一个小组负责补贴调查,另一个小组负责损害调查。每组一般由两名官员组成。前者负责认定是否存在补贴;后者负责认定补贴是否对欧盟产业造成损害、补贴与损害是否存在因果关系,以及采取反补贴措施是否符合共同体利益。

2. 欧盟理事会

作为欧盟决策机构的欧盟理事会,是最终决定是否根据欧盟委员会建议征收反补贴税的机构。鉴于欧盟理事会并不参与反补贴的具体调查,在欧盟委员会调查认定存在补贴、存在损害以及补贴和损害两者存在因果关系,且征收反补贴税将符合欧盟利益的情况下,欧盟理事会就应当在向咨询委员会进行咨询后,按照欧盟委员会的建议决定征收反补贴税。如果欧盟理事会决定不采取反补贴措施,则必须在欧盟委员会提交征税建议后的一个月内以简单多数原则做出决定。

欧盟理事会在将委员会建议提交咨询委员会进行投票的同时,通常会将建议发往欧盟理事会下属的商业问题小组。商业问题小组是欧盟理事会的一个特别工作组,由来自各成员国研究反补贴的专家组成,其成员亦为咨询委员会的成员。商业问题小组在研究委员会建议以后,或亲自或以书面形式将委员会的建议提交欧盟理事会常驻代表委员会,以供常驻代表委员会在欧盟理事会议事日程上以 A 类或 B 类进行安排。安排为 A 类议事日程,意味着欧盟理事会将通过反补贴税的征收;安排为 B 类议事日程,则意味着欧盟理事会将按照规定的程序对其进行讨论以决定是否征收反补贴税。如果最终决定没有在第 2026/97 条例规定的 13 个月调查期限内做出,则无法征收反补贴税。

3. 咨询委员会

欧盟委员会第 597/2009 条例规定,在反补贴调查的不同阶段,欧盟委员会应当与咨询委员会开展定期和专门的磋商。咨询委员会由成员国代表组成。咨询委员会一般每月举行一次会议。如有需要,可以书面形式进行磋商或安排召开会议。书面磋商时,咨询委员会规定回答问题的期限,通常为 10 天。反补贴调查中,欧盟委员会经常就相关事宜向咨询委员会咨询。对调查申请做出初步审查后,如果欧盟委员会认为具备进行调查的充分理由,则将申请提交咨询委员会发表意见。临时决定做出之前,欧盟委员会以书面或会议形式与咨询委员会磋商。虽然是磋商形式,但如果咨询委员会绝大多数成员反对欧盟委员会的建议,则可说服欧盟委员会改变其建议。采取最终反补贴措施之前,理事会必须再次向咨询委员会进行磋商。如果欧盟委员会采取最终反补贴措施的建议在咨询委员会达到简单多数,则由欧盟理事会最终决定是否采取措施。但此时,欧盟理事会通常不会做出相反的决定。

从上述机构安排中可以看出,与美国反补贴调查情况不同,在欧盟反补贴调查过程中起真正作用的是欧盟委员会。这种安排了欧盟委员会非常大的权力。

(三) 欧盟反补贴

欧盟反补贴法律制度的基本法规是 1997 年 10 月 6 日通过的第 2026/97 号理事会条例。现行法规为 2009 年 6 月 11 日颁布的第 597/2009 号理事会条例(以下简称"条例"),

其中规定,采取一项反补贴措施必须认定:存在应抵消补贴;存在实质性损害、实质性损害威胁或对新产业建立的实质性障碍;存在因果关系;采取的措施符合欧盟利益。

1. 补贴的定义

与第 2026/97 号条例相同,现行的第 597/2009 号条例采纳了 WTO《SCM 协定》关于补贴的定义。条例规定,补贴的存在必须具备两个条件:出口国或原产地国政府提供财政资助,或《1994 年关税与贸易总协定》第 16 条意义上的收入或价格支持;赋予了利益。

"政府财政资助"包括:① 资金的直接转移(如赠款、贷款和投股),潜在的资金或债务的直接转移(如贷款担保);② 政府放弃或未征收在其他情况下应征收的税(如税收抵免类年度财政激励);③ 政府提供除一般基础设施外的货物或服务,或者购买货物;④ 政府向某筹资机构付款,或委托或指示某私营机构履行以上①至③列举的一种或多种通常应属于政府的职能,且此种做法与政府通常采取的做法并无实质性差别,或存在 GATT《1994 年关税与贸易总协定》第 16 条意义上的任何形式的收入或价格支持。

2. 应抵消补贴认定

条例规定只能对应抵消补贴采取反补贴措施,应抵消补贴为专向性补贴,因此,应抵消补贴的认定包括对补贴和专向性的认定。

(1)专向性认定。专向性是指那些只对某一企业或产业或者某些企业或产业提供的补贴。补贴专向性的确定遵循以下原则:① 如果补贴授予机关或补贴的授予所依据的法律明确将补贴的获得限定于某些企业,则此类补贴具有专向性。② 补贴授予机关或补贴授予所依据的法律对获取补贴的资格与金额规定了客观标准或条件的情况下,只要补贴资格的获得是自动的,且所规定的客观标准或条件得到严格遵循,则此类补贴不具有专向性。客观标准或条件是指中立、不偏袒某些企业,且标准或条件具有经济属性并横向制定,如企业雇员人数或企业规模。为便于核实,标准和条件必须在法律、法规或官方文件中明文规定。③ 虽然依据①、②项规定的原则,某项补贴表现为非专向性补贴,但如存在下列因素,则有理由认定该补贴存在事实专向性。这些因素包括:实际上只有有限数量的企业使用了补贴项目,某些企业在补贴的使用上占优势地位,大量补贴被不成比例地给予某些企业,以及补贴授予机关在做出补贴授予决定时不当行使自由裁量权;在这种情况下,应特别考虑补贴申请被拒绝或被批准的频率以及拒绝或批准的理由。同时需要考虑的因素还有补贴授予地区经济活动的多样性情况以及补贴项目实施的时间长度。

条例规定,如果补贴的给予仅限于补贴授予机关管辖范围内指定地理区域的某些企业,则此类补贴具有专向性。但是,政府各级主管部门对普遍可适用税率和税基的调整不属于条例意义上的专向性补贴。

条例规定有两种补贴属于专向性补贴,一种是"法律上或事实上以出口实绩为唯一条件或多种其他条件之一而给予的补贴,包括条例附件 1 出口补贴描述性清单列举的 12 种类型的补贴属专向性补贴"。此种补贴即为《SCM 协定》规定的出口补贴。条例进一步澄清了对这种补贴的认定:"当有事实证明补贴的给予虽未在法律上以出口实绩为条件,但事实上与实际或预期出口或出口收入挂钩,则此类补贴在事实上以出口实绩为条件。将补贴给予从事出口的企业这一事实本身不应成为判定补贴是不是本规定意义上的出口补贴的标准。"另一种是"以使用国产货物替代进口货物的情况为唯一或多种条件之一而给予的补贴是专向性补贴"。此种补贴即为《SCM 协定》规定的进口替代补贴。

条例规定专向性的确定应依据肯定性证据加以证明。

(2) 不应抵消补贴。根据现行法律的规定,不具有专向性的补贴为不应抵消补贴。此外,在第 2026/97 号条例修改之前,法律规定那些虽然具有专向性,但是为执行社会经济发展政策所必需的补贴为不应抵消补贴。这些补贴包括:① 对公司进行研究活动,或者对高等教育机构或研究机构与公司在合同基础上进行的研究活动给予的补贴。② 根据地区发展一般计划对落后地区给予的补贴。③ 为帮助企业符合新的环保要求对现有设施更新调整所给予的补贴。条例对这类补贴的规定是根据《SCM 协定》第 8 条不可诉补贴的规定。1999 年 12 月 31 日《SCM 协定》第 8 条的失效以及欧盟主要贸易伙伴反补贴调查不再适用不可诉补贴的规定等原因,促使欧盟理事会废除了第 2026/97 号条例关于为执行社会经济发展政策所必需的补贴为不应抵消补贴的规定。

3. 损害认定

损害的认定需要考虑两个因素:一是补贴进口产品的数量和补贴进口产品对欧盟市场上同类产品价格的影响,二是这些进口产品对欧盟产业造成的影响。

条例规定,审查进口补贴产品数量应考虑补贴进口产品的绝对数量或者相对于欧盟生产或消费的数量是否大幅增加。审查进口补贴产品价格对欧盟同类产品价格的影响应考虑与欧盟同类产品价格相比,补贴进口产品是否大幅削价,或者进口产品是否导致欧盟同类产品价格大幅下降或抑制了欧盟同类产品价格的增长。这些因素并非决定性因素。

审查进口产品对欧盟产业造成的影响需要考虑的因素应包括但不限于影响产业状况的所有有关经济因素和指标,包括:产量、销售、市场份额、利润、生产力、投资收益或设备利用率的实际和潜在的下降;影响国内价格的因素;对现金流动、库存、就业、工资、增长、筹措资金或投资能力的实际和潜在的消极影响。

在欧盟内自由流通的受补贴产品造成相关产业的实质性损害、实质性损害威胁或实质性阻碍相关产业的建立是欧盟采取反补贴措施的第二个法律要件。

(1) 实质性损害。关于损害"实质性"的认定,条例规定,所有证据都必须能够证明受补贴进口货物正在造成欧盟产业的损害。具体而言,必须证明进口产品的数量和补贴进口产品对欧盟市场上同类产品价格的影响体现在欧盟产业经济因素和指标上,且这样的影响严重到足以将其认定为是实质性的。

条例还要求对补贴进口产品损害欧盟产业的任何已知因素进行审查并将这些因素排除在外,包括:未接受补贴的产品进口数量和价格,需求的减少或消费模式的变化,外国和欧盟生产者的限制性贸易做法及它们之间的竞争,技术发展和欧盟生产者的限制性贸易做法及它们之间的竞争,以及技术发展和欧盟产业的出口实绩与生产率。

(2) 实质性损害威胁。对实质性损害威胁的认定,条例规定应依据事实而不仅仅是指控、推测或极小的可能性。补贴将造成损害必须能够明显预见且迫近。认定存在实质性损害威胁的裁定应特别考虑:① 补贴的性质和可能产生的贸易影响。② 受补贴进口产品进入欧盟市场的大幅增长率,表明进口实质性增加的可能性。③ 出口商现有或即将获得的足够的自由处置能力,显示补贴出口产品进入欧盟市场实质性增加的可能性。④ 产品是否已对国内价格造成大幅抑制,是否产生对更多进口产品的需求。⑤ 被调查产品的库存情况。条例明确指出必须综合考虑以上所有因素以证明大量补贴出口产品的迫近性,除非采取保护性行动,否则实质性损害将会发生。

(3) 实质性阻碍。欧盟反补贴条例没有关于实质性阻碍的相关规定。

4. 因果关系认定

乌拉圭回合以后,欧盟按照《SCM 协定》的要求对其反补贴法进行了修订,通过了欧盟理事会第 597/2009 号条例,对因果关系的认定做出了详尽的规定。条例要求负责调查的委员会对以下因素进行审查:影响国内市场价格出售的进口产品的数量与价格需求;紧缩或消费模式的转变;限制性贸易行为以及欧盟内部制造商的激烈竞争情况;欧盟产业生产能力的限度;欧盟产业市场营销能力及售后服务的质量;欧盟产业对市场发展所做评估的正确性;欧盟产业产品质量或产品范围缺陷;利率的浮动;欧盟产业在欧盟外所设生产点情况。如果确定上述因素中的任意一个造成了对欧盟产业的损害,则需进一步确定该因素的损害效应,只有当上述因素是造成损害的唯一原因时,方可排除损害的存在。

5. 欧盟利益认定

条例要求对补贴产品采取反补贴措施必须考虑欧盟利益。所谓欧盟利益,是对各种利益整体的考虑,不仅包括国内产业的利益,还包括产品使用者和消费者的利益。只有在全部当事方被给予充分阐述其观点的机会,且委员会综合考虑了以上三方的利益之后,才能最终做出是否征收反补贴税的决定。但是,由于条例没有对欧盟利益的明确界定,实践中,委员会在判定是否存在欧盟利益时享有很大的自由裁量权。

6. 规避行为认定

欧盟反补贴法律体系包含了反规避的内容。规避是指改变第三国和欧盟间的贸易形式或改变正遭受反补贴措施国家公司与欧盟间的贸易形式,这些改变来源于实践、生产过程或生产中,其中无足够的正当理由或经济上的考量,这种改变的真正起因是采取了反补贴措施,并且有证据表明,这种同类产品的价格或数量正破坏反补贴税的救济效果或对欧盟产业造成损害,且该种进口的同类产品和/或其零件仍从补贴中获益。具体的规避方式包括但不限于:① 在不改变涉案产品基本特征的情况下对其进行稍许改变,使之归入不同海关税号,从而避免反补贴措施的适用。② 将产品通过第三国转运至欧盟。③ 涉案出口商或生产商之间改变销售渠道或模式,从而通过享受低税率出口商来出口高税率生产商或出口商的产品。

第六节 欧盟与中国的贸易关系

一、中欧经贸关系简况

(一) 中欧经贸关系发展历程

中国与欧洲大陆的贸易关系源远流长,早在两千多年前,中国与罗马帝国就通过丝绸之路有了贸易往来。在双方建交之前,中国与欧共体/欧盟的贸易主要是与其成员国进行的民间贸易,具有民间交往的性质。1975 年 5 月中国与欧共体建交后,中欧贸易关系进入正规化,如双方成立了中欧经贸混委会,定期举行年会,至 2016 年双方已成功举行了30届混委会。总的来说,双方经贸关系自建交以来发展较为迅速,主要经历了以下几个阶段:起步阶段、战略转折阶段和中国加入WTO后的持续发展阶段。

1. 起步阶段

以中欧建交为基础,在双方的共同努力下,中欧贸易合作规模不断扩大。双方在1978年签订了第一个贸易协定。1985年5月又在该贸易协定的基础上正式签订了《贸易与经济合作协定》。此外,双方还签订了若干单项合作协定,其中,1979年签署的《中欧纺织品贸易协定》就是一个很重要的单项协定,该协定的期限被双方多次延长。双方在1995年12月又在布鲁塞尔达成并草签了从1996年1月1日起执行的纺织品贸易合作新协定。

在此期间,由于政治因素的影响,中欧经贸发展的道路并不平坦:一方面,政治关系升温促进了中欧贸易关系,其中欧盟的《与中国建立全面伙伴关系》这一文件把中欧关系提升到类似于欧盟与美国、日本和俄罗斯等国家之间的关系;另一方面,由于欧盟无法摆脱意识形态观念的束缚,中欧贸易也曾出现过低潮。在此情况下,双边经济的互补性是中欧贸易关系得以继续发展的不竭动力。

2. 战略转折阶段

20世纪90年代中后期,中欧双方的共同意愿推动了中欧贸易发展进入新阶段。这是因为欧盟看到了中国市场的活力,为了其自身利益而更加重视对华政策。在此期间,中欧双方相继公布了战略性政策文件,如欧盟公布的《欧中关系长期政策》(1995)、《欧盟对华新战略》(1996)、《与中国建立全面伙伴关系》(1998)等。与此同时,中国也一再重申,中国与欧盟都是当今世界舞台上维护和平、促进发展的重要力量,全面发展同欧盟及其成员国长期稳定的互利合作关系,是中国对外政策的重要组成部分。此外,欧盟对亚洲尤其是中国的战略观点转变在双边贸易关系的改善上也发挥了重要作用。

3. 中国加入WTO后的持续发展阶段

中国与欧盟就中国加入WTO问题的谈判在2000年5月19日达成协议,这成为中国与欧盟贸易关系上的一个重要里程碑。加入WTO后,中国与欧盟贸易在一个国际化规则的框架内获得了积极的发展。中欧双边贸易在原先基数较大的基础上又得到了突飞猛进的发展,大约每三年就翻一番。2003年,中欧贸易额达1252.2亿美元,首次突破1000亿美元,增长率达44.4%。2004年,中欧贸易额再创新高,达1772.8亿美元。这一年,欧盟一跃成为中国第一大贸易伙伴,此后一直是中国最大的贸易伙伴。中国是欧盟第二大贸易伙伴。2007年,中欧贸易额达到3561.5亿美元,同比增长27%,其中中方出口2451.9亿美元,增长29.2%;进口1109.6亿美元,增长22.4%。2008年,中欧贸易额为4754.3亿美元,同比增长33.57%。2009年,受金融危机的影响,中欧贸易额比上年减少了628.6亿美元(为4125.7亿美元),降幅13.22%,但欧盟仍然是中国重要的贸易合作伙伴。此后多年,中欧贸易额虽然逐年增长,但增速有所减缓。如2010年中欧贸易额达5220.9亿美元,同比增长26.5%,而2011年中欧贸易总额为5939.7亿美元,同比增长13.7%。2011年7月,中国超过美国成为欧盟的最大贸易伙伴。2007—2017年的10年间,中欧贸易额虽在部分年份有所下降(例如,2009年下降13.22%,2015年下降8.07%),但整体却呈上升态势。2017年中欧双边贸易额达到6169.2亿美元,10年间增长了七成多(73.22%)。

(二) 中欧贸易特点

第一,中欧经贸关系是在两个层面上交叉进行的,即中国既有与欧共体/欧盟作为一个整体的经贸合作,又有与欧共体/欧盟各个成员国的经贸往来。

从历史上看,1975年建交之前,中欧关系是中国和欧共体成员国的双边关系。建交后,欧共体/欧盟作为一个整体在对中国的政策中发挥着越来越重要的作用。具体到经贸领域,由于欧盟实行统一的对外贸易政策,因此成员国已无权签订对外贸易协定,所有与区外国家的贸易协定均由欧盟统一负责,但是,欧盟成员国与中国之间的双边关系依然是主要渠道。

实践中,对从中国进口的产品,欧盟实行由成员国参与制定并执行的统一进口贸易政策,为成员国保护其市场提供了有效手段;而对于向中国的出口,欧盟虽然也拥有各种措施,但缺乏统一、严格的管理制度,通常倾向于采用灵活的成员国标准。因此,成员国之间为抢占中国市场存在相互竞争的现象。简而言之,中国向欧盟成员国出口时适用的是统一市场的共同规则,而欧盟成员国向中国出口则取决于中国与成员国之间的双边关系。

专栏 3-4

法国为加强对华经贸合作与欧洲邻国展开激烈竞争

近年来,法国政府一直将扩大对中国出口和吸引中国资本作为重点工作来抓,与欧洲邻国展开了激烈竞争。在对华出口方面,法国的空间技术、葡萄酒、化妆品等在中国市场具备较强的竞争优势。2014年,法国对华货物出口额排名前五的分别为飞机、直升机、航天器及相关配件(28.3%),燃气轮机(5.5%),药品和化妆品(5.2%),汽车及配件(4.5%),葡萄酒和烈性酒(4.4%)。汇丰银行预计,2030年中国将成为法国第二大货物出口目的地(2015年排名第七)。在吸引投资方面,根据 Baker & McKenzie 律师事务所的数据,2015年法国引进中国直接投资36亿美元,较2014年翻了一番,在欧盟国家中位列第二,仅次于意大利。德国墨卡托中国研究中心(MERICS)指出,欧盟成员国间围绕中国资本的竞争日趋激烈,已经削弱了欧盟在重大战略性问题上对中国的影响力。

资料来源:中国驻欧盟使团经济商务处,2016-08-11。

第二,中欧贸易还具有根基深的特点,具体体现在以下几个方面:① 中欧贸易互补性很强,双方合作潜力很大。欧盟产业主要以技术、资金密集型为主,向中国出口的产品主要是机电产品、运输设备、化工产品和光学手表等精密仪器,2015年这四大类产品的出口额占欧盟对中国出口总额的72.36%。2015年欧盟农产品出口稳步增长,出口额达1290亿欧元,同比增长5.7%,实现贸易顺差150亿欧元。其中,中国对欧盟农产品出口增长的贡献颇大。2015年,欧盟农产品对中国出口大幅增长,高达39%,远超对美出口19%的增速。欧盟委员会官方网站2016年7月14日称,中国是欧盟农产品出口的第一推动力。显而易见,中国大量进口欧盟农产品对欧盟增加就业起到了积极的作用。中国产业主要以劳动力、资源密集型为主,中国向欧盟出口的主要商品为机电产品、纺织品及原料、家具、玩具等,占中国对欧盟出口总额的71.72%。② 在中欧进出口贸易中,消费品、工业品增长迅速。在投资和金融服务方面,中欧双方也开始进行合作。③ 为了更好地解决中欧贸易摩擦、促进双边经贸关系的健康发展,双方建立了经贸高层对话机制。

第三,中欧双边贸易关系还有一个特点,那就是在全球贸易增速放缓的情况下总体呈现稳定。中国和欧盟的贸易关系在冷战结束后快速发展,年增速长期保持在20%以上。2008年,中欧贸易虽然受到金融危机的冲击增速有所下降,但仍达19.53%。2009年,中欧贸易虽然同比下降14.47%,但从世界主要经济体的双边贸易关系来看,中欧双边贸易降幅仍然是较小的。

(三) 双边贸易

中国是最大的发展中国家,欧盟是最大的经济体,双方互为重要的贸易伙伴。自1975年5月6日中国与欧共体正式建交以来,中欧双边贸易发展迅速。据中国海关统计,2003年,中欧贸易额为1252.2亿美元,首次突破千亿美元大关。这一年,欧盟与中国的贸易增速是其与亚洲其他国家的1.5倍。欧盟对中国的出口与其对美国的出口基本持平,超过其他传统贸易伙伴,即欧盟以外的欧洲国家和日本。2003年,欧盟对中国的贸易逆差为650亿欧元;2004年是比较特殊的一年。这一年,欧盟经历了规模最大的一次扩大,这次扩大有10个新成员国入盟,使欧盟成员国从15个增加到25个,经济总量由东扩前的91 690亿欧元增至96 130亿欧元,约增加5%,仅次于美国的110 840亿欧元;贸易总量由东扩前的17 546亿欧元增至18 461亿欧元,仅次于美国的19 495亿欧元。中欧双边贸易因此再创新高,达到1 772.8亿美元,欧盟成为中国最大的贸易伙伴。2004—2019年,欧盟一直稳居中国最大贸易伙伴的位置;2005年,达到2 173.1亿美元,突破2 000亿美元大关,占当年中国贸易总额(14 221.2亿美元)的15.3%;2006年,在世界经济增速普遍放慢的形势下,双方之间的贸易仍呈现较快增长势头,贸易额增加到2 723.1亿美元,其中,中国从欧盟进口903.3亿美元,同比增长22.7%;中国向欧盟出口1 819.8亿美元,同比增长26.6%;至2007年,双边贸易额达3 561.5亿美元,同比增长27%,其中,中国对欧盟出口2 451.9亿美元,增长29.2%;自欧盟进口1 109.6亿美元,增长22.4%。2008年,中欧双边贸易额为4 255.8亿美元,增长19.5%,其中,中国自欧盟进口1 327亿美元,增长19.6%;对欧盟出口2 928.8亿美元,比上年增长19.5%。

总体而言,自2008年以来,中欧贸易仍然呈现良好的发展势头,贸易额除部分年份有所下降外,整体呈上升态势。2020年,中欧贸易在新冠肺炎疫情中逆势双向增长,贸易额达6 495亿美元,增长4.9%,中国首次取代美国成为欧盟最大的贸易伙伴。

在中欧实物贸易中,欧方贸易逆差不断扩大,由2004年、2005年每年逆差700多亿美元增长到2008年的1 600多亿美元。因此,欧方逆差曾经是中欧贸易纠纷和摩擦的主要原因,对中欧双边贸易关系造成一定的影响。

中欧服务贸易增长较快。2010—2016年间,欧盟对中国的服务出口几乎翻倍,从不到200亿欧元增加到380亿欧元。而欧盟自中国的服务进口增长却相对温和,从170多亿欧元增加到270亿欧元。在这期间,欧盟对中国的服务贸易顺差从20亿欧元增加到110亿欧元。2016年,中国成为仅居美国和瑞士之后欧盟的第三大服务贸易伙伴。

（四）双边经贸合作

自1983年以来，中欧在人员培训、经济体制改革、环境保护、农业以及扶贫等领域的合作不断扩大，并取得了积极的成果。自1995年以来，欧盟委员会每年对华发展援助金额约为6500万欧元。1996年双方签署了欧盟援华奶类项目（二期）和改良水牛畜种等项目协议。

除此之外，中国和欧盟在科技、财政金融、教育以及社会保障等领域也有合作，并且富有成效。双方在能源、气候变化等全球性问题上也加强了合作与交流。

随着中国改革开放的进一步深化，中欧经贸关系发展加快。1985年，中欧签订《贸易与经济合作协定》，并不定期举行部长级经贸混委会。此后，中国和欧盟在经贸、科技、能源等方面的合作得到进一步发展，双方签署的主要协议有《中国和欧盟关于工业合作的会谈纪要》《航空与通信领域工业合作谅解备忘录》《中欧汽车工业合作协议》《欧盟—中国辽宁综合环境项目》《中欧环境管理合作项目》《中欧白朗农村综合发展项目》《中欧教育合作项目》《中欧科技合作协定》《中欧甘肃基础教育项目》等。

1999年3月4—5日，在第三次中欧能源合作大会上，双方签署了关于加强中欧能源合作的联合声明。双方在联合声明中强调，进一步加强经贸关系是中欧关系不断发展的重要基础。2020年9月，中国与欧盟正式签署了《中华人民共和国政府与欧洲联盟地理标志保护与合作协定》（以下简称《协定》），并于2021年3月1日正式生效，《协定》将为双方的地理标志提供高水平的保护，有利于相关产品的市场开拓，并有效阻止假冒地理标志产品。《协定》的签署将促进双边地理标志产品的贸易发展，扩大中欧贸易规模，为中欧经济提振信心。

2020年12月30日，中欧领导人共同宣布如期完成中欧投资协定谈判。这是中欧经贸关系发展中的一件大事。该协定对中欧双方都意义重大，它将为双方企业创造更多的投资机会，提供更高水平的营商环境、更有力的制度保障和更光明的合作前景，这不仅有利于中国、有利于欧盟，也有利于世界经济的复苏与增长。中方表示愿同欧方继续共同努力，推动投资协定早日批准生效，让中欧双方的企业尽早获益，共同维护开放的贸易和投资环境，为推动中欧经贸关系进一步发展开辟更加广阔的空间，为维护多边主义、促进经济复苏贡献中欧力量。

二、中欧经贸关系存在的问题

中欧双方不存在明显的战略利益冲突，双方都十分重视发展双边关系。但是，随着中国与欧盟贸易的不断发展，双方的贸易摩擦也随之增加。比如，单方面的数量限制问题、非关税壁垒问题、普惠制问题等。可见，经贸摩擦是影响中欧关系顺利发展的重要因素。中欧双边经贸关系存在的主要问题如下：

（一）单方面的数量限制问题

欧盟1994年颁布了对从非市场经济国家进口的产品进行配额管理的办法，以欧盟统一的配额管理取代了国别限制，加大了数量限制的力度，对我国出口欧盟的鞋、陶瓷器皿等七大类最具竞争力和发展潜力的商品设置了进口数量限制。

（二）非关税壁垒问题

欧盟通过农药残留等技术标准限制我国部分农产品的出口，如1996年停止了从我国进口禽肉和部分水产品。

（三）普惠制问题

1980年欧共体给予我国出口产品以普惠制待遇，促进了我国对欧共体的产品出口。但是，欧盟从2004年1月1日起正式实施普惠制新方案后，于同年5月1日取消给予中国的普惠制待遇。由于欧盟普惠制对其他受惠国和地区的同类产品仍给予关税减免优惠，因此，欧盟此举对中国产业的负面影响极大。因为欧盟取消对中国的普惠制待遇后，中国产品在欧盟市场上的价格优势被削弱，不仅要与欧盟产品竞争，还要与享受欧盟普惠制待遇的第三国产品竞争。

（四）欧盟对中国出口产品频繁实施反倾销调查

欧盟是对中国实施反倾销措施最多的WTO成员。自1979年第一次对中国出口的糖精钠进行反倾销调查以来，欧盟对中国实施的反倾销案件数居全球第一，占全球对中国反倾销案件数的20.7%。中国出口至欧盟的产品中，约有10%受到了欧盟反倾销的影响。欧盟至今已对中国发起多达140余起反倾销调查，被立案调查的产品涉及范围较广，从彩电、微波炉、自行车、个人用文传机直至鞋、大蒜等数十种产品。欧盟动辄对中国出口产品特别是有较强竞争优势的产品实施反倾销调查、征收高额反倾销税，严重削弱了中国产品的竞争力，致使许多中国产品被迫退出欧盟市场。

由于反倾销简便易行、见效快，欧盟将其视为强有力的贸易救济措施并频繁加以使用，矛头直指中国的大宗商品，使中国成为欧盟反倾销措施的主要打击对象，致使中国许多产品无法与欧盟同类产品竞争而被迫退出欧盟市场，如中国出口欧盟的彩电，在遭受反倾销调查并被征收44.6%的反倾销税后，几乎被封杀。

欧盟的贸易保护主义倾向在经济危机时表现得尤为突出。2008年，中国是欧盟的反倾销重点。欧盟委员会的数据显示，2008年前10个月，欧盟发起14项反倾销调查，其中6项是针对中国的，分别涉及蜡烛、铝箔和多类钢铁产品。同期，欧盟采取的3项临时反倾销措施也都是针对中国的；在6项正式反倾销措施中，也有一半是针对中国的。2009年，随着金融危机对欧洲经济的影响日益加深，欧盟担心中国出口增长加快会影响欧洲经济的增长和就业，所以贸易保护主义倾向也有所抬头。由此可见，反倾销是欧盟对中国采取的最主要的贸易救济手段，而欧盟之所以频繁对中国出口产品实施反倾销调查是因为"替代国"的做法对保护其市场颇为有效。

（五）对中国企业实施不公平的"替代国"做法

中国的市场经济地位问题由来已久。自1979年欧共体正式对非市场经济国家采取替代国的做法以来，中国就一直被列为非市场经济国家。由于欧盟贸易保护主义盛行及欧盟反倾销法"替代国"做法对中国涉案企业极其不利，中国的企业深受其害，成为欧盟反倾销的主要受害者。在1998年之前，欧盟将中国列入非市场经济国家，在确定倾销幅度时适用"替代国"标准,即在确定其正常价值时,不使用中国企业的实际成本,而是选择一个市场经济第三国的同类相似商品价格作为"正常价值"。在这种情况下,中国出口产品极易被确定存在倾销,从而被征收反倾销税。

中国自1992年开始确立社会主义市场经济的改革目标以来,取得了重大成就,而欧盟却无视这些事实,继续将中国列为非市场经济国家,这严重影响了中欧双边关系和中国对欧贸易的正常进行,既损害了中国企业的利益,同时也损害了欧盟企业和消费者的利益。

在中国政府和企业以及欧盟进口商与消费者的共同努力下,特别是在1997年中国出台第一个反倾销条例并可能对欧盟产品进行反倾销诉讼的压力下,以及考虑到中国已经成为欧盟的主要贸易伙伴之一,欧盟委员会于1998年3月通过了《与中国建立全面伙伴关系》的对华政策新文件。在该文件中,欧盟承认了中国不断上升的国际地位以及近年来在各方面取得的重大成就,认识到必须从战略上以长远的眼光处理对中国的关系,主张对话而不是对抗,加强与中国的全面合作。1998年4月27日,欧盟理事会通过的第905号条例明确规定,在对来自中国和俄罗斯的进口产品进行反倾销调查时,如果情况表明,受调查的生产商已提出书面要求并充分证明是在市场经济条件下生产或销售该类产品的,即企业的运转是符合市场经济要求的,则该项调查可免予使用替代国标准。虽然欧盟在中国的"市场经济地位"问题上态度有所改变,但它仍然认为中国还处在一个市场机制转型的过渡时期,因而在对中国出口产品进行反倾销调查时并未普遍采用对待市场经济国家的政策,而是规定只有符合五项市场经济标准,才能按照涉案产品在国内市场的价格,确定其正常价值。这五项市场经济标准是:① 决策没有明显受国家干预;② 有一套按国际通用准则建立的会计账簿;③ 生产成本、财务状况未受非市场经济体系的显著影响;④ 企业的成立或关闭不受干预;⑤ 货币汇率变化由市场决定。而没有满足这些条件的出口产品则必须被视同为"非市场经济国家"的出口产品,继续使用替代国的做法。相反,欧盟对于东欧和波罗的海转型国家则自动认可这些国家的企业自动具有市场经济地位,无须进行逐一审查。由此可见,欧盟反倾销法对中国存在歧视。

中国企业的产品能否以国内价格作为正常价值还有赖于欧盟委员会视具体案情而定。在实践中,欧盟委员会采取逐个公司审查的办法,来确定中国企业是否可以得到市场经济地位。对于审查后得到市场经济地位的企业,欧盟委员会不再使用"替代国",而采用该企业自己的正常价值来计算倾销幅度。能够得到市场经济地位的中国企业,倾销幅度一般较低;但对于没有得到市场经济地位的中国企业,仍然要用"替代国"来确定正常价值。

这意味着,即使有中国企业得到了市场经济地位,其他中国企业也不能参照该企业的正常价值。例如,在1999年欧盟对中国的黄磷反倾销案中,欧盟确认了云南马龙化建股份有限公司的"市场经济地位",认可其正常价值,但是该企业的正常价值却不能用来作为那些没有得到"市场经济地位"的中国企业的参照价值,对未获得市场经济地位的中国企业,欧盟选择了境外的替代国价格。

选用替代国价格作为正常价值的弊端显而易见,如在确定中国出口欧盟彩电是否存在倾销时,欧盟将新加坡定为替代国,而新加坡劳动力成本是中国的20倍,选择这样的国家作为替代国,必将大大高估中国企业的成本,从而必然会得出中国彩电倾销的结论。

同时,替代国的选择随意性过强,缺乏可预见性。替代国的选择只有在进口国厂商提起反倾销申诉,当局认为出口国生产商不符合市场经济条件时才会出现,因此,出口商或出口国生产商在被控倾销之前,甚至在立案过程中都无法预知究竟把价格定于何种水平才能免遭起诉。

此外,在"中国的市场经济地位"问题上,欧盟的态度违背了WTO的规则。中国当初在签署加入WTO议定书时为了减少阻力和尽快融入世界贸易体系,做出了让步和牺牲,即加入WTO 15年内中国不具备市场经济地位,这意味着"非市场经济条款"成为WTO成员对中国实施歧视性反倾销调查的法律依据。加入WTO后,中国履行了WTO的相关义务,也为世界贸易的发展做出了贡献。如今15年的期限已过,欧盟仍然没有完全承认中国的市场经济地位。根据《中国加入世贸组织议定书》第15条的规定,2016年12月11日,欧盟应在反倾销案件中自动终止使用对华反倾销的"替代国"做法,而欧盟却在其对华战略文件中称,其正在分析是否要改变反倾销案件调查中的这种做法。这是无视WTO规则的做法,因为到期自动终止"替代国"做法是所有WTO成员必须履行的国际义务,而不取决于任何成员的国内标准。

(六)中国利用WTO争端解决机制

2007年11月9日,欧盟委员会决定对原产于中国的钢铁紧固件发起反倾销调查。经过近一年半的调查,2009年1月31日,欧盟委员会宣布,对来自中国的螺丝和螺栓加征最高税率为85%的反倾销税,征收期限为5年。

2009年7月31日,中国政府将该案诉诸WTO争端解决机制,这是中国加入WTO 8年后,首次将欧盟诉至WTO。WTO前总干事帕斯卡尔·拉米(Pascal Lamy)曾说,一个成员遭遇贸易摩擦的多少,取决于其贸易地位,一国进出口贸易额越大,遭遇的贸易摩擦和争端显然就越多。中国作为国际贸易地位举足轻重的大国,遭遇越来越多的贸易摩擦不足为奇。中国利用WTO争端解决机制来维护其自身权益也很正常。而中国把欧盟告上WTO的做法对于反击贸易保护主义势力无疑具有深远意义。

三、中欧经贸关系的发展前景

目前,中国与欧盟都已经把彼此看作十分重要的经贸合作伙伴,经济的互补性使得双边经贸关系发展一直保持良好态势。从欧盟发布的第七份全面对华政策文件中可以看出其对发展与中国经贸关系的基本思路。1995—2016年,欧盟一共发布了七份全面对华政策文件。其中第一、第六和第七份文件对发展中欧双边经贸关系的影响较大。

自1975年中国与欧共体建立外交关系以来,中欧关系取得了长足的发展,特别是1995年欧盟通过有史以来第一份全面对华政策文件(《欧中关系长期政策》)以来,双方之间的关系发生了质的飞跃,中欧关系从"长期稳定的建设性伙伴关系"上升为"全面伙伴关系",进而成为"全面战略伙伴关系",中欧关系对世界的影响日益凸显。

第六份文件《欧盟-中国:更紧密的伙伴,扩大的责任》及其姊妹篇《竞争与伙伴关系——欧盟-中国贸易与投资政策》首次将对中国的贸易与投资政策作为独立内容对外公布。在这份文件中,中欧"贸易关系被看成是欧洲同中国关系的核心",因此具有特殊的地位。

2016年欧盟发布的第七份文件《欧盟对华新战略要素》更新了对华战略,强调经贸问题是双边关系的重中之重,并详细描述了未来中欧经贸关系的新机遇与新挑战,尤其是中欧合作如何促进欧洲经济增长、扩大就业、推动欧洲企业进入中国市场等。

第七份对华战略文件发布的时间距第六份对华战略文件(2006年发布)发布的时间正好是10年。在这10年中,中国和欧盟都发生了巨大变化。该文件认为,中国以"前所未有"的规模和速度崛起,中国将在全球寻求扮演更重要的角色,并在全球治理体系的更新换代中产生更大影响。

欧盟是中国第一大贸易伙伴,中国则连续多年保持欧盟第一大进口来源国、欧盟第二大贸易伙伴地位,双方都是"富有吸引力的"直接投资目的地。欧盟自2009年陷入债务危机后,2013年经济开始缓慢复苏,但增长仍然乏力,失业问题仍然严重,希腊、西班牙等国近一半年轻人没有工作。

而中国在2015年和2016年保持了6.9%和6.7%的中高速发展速度。即便在2008年和2009年受到金融危机与债务危机的影响,中欧经贸关系仍保持一定的发展势头,这对稳定欧盟经济起到了积极的作用。

2014年11月,欧盟委员会主席让-克洛德·容克(Jean-Claude Juncker)一上任便推出了3150亿欧元的"欧洲投资计划"(即"容克计划"),目的是提振经济、扩大投资、拉动就业,从而摆脱债务危机对欧盟经济增长和就业的影响。

2015年9月,中国成为第一个宣布有意投资容克计划的国家。这说明中国与欧盟的发展战略有契合之处。将容克计划同"一带一路"倡议对接,将给中欧经济合作发展带来更广阔的空间和更多的机遇。从中国方面来看,这能促进中国对欧投资,深化双方之间的金融合作,帮助中国企业更好地走出去;从欧盟方面来看,这能够帮助欧盟促进经济增长、扩大就业、推动欧洲企业进入中国市场。

2015年9月28日举行的第五次中欧经贸高层对话中,双方围绕"从战略高度推进双向投资、便利双边贸易"这一主题进行了深入交流,就"一带一路"倡议与欧洲投资计划对接、中欧投资协定谈判和数字经济合作等达成广泛共识,特别是在"一带一路"倡议和容克计划对接方面取得积极进展。

此外,双方还就今后在众多领域的合作进行了磋商,比如双方同意成立工作组,就设立中欧共同投资基金的具体方案进行研究。双方签署了《关于建立中国与欧盟互联互通平台的谅解备忘录》。双方探讨了国际产能合作意向。欧盟鼓励中国进一步深化与欧洲复兴开发银行的合作,欧方愿按照欧洲复兴开发银行现有章程和程序启动中国成员资格的相关谈判工作。文件提出,在中国"十三五"规划和"一带一路"倡议下,欧盟将加大对中国经济改革的参与。

欧盟在其于2016年7月提交的《欧盟对华新战略要素》文件里还把"推动中欧双边投资协定谈判的及时完成"列为今后五年最为紧迫的目标。2014年1月,中欧就双边投资协定开启谈判。该谈判原定2016年年中就要完成,但是,自首轮谈判以来进展缓慢。主要原因是,欧盟在投资协定谈判中加入了部分自贸区谈判的内容,标准较高,谈判难度较大。此外,欧盟委员会决策权有限,需要不断协调成员国不同的利益诉求,这些因素也是造成谈判进展缓慢的原因。因此,尽快完成中欧双边投资协定的谈判成了双方最关心的议题。

中欧双边投资协定谈判的主要目标是降低投资壁垒、加大对投资者和投资的保护力度。此外,谈判还涉及市场准入、环境与劳工标准、国有企业透明度及公平竞争环境等议题。

欧盟在文件中提到中欧自贸区谈判的可能性,但也给这一谈判设定了多项前提条件,如中欧完成双边投资协定谈判、中国市场经济改革取得进展、为企业创造公平竞争环境等。

2019年4月9日,李克强总理与欧盟理事会主席唐纳德·图斯克(Donald Tusk)和欧盟委员会主席容克在布鲁塞尔举行了第21次中国-欧盟领导会晤,并在会后发表了联合声明。在声明中,双方强调在各领域加强合作的愿望。此外,双方欢迎在2015年中欧5G联合声明的基础上进行交流,包括产业界之间开展技术合作。

中国经济正在转型升级,所面临的压力与挑战前所未有。欧盟也面临经济徘徊不前的困境。因此,在未来一段时间内,中欧双边贸易发展还会出现这样或那样的问题。但是,鉴于双方合作领域的不断扩大、共同利益的增多,彼此对对方的重要性有增无减,中欧未来的经贸合作空间将会更加宽广。譬如欧洲容克计划与中国"一带一路"倡议的重合、中国成功加入欧洲复兴开发银行、《中欧合作2020战略规划》出台等利好消息的释放。

第七节 欧盟与美国的贸易关系

欧盟和美国互为最重要的贸易伙伴,但双方的贸易摩擦也时有发生。20世纪80年代开始的关税与贸易总协定乌拉圭回合谈判,就因为欧美在农产品贸易上的分歧而多谈了三年。WTO自1995年成立后,其贸易争端解决机制的主要精力也花在欧美贸易纠纷上。除牛肉、香蕉贸易这两个老大难问题外,欧美还因钢铁、转基因产品和部分IT产品等贸易纠纷而诉诸WTO。出于国内政治和迎合选民的需要,唐纳德·特朗普(Donald Trump)上任后在贸易问题上一意孤行,使全球范围内的贸易摩擦不断升温,欧美贸易也摩擦不断。由于美方不断加大筹码,意在迫使欧盟在贸易问题上"就范",致使双边贸易关系日益紧张。

一、牛肉贸易战

欧美牛肉贸易之争始于20世纪80年代,欧盟以存在安全隐患为由禁止进口和销售美国含激素的牛肉。1996年,美国联合加拿大将欧盟诉至WTO,由此开启了欧美长达二十多年的牛肉贸易战。

WTO 1998年裁定欧盟败诉,称欧盟禁止进口激素牛肉的做法未经充分论证,缺乏科学依据,违反了WTO规定,授权美国采取贸易报复措施,每年对从欧盟进口的一系列产品征收100%的惩罚性关税,总额为1.168亿美元。

欧盟于2003年宣布,其已按照WTO裁决修改了相关立法,并坚称其牛肉进口禁令有科学依据,因此决定维持禁令。美国和加拿大不服,继续维持对欧盟的贸易制裁。在敦促美国和加拿大解除贸易报复措施未果后,欧盟于2004年将美国和加拿大诉至WTO。双方对WTO上诉机构做出的裁定各执一词。由于美国和加拿大一直拒绝取消制裁,牛肉贸易成为欧美贸易摩擦中一个长期存在的问题。

2009年1月15日,美国政府调整了对欧盟的贸易报复措施,在涉及惩罚性关税的产品目录中新增了猪肉、禽肉、矿泉水等对欧盟利益影响重大的产品,并宣布大幅提高某些产品的关税,以此向欧盟施压(新的制裁措施原定于3月23日生效,后被推迟到5月9日)。

由于担心美国政府每半年调整一次制裁措施会使欧盟出口商面临很大的不确定性,欧盟在美国实施新的制裁措施之前建立了无激素牛肉进口配额制度,规定每年的进口数量为45 000吨,在配额内的进口享受欧盟零关税待遇。设计这个制度的初衷是为了向美国牛肉生产商倾斜,增加从美国进口无激素牛肉的数量。

2009年5月6日,欧盟和美国发表声明,宣布双方达成协议,欧盟将逐步增加美国无激素牛肉的进口配额,美国则逐步减少报复,并于2011年5月解除对欧盟产品的制裁。这是一份解决持续了13年之久的牛肉贸易争端的临时协议。根据这份临时协议,美国政府同意,取消因牛肉贸易争端原定于5月9日开始对欧盟产品实施的新制裁,维持现有贸易制裁水平不变,并在协议实施的第四年取消所有制裁。作为交换,欧盟承诺将向饲养过程中未使用激素的美国高品质牛肉进一步开放市场,提供免税待遇,协议实施前三年增加的免税进口量为2万吨,第四年增至4.5万吨。在第四年协议实施期结束前,欧美再寻求下一步的解决方案。美方代表认为,这份临时协议为推动双方牛肉贸易争端的解决提供了一条现实的途径,因此它符合双方的共同利益。

此后,欧盟在2012年又与美国达成一项协议。根据该协议,欧盟同意增加从美进口无激素牛肉。但同时,欧盟还出台了关于规定无激素牛肉进口新限额的条例。

2013年6月17日,欧盟委员会主席若泽·曼努埃尔·杜朗·巴罗佐(Jose Manuel Durao Barroso)和美国总统贝拉克·奥巴马(Barack Obama)在英国北爱尔兰西部厄恩湖举行的八国集团峰会期间宣布,欧盟与美国正式启动双边自由贸易协定谈判,即跨大西洋贸易和投资伙伴关系协定(TTIP)的谈判。自那以来,双方都有意愿在此框架下解决牛肉贸易争端。TTIP谈判失败后,美国于2016年12月22日宣布重启牛肉贸易战。美国认为,2012年与欧盟达成的相关协议并没有发挥应有的作用。美国贸易代表迈克尔·弗罗曼(Michael Froman)表示,欧盟没有履行其在牛肉进口问题上所做的保证,协议本意是希望能增加从美国的进口,但更多配额却被乌拉圭、阿根廷和澳大利亚的牛肉生产商"抢走",其中阿根廷一国就用去配额的一半。因此,美国要求重新讨论这一和解制度。同日,美国贸易代表办公室发表公报称,作为对欧盟牛肉进口禁令的报复,美国将对来自欧盟的矿泉水、奶酪、松露等产品采取贸易惩罚措施。美方此举的目的是以此迫使欧盟结束对美国含激素牛肉进口的禁令。

2018年9月,欧美就欧盟进口美国牛肉展开谈判,欧盟希望借此次谈判来缓和特朗普政府发起的铝钢贸易战。欧盟委员会建议将更多进口配额发给不含激素的美国高端牛肉,但坚称"不会对含激素的进口牛肉敞开大门"。

进口更多美国牛肉的谈判可以缓解欧美之间的贸易摩擦。美国曾向WTO起诉称,美国在欧盟的牛肉市场上得不到公平份额。目前,欧盟每年对外进口无激素高端牛肉配额为45 000吨,其中至少一半配额被阿根廷使用。为此,欧盟试图将最多每年35 000吨的配额给美国高端牛肉生产商,约占配额的78%。

欧盟委员会官员表示,将现有进口配额制度更倾向于美国的计划还需要得到欧盟所有成员国的政府批准。由于只是在已有的进口配额基础上重新分配,谈判不会影响到欧盟的生产商。欧盟委员会严格要求从美国进口的牛肉质量,不会触犯欧洲消费者享受的严格食品安全标准。很显然,欧盟此举意在向美国示好,其真实目的是借此避免美国对铝钢发起贸易战。

在这场持续了二十多年的贸易战中,欧盟始终认为,其出台的这一禁令只是出于对激素牛肉食品健康的担忧。而美国却视该禁令为贸易壁垒,它认为,欧盟内部的法国、德国、西班牙和爱尔兰都是主要的牛肉生产国,牛肉一直是欧盟保护的农产品。欧盟以担忧健康为由禁止进口美国含激素牛肉只是一个幌子,其真实目的是保护自己的农产品市场。

二、香蕉贸易战

为了继续维持其在原殖民地的经济利益和政治利益,欧共体于1975年2月28日在多哥首都同非加大地区46个发展中国家签订《洛美协定》。根据该协定,欧共体对从这些国家进口的牛肉、甜酒及香蕉等每年给予一定数量的免税进口配额。由于这些国家享有按预定配额向欧共体免税出口香蕉的特权,这种做法无疑严重地损害到香蕉的主要产地——拉美地区的有关国家及美国的主要香蕉经销商,如金吉达(Chiquita)公司和都乐(DOLE)公司,使非《洛美协定》国家对欧出口香蕉遇到很大阻力。于是,1995年9月28日,美国带头在WTO发起反对欧盟的香蕉贸易政策,WTO于1997年9月25日受理了此案。这场欧美香蕉贸易大战持续多年,直到2009年12月,在WTO的斡旋下,欧美终于达成协议。

(一)起因

农产品贸易一直以来都是欧美之间贸易纠纷的一个焦点,"香蕉贸易战"也由来已久。欧盟是世界上最大的香蕉消费市场。20世纪90年代初,欧盟年均进口香蕉400万吨,零售总价值达50亿美元,利润约为10亿美元,市场如此之大,自然成为商家必争之地。

1993年,欧盟开始实施香蕉进口制度,通过许可证制度、配额制度等对香蕉进口进行限制,但是却给予欧盟国家原来在非加大地区的殖民地国家以特殊优惠待遇,这引起了美国的强烈反对。尽管美国并非盛产香蕉的国家,但是却与欧盟的香蕉贸易有着巨大的利害关系。因为欧盟香蕉市场70%以上的香蕉来自拉美国家,而拉美国家香蕉的出口主要由美国的两家跨国果品公司金吉达和都乐控制。由此可见,欧盟对香蕉贸易政策所做的任何改变都会对美国公司造成重大影响。以金吉达公司为例,1992年年末,其在欧盟进口香蕉市场份额中占40%,而欧盟实施新的制度后金吉达的份额骤降到不足20%。美国认为欧盟的规定损害了自己的利益,因此向WTO起诉欧盟。1997年9月25日,WTO解决争端机构受理以美国为首的香蕉出口国联盟对欧盟香蕉贸易政策的起诉。WTO专家组裁定欧盟的香蕉进口政策违背了包括最惠国待遇原则在内的多项WTO条款,因此,它给予欧盟15个月的时间(1997年9月25日至1999年1月1日)修改其香蕉进口制度。

(二)欧盟新的香蕉进口制度

欧盟在其后的15个月里修改了香蕉进口制度,新的配额制度于1999年1月1日生效。根据新的配额制度,欧盟将香蕉产地分为三类:第一类为传统的12个非加太地区国家;第二类为其他非传统的非加太地区国家;第三类为非加太地区国家以外的任何第三国。新制度对来自三类产地的香蕉分别规定了不同的配额和关税税率。美国认为欧盟的新措施"换汤不换药",以欧盟新制度仍然违反《1994年关税与贸易总协定》《服务贸易总协定》以及《进口许可协议》的有关规定为由,要求WTO重新审议欧盟新的香蕉进口制度,并要求对欧盟实施报复。1999年3月3日,美国宣布单方面对来自欧盟的价值5.2亿美元的产品征收100%的惩罚性关税,以弥补欧盟香蕉进口制度对美国有关公司所造成的损害。而欧盟也不甘示弱,指出美国单方面采取制裁措施是非法且不可接受的,要求WTO对美国《1988年对外贸易法》第301条款的合法性进行审议。1999年4月8日,WTO争端解决机构认定,欧盟的香蕉进口制度违反了WTO的规则,应予以修改。欧盟对裁决不服,双方的矛盾加剧。1999年4月12日,WTO又裁定美国可以对欧盟的产品进行制裁,但裁定的制裁金额为1.914亿美元,远低于美国原先提出的5.2亿美元。

(三)欧盟-美国香蕉贸易战的焦点

欧盟与美国此次香蕉贸易战主要是围绕《1994年关税与贸易总协定》第一条"一般最惠国待遇"和第十三条"非歧视性地实施数量限制",以及《服务贸易总协定》第二条"最惠国待遇"与第十七条"国民待遇"展开的。1994年12月,原关税与贸易总协定全体缔约方曾授权欧盟将《洛美协定》作为其在《1947年关税与贸易总协定》第一条第一款所规定义务的例外:在2000年2月29日之前,允许欧盟依据第四个《洛美协定》的有关条款,向原产于非加太地区国家的产品提供必要的优惠待遇,而不要求欧盟向其他缔约方的同类产品也提供此类优惠待遇。以美国为首的申诉国指出,欧盟新的香蕉进口制度给予12个传统非加太地区国家的香蕉配额,是以1999年1月1日之前的水平为准,远远超过依据WTO关于《洛美协定》例外规定的水平,即1991年以前的最高进口水平。由此可见,美欧双方争端的焦点在于到底怎样才能称为向非加太地区发展中国家提供"必要"的优惠待遇。

(四)香蕉贸易战偃旗息鼓

2011年2月3日,欧洲议会投票正式通过了一项欧盟与拉丁美洲国家之间关于香蕉贸易的协议。根据这项协议,欧盟将降低对从拉丁美洲国家进口香蕉的关税,而拉丁美洲国家则不再向WTO起诉欧盟,在多哈回合贸易谈判中也不会要求进一步减免关税。欧美双方在共同发表的声明中称,协议的达成是一项"重大突破",表明欧盟委员会和美国政府履行了双方要在贸易问题上"紧密和有效合作"的承诺。双方相信,这一协议将终止过去的一系列摩擦,使各方在"更好的基础上"进行香蕉贸易。自此,国际贸易中引人注目的香蕉贸易战终告结束。

(五)欧盟-美国香蕉贸易战背后的深层原因分析

1. 美国借题发挥,意图遏制欧盟势力范围的扩展

欧美香蕉贸易战有着深刻的背景。美国一直在推行其全球经济安全战略,已经将其

所谓"国家经济安全"的触角伸向世界各个角落。而欧盟借"北约东扩"之机,于21世纪初接纳波兰、匈牙利和捷克为其成员,随后还陆续吸纳了其他三个东欧国家,使其势力范围遍布整个欧洲,此举无疑使美国深感不安;同时,由于欧盟历来与非加太地区的发展中国家联系密切,直接将势力范围延伸到美国的"后院"——加勒比地区,这是美国所无法容忍的,而且这对美国所推行的"非洲战略"也形成了较大的压力。因此,尽管美国并非香蕉的主要生产国和输出国,但美国仍以其公司利益受到损害为借口,率领有关加勒比和拉美国家向WTO提起申诉。此举显然是希望进一步拉拢拉美地区的发展中国家,推行其"美洲战略",并遏制欧盟的"非洲战略"及其在非加太地区的影响。

2. 为新一轮多边贸易自由化谈判热身

美国与欧盟进行此次香蕉贸易战所选择的时机耐人寻味。WTO曾宣布在2000年开始的新一轮贸易自由化谈判涉及的领域不仅包括货物贸易、服务贸易,还涉及知识产权、国际投资、环保标准、劳工标准、竞争政策等,而农产品的贸易自由化将成为此次谈判的焦点。美国选择这一时机向欧盟提起申诉,其目的远非香蕉贸易本身,而是希望借机试探一下欧盟对农产品贸易的最大忍耐程度,为正式开展的WTO谈判做好准备。可以说美国在新一轮贸易自由化谈判前夕,与欧盟剑拔弩张是"醉翁之意不在酒",在很大程度上是虚张声势,目的是通过此次香蕉贸易纠纷向欧盟施加压力,为后面的谈判制定相应的策略。

而欧盟此次针锋相对,将矛头直指美国《1988年对外贸易法》第301条款,就其合法性向WTO提起申诉,并得到日本等深受其害的国家的广泛支持。尽管WTO最终还是裁定美国有权施行惩罚性关税,但其使WTO裁定的报复金额远低于美国最先提出的5.2亿美元的水平,这不能不说是欧盟的胜利。

3. 最终目的是敲开欧盟农产品市场的大门

就农产品而言,关税与贸易总协定乌拉圭回合谈判将其作为例外,允许各缔约方暂时不将其纳入多边贸易体系中来。但美国当时提议,各缔约方用10年时间全部取消对农产品的补贴,其主要针对的目标是欧盟。而作为世界最大的农产品出口国,美国迫切希望能在农产品问题上取得突破,从而为其农产品大举进军国际市场铺平道路。但是欧盟削减农产品补贴的幅度远远无法令美国满意。应当看到,WTO此次裁定欧盟的香蕉进口制度违反多边贸易规则,但美国对欧盟为保护本地区香蕉生产所给予蕉农的生产补贴,以及对香蕉进口配额本身并未提出质疑,可见美国无意与欧盟"打持久战",而只是想在全面开展谈判前夕以此试探欧盟的态度,并为自己在新一轮谈判中占据主动,以及最终迫使欧盟取消其共同农业政策做铺垫。

(六) 影响

美国和欧盟此次选择将其纠纷提交WTO争端解决机制进行审议,充分反映出争端解决机制已经成为各成员方处理国际贸易纠纷的首选方案,体现了各成员方对WTO的充分信任和尊重。可以说,此次欧美这两个旗鼓相当的经济体间的争议能够得到圆满的解决是从根本上强化了WTO框架内争端解决机制的权威性,亦是对WTO裁决公平性的一次考验。

三、钢铁贸易战

2002年3月5日,美国总统乔治·沃克·布什(George Walker Bush)宣布对部分进口钢铁产品实施为期3年的关税配额限制或加征8%—30%不等的关税。由此,欧美开始了新一轮贸易争端。

布什总统做出上述决定的经济原因是当时世界钢铁市场出现严重过剩。但是,不可否认的是,布什政府除此之外还有其政治考量。在美国中期选举中,布什所在的共和党因赢得了俄亥俄州和宾夕法尼亚州等钢铁生产州的选票而在国会两院中获得多数席位。显而易见,布什总统的这一决定有讨好这些州的选民的意思。

美国的这一决定引发了许多钢铁出口国的不满。而作为美国最大的海外钢材供应商的欧盟则反应更为强烈,它在布什宣布此决定后的第三天,即向WTO提出了申诉。但WTO的争端解决机制决策过程不但复杂,而且十分漫长,即使欧盟最后胜诉,其经济损失也已难以挽回。

为此,欧盟于5月14日拟定了一个精心选择的报复性清单,宣称要对价值3.78亿欧元的美国果汁、服装等商品征收100%的额外关税。这个报复清单的数额虽然不大,但欧盟在选择制裁商品时故意选择了与布什连任竞选关系密切的商品,即选择的商品主要产于佛罗里达州、俄勒冈州、南卡罗来纳州和北卡罗来纳州等州。这几个州都是共和党人在选举中稍稍领先但又没有绝对把握取胜的州。

欧盟此举可谓击中了布什政府的"软肋"。此外,美国国内钢铁消费商的不满也在加剧。所有这一切都令美国政府不得不向后退缩。自6月初开始,美国政府先后4次将247种钢铁产品纳入免征高关税的"豁免"范围。但欧盟并不满足,仍一再声称美国的豁免幅度"显然是不够的"。在这种情况下,美国又在7月19日这一欧盟设定的"最后期限"的一大早,再次宣布将价值超过6 000万美元的14种钢铁产品纳入豁免范围。

因此,欧盟外长理事会7月22日同意了欧盟委员会的建议,将是否对美国实施制裁的决定时间推迟到9月30日。但是欧盟在宣布推迟制裁决定时仍留下一个"尾巴",即美国政府必须将更多的进口钢铁产品纳入豁免范围,否则仍有可能对美产品征收报复性关税。至此,一场似乎一触即发的钢铁贸易大战突然偃旗息鼓了。

美国人在最后关头的退缩,让欧盟得以"顺阶而下"。欧盟色厉内荏,表面上很强硬,内心却很虚,因为它很清楚:它和美国互为最大的贸易伙伴,贸易战一旦开打对谁都不利。更何况,欧盟总体经济实力仍弱于美国,在政治和安全等问题上对美国也"所求甚多",贸易争端的升级最终会对自己不利。因此,欧盟在此次争端过程中采取了克制的态度。

在各国经贸联系日益紧密的今天,贸易争端只能通过谈判而不是贸易战的方式来解决。正如欧盟贸易事务发言人安东尼·古奇(Anthony Gooch)所言:"贸易制裁只是一种手段,而不是目的。"

时任WTO秘书长素帕猜·巴尼巴滴(Supachai Panitchpakdi)说,他希望相关国家能理性地解决这个问题,不要诉诸制裁。他相信双方通过协商会找到解决这个问题的办法。

四、《外销公司法》争端

背景情况

美国《外销公司法》的前身是1971年颁布的《美国国内从事国际销售公司的税收法案》。该法给予美国外销公司"永久性推迟缴纳"出口赢利50%的税收优惠,这实际上是对美国出口企业的变相补贴。在欧盟的不断起诉下,美国于1984年颁布了《外销公司法》以取代《美国国内从事国际销售公司的税收法案》。根据《外销公司法》,包括微软、波音、通用电气在内的6 000多家美国企业的部分出口收入可享受免税待遇。1997年,欧盟将《外销公司法》告上WTO。WTO受理此案后,多次裁决《外销公司法》提供的优惠待遇属于非法出口补贴,并要求美国废除该法。由于美国政府对出口企业的暗中补贴一直没有取消,WTO于2002年8月做出裁决,批准欧盟对从美国进口的价值40亿美元的产品加征惩罚性关税。这是WTO自1995年1月1日成立以来案值最高的贸易纠纷。

WTO的裁决无疑是欧盟的一次重大胜利。但欧盟并不想与美国大打贸易战,而是希望用这种方式迫使美国停止对出口企业提供补贴。与此同时,欧盟深知,它必须通过贸易制裁才能对美方产生威慑,达到自己希望达到的目的。因此,欧盟在敦促美国尽快废除《外销公司法》的同时,便开始了实施贸易制裁的准备工作。

WTO裁决后不到两个星期,欧盟委员会就准备了一份报复清单草案,在征求欧盟相关行业协会和企业的意见后,欧盟于2002年4月24日正式将这份制裁清单提交给了WTO。这份清单的覆盖面很广,主要涉及46大类产品,其中既有柑橘、小麦、谷类等农副产品,又有纺织品、服装、钢铁、家电甚至核反应堆等。这份贸易报复清单曾被美国贸易代表罗伯特·佐立克(Robert Zoeliok)称为贸易领域的"原子弹"。可见,美方知道一旦欧盟对其实施该制裁,其威力便不可小觑。

鉴于美国政府对其出口企业的暗补一直没有取消,WTO于2002年8月30日做出最终裁决,批准欧盟对从美国进口的价值40亿美元的产品加征惩罚性关税。

欧盟委员会曾于2003年5月7日发表声明,要求美国遵守WTO的最终判决,在2003年财政年度里废除为美国公司提供出口补贴的《外销公司法》。欧盟负责贸易事务的委员拉米在声明中表示:"欧盟委员会将对美国方面的立法情况进行审议,如果美方仍没有采取正确行动的迹象,欧盟委员会将在2004年1月1日前启动正式的制裁措施。"

但是美国并没有及时采取相应措施,于是欧盟从2004年3月1日起开始对美向其出口的价值40亿美元的产品征收5%的惩罚性关税,此税率每个月提高1个百分点,直至达到17%为止。这是欧盟首次在WTO的授权下对美国进行的贸易制裁。

欧盟的施压最终还是见效了,迫于欧盟制裁的压力,布什总统表示要废除《外销公司法》,并于2004年10月22日签署了新的公司减税法案《域外收入排除法》,以取代《外销公司法》。新法案于2005年1月1日生效。有鉴于此,欧盟也随即停止了对美国的贸易制裁,但它并没有停止向WTO的起诉。

这是因为,布什总统虽然签署了新的公司减税法案,并废除了《外销公司法》,但是根据新法案,已经被废除的《外销公司法》所给予美国出口企业的减税优惠将持续到2006年年底,在两年过渡期内的减税优惠多达70亿美元。而且,2003年9月17日前已签订长期交货合同的美国公司还能在2006年年底后继续享受减税优惠。欧盟认为该规定违反了WTO规则,于是再度向WTO提起诉讼。

2005年2月17日,应欧盟的要求,WTO争端解决机构专门成立了专家小组,对美国在废除《外销公司法》后仍对其中一些非法补贴保留过渡期的做法展开调查。经审议,WTO再次裁决支持欧盟对美国《域外收入排除法》的指控,要求美国取消在该法下对美国外销公司的补贴。

此次由美国《外销公司法》引起的欧美贸易纠纷与双方其他贸易纠纷不同的是,这次双方都采取了克制的态度。究其原因,主要是贸易纠纷发生的时间节点比较敏感。这次贸易纠纷正好赶上第二次海湾战争。由于法国、德国等欧盟国家强烈反对美国对伊拉克动武,欧美关系持续紧张。而美国人在伊拉克的速胜,迫使法德等国缓和对美国的政策,并试图修复与美国的关系。有鉴于此,欧盟的本意还是希望将价值40亿美元的报复清单当作"威慑"手段,在使用时还是相当谨慎的。

英国《金融时报》当时曾发表过一篇文章,指出欧美经贸关系密切,如果美国对欧洲进行经济报复,会反过来影响美国的经济复苏,直接威胁布什总统竞选连任的机会。布什政府对此心知肚明,美国贸易代表佐立克特地为此进行了为期一周的法德之行,他在巴黎表示,美国虽然对法国政府在伊拉克问题上的表现感到失望,但欧美的贸易关系不会因此而受到太大影响。佐立克此行被欧洲媒体称为"示好之旅"。

事实上,围绕美国《外销公司法》的争端只是欧美之间包括钢铁、转基因、农业补贴等诸多贸易争端中的一个。更何况,这次争端发生在欧美关系非常微妙的时刻,所以双方在处理争端时都比较克制。

欧盟贸易代表拉米在欧盟正式向WTO提交制裁清单时就明确表示过:"欧盟的目标是确保美国废除与WTO规则不符的法律。只要美国在通过新的法律方面取得进展,欧盟将愿意与美国合作。"从美国贸易代表佐立克的"示好之旅"和欧盟贸易代表拉米的表态中均可以看出,在处理这次争端的过程中,双方都不希望看到事态的进一步扩大。

五、特朗普上任后的欧美贸易摩擦

特朗普入主白宫以后,出于国内政治考虑,在贸易问题上一意孤行,使全球范围内的贸易摩擦不断升温。特朗普上任后的欧美贸易摩擦始于2018年3月。2018年3月8日,特朗普宣布,由于进口钢铁和铝产品危害美国"国家安全",美国将对进口钢铁和铝产品分别征收25%和10%的关税,关税措施于3月23日正式生效。欧盟立即表示将在WTO争端解决机制中起诉美国,并迅速制定了反制清单。随后美国出台豁免政策,给予欧盟临时豁免,豁免期于2018年5月1日结束。此后,美国又将豁免期延长一个月至6月1日。美方希望欧盟能在临时豁免期内在贸易问题上对美国做出让步。然而欧盟对此并不领情,而是发表声明,措辞严厉地指出:"国家安全并不能成为美国征收高额关税的理由,延长豁免也只是延长了市场的不确定性,这种不确定性已经影响了企业决策,欧盟不会在美国的威胁下谈判。"欧盟所希望的是,通过与美国谈判能找到一条出路,把临时豁免变为永久豁免。双方为此举行了几轮会谈。由于双方在谈判中各执己见,未能取得实质性进展,美国于是决定不再延长对欧盟的钢、铝关税豁免期限。

(一)双方在钢、铝关税谈判中各执己见

自 2018 年 3 月 8 日特朗普总统宣布将对进口钢铁和铝产品分别征收 25% 和 10% 的关税以后,欧盟一直在寻求获得永久豁免,并为此做出努力。例如,欧方在其准备的和谈提议中,准备了一份简化版的 TTIP,这项和谈提议回应了美方的意愿,将满足特朗普的一项核心要求,即降低欧盟对美国汽车、零件和工业机械的进口关税。作为回报,欧盟也要求美国允许欧盟的公司参与美国政府采购。欧盟此举是希望结束和美国之间的贸易摩擦。

但美国在谈判中态度强硬,毫不让步。TTIP 谈判是由奥巴马政府于 2013 年启动的,由于遭到欧盟内部的激烈反对和英国公投脱欧的影响,2016 年谈判陷入停滞。虽然时任美国商务部长小威尔伯·罗斯(Wilbur Ross, Jr.)曾在 3 月 29 日表示特朗普愿意重新开始与欧盟进行 TTIP 的谈判,但此举被认为是美国以钢、铝关税作为谈判筹码,想达到自身利益的最大化。显然,欧方的提议未能满足美方的愿望。

谈判中,欧盟方面表示,美国加征钢、铝关税的举措正在扭曲全球贸易并可能破坏世界经济增长前景,是"纯粹的保护主义"行为,并称,美方给予其永久性的豁免待遇是双方就贸易争端展开谈判的前提条件。欧方同时强调,欧盟不会为获得永久豁免而做出任何让步。欧方认为这些关税措施与 WTO 规则不符,并在 4 月 16 日向 WTO 就美国实施的钢、铝关税提出磋商请求。在磋商请求中,欧方表示,尽管美方声称实施钢、铝关税是为维护国家安全利益而采取的措施,但其实质是保护性措施。此外,由于美方在采取这些措施前并未通知 WTO,这样做也不符合 WTO 的相关规定。

5 月 30 日,法国总统埃马纽埃尔·马克龙(Emmanuel Macron)在经济合作与发展组织会议上说,一个强国应该遵守法律,信守承诺,按照其参与制定的规则操作,"采取单边行动以及威胁发动贸易战,对化解世界贸易严重失衡毫无帮助"。马克龙这番不点名的批评,反映了欧洲对美国政府奉行单边主义、任意挑起贸易纠纷的行为的极度不满。

美方拒绝了欧方的要求,批评欧盟为贸易谈判设定前提条件,并明确表示特朗普政府将从 6 月 1 日起对欧洲的钢、铝产品征收进口关税。美国商务部长罗斯 5 月 31 日表示,美国将从 6 月 1 日开始对欧盟、加拿大和墨西哥的钢、铝产品分别征收 25% 和 10% 的惩罚性关税。罗斯表示,美国不想和欧盟打贸易战,但若欧盟采取反制措施,情况就会升级。

(二)美国的算盘

美国政府暂时豁免了加拿大、墨西哥、阿根廷、澳大利亚、巴西、韩国和欧盟的钢、铝关税,其目的是希望在此期限内,以征收关税作为"筹码",胁迫这些国家接受自我约束,制定出对美国的钢、铝出口配额。

事实证明,美国此举部分达到了目的。美国 2018 年 3 月 8 日宣布对进口钢铁和铝产品分别征收 25% 和 10% 的关税后,韩国在美国的施压下很快就接受了出口配额制,于是,美国在 3 月 26 日将此前给予韩国的钢、铝关税临时豁免转为永久豁免。此外,根据韩、美达成的协议,韩国将进一步向美国开放汽车市场;巴西等国也做出了部分让步。但美国与欧盟的谈判并没有奏效。其原因在于欧盟此次面对美国挑起的贸易摩擦,内部认

识统一,态度强硬,坚持无条件地获得永久豁免,致使美国政府采取的这种策略在一定程度上失去效果。

(三)欧盟如何应对摩擦

欧盟对特朗普政府在贸易上奉行的"零和思维"感到担忧,担心此例一开,未来美国可以肆意地以"国家安全"为由,动辄对其他经济体实施贸易保护举措。欧盟也担心美国无视 WTO 规则,破坏现行的多边贸易体系,让整个多边贸易体系陷入混乱,极大地损害欧盟倡导和奉行的国际经济治理理念及长期的政经利益。同时,欧盟对美国"威胁讹诈"的商业谈判方式深恶痛绝。

自美国政府 2018 年 3 月初宣布实施钢、铝全球性关税以来,欧盟的表现就一直较为强硬,并未像韩国、日本等国那样频频"放低身段"以求豁免。对美国在贸易问题上的发难,欧盟采取的应对策略是,一方面制定报复清单,威胁向美国对欧盟出口产品加征关税;另一方面则希望通过谈判解决争端,避免贸易战爆发。

在应对与美国的贸易摩擦过程中,欧盟的总体表现较为统一,立场明确,据理力争,并为采取相应反制措施做了充分的准备,列出了一份长达 10 页的报复清单,拟对包括农产品、服装、化妆品、烟酒、船只、摩托车等几十种价值达 64 亿欧元的美国对欧盟出口产品征收关税,税率最高达到 25%。欧盟所列反制清单涵盖广泛,目的是借此"锁定"美国国会部分重量级议员的家乡,以征税方式影响共和党在当地的民意支持率。此外,欧盟还在 WTO 发起法律行动以维护自己的正当权益。

6 月 1 日,美国对欧盟的钢、铝产品加征关税,欧盟随后宣布反制措施,从 6 月 22 日起对价值 28 亿欧元的美国进口产品征收 25% 的关税,涉及大约 200 种美国产品。自此,第一份欧盟报复清单终于落地。对美国采取贸易报复措施,欧盟领导人表示"完全支持"。对此,特朗普在 6 月底又发出威胁称,将对欧盟出口到美国的汽车征收 20% 的关税,这使欧美紧张关系进一步升级。

出于国内政治和迎合选民等需要,特朗普不断加大筹码,迫使其欧洲盟友在贸易问题上"就范"。对此,法国财政部长勒梅尔(Le Maire)7 月 8 日呼吁欧洲人"清醒过来",保持在贸易战中的一致立场和团结合作。他强调要"让对手知道,欧洲是一个统一的经济实体"。

(四)欧盟内部的分歧

虽然欧盟在应对其与美国的贸易摩擦过程中表现得较为统一,但是成员国的利益诉求毕竟不尽相同。以德国和法国为例,德国是欧盟第一大经济体,同时也是贸易大国。近年来,德国贸易顺差在其 GDP 中的占比超过 8%。2016 年,德国与美国的贸易顺差为 680 亿美元,德美工商联会的数据显示,超过 100 万的德国就业机会直接或间接依赖对美出口,因而在此次贸易摩擦中,德国处在风口浪尖。截至 2018 年 3 月欧美贸易摩擦发生时,欧盟对美国汽车的征税是 10%,而美国对欧盟汽车的征税则是 2.5%。2017 年,德国汽车产量的 10% 销往美国,直接或间接涉及 200 万人的就业。因此,如果美国对来自欧盟的汽车及零配件征收高额关税,德国将首当其冲,极有可能成为欧美贸易摩擦的最大受害者。

因此,德国主张在对美国实施贸易反制措施时保持一定的克制,避免刺激美国采取更为激进的措施。德国总理安格拉·默克尔(Angela Merkel)2018年7月初曾表示:"欧盟应竭尽所能避免与美国发生真正的贸易战。"

但是,法国的立场与德国却不尽相同,由于法国对美国的出口比德国少很多,同时法国对德国的贸易顺差也心怀不满,因而法国呼吁在与美国的谈判中采取更加强硬的立场,主张美国给予欧盟钢、铝关税永久豁免是双方达成妥协的前提。

此外,在此次贸易摩擦中,欧盟还面临一个新的挑战:美国阴谋分裂欧盟的企图。根据美国媒体2018年6月28日的报道,法国总统马克龙2018年4月访问白宫时,特朗普曾提出"法国可以退出欧盟"的建议,并暗示如果法国退出欧盟,美国可以向法国提供更加优惠的双边贸易协议。时任欧盟委员会主席容克对此强调说,如果这一情况属实,确实对欧盟是一个挑战。不过欧盟成员国和欧盟委员会在贸易问题上的立场是团结一致的。

欧盟在制定和执行贸易政策时,通常要兼顾不同成员国的立场,尤其要考虑德国和法国两个大国的情况。因为一旦两国的立场不一致,其贸易政策的制定和实施势必会受到掣肘。因此,在这次应对与美国的贸易摩擦时,欧盟采取了较为折中的方案,既对美国采取反制措施(力度较为有限),同时又保持与美国的沟通。

(五)欧美对全球化和国际贸易规则理解的差异

欧盟与美国对全球化的理解不同。在特朗普看来,国际贸易是零和游戏,赤字就是美国在全球化中"吃了亏"。所以他上任后把缩小赤字作为贸易政策的目标,经济政策具有强烈的保护主义色彩。特朗普对多边机制持怀疑态度,对钢、铝产品征收高额关税的做法似乎是有意给WTO制造危机,甚至为美国退出WTO做准备。

欧盟认为,作为开放经济体,全球化带动了欧盟出口和经济增长,进口物美价廉的消费品提高了欧盟居民的购买力和生活水平,欧盟已深度融入全球价值链,孤立主义、保护主义将抬高欧盟生产成本,提升物价水平,增加出口难度,削弱自身竞争力。欧盟尤其认为,WTO等多边经济体制对全球经济至关重要,特朗普的单边主义做法是对现有国际经济秩序的严重威胁,因而欧盟不愿对美国做出原则性让步。

欧盟虽然对全球化心态复杂,既想抓住机遇又想回避挑战,但总体上仍然重视多边合作,这客观上有助于维系现有的多边体制。在成立亚洲基础设施投资银行、金砖国家新开发银行等新兴金融机构问题上,欧洲国家也普遍持开放和欢迎态度;国际货币体系层面,在人民币国际化和特别提款权(SDR)改革问题上,欧洲国家也都积极支持。

欧美关系紧张不仅反映在经济层面,而且反映在政治、安全等各个领域,其矛盾更加复杂和深刻,也更加难以化解。特别是自特朗普2017年1月上任以后,欧美在诸多问题上龃龉不断。例如,美国要求欧洲盟友多分担北约军费,退出应对气候变化的《巴黎协定》,承认耶路撒冷为以色列首都,还一度威胁武力解决朝鲜半岛核问题,这些举动均遭到欧盟的批评。

第八节 欧盟与日本贸易关系简介

冷战结束之后,欧盟与日本双方积极发展全面伙伴关系,这一方面是为了改变自身在冷战时期两极格局下形成的"经济巨人、政治侏儒"的尴尬局面,另一方面也是为了相互借重,以使各自在面对美国时具有一定的自主性,维护自身繁荣不可或缺的自由贸易体系。

1991年7月,欧日双方在荷兰海牙举行第一次首脑会议,共同签署了《联合宣言》,确立全面发展双边关系的指导原则、共同目标和定期磋商制度。《联合宣言》为双方发展全面伙伴关系打下了良好的基础。1994年,欧盟制定了"走向亚洲新战略",把发展与日本的关系列为其此后的主要战略目标之一。

随着欧盟一体化程度的提高和国际地位的上升,双方不断扩大在各个领域的对话与合作。2000年,双方确定从2001年开始的10年是"欧日合作10年",双方同意在此10年里,在加强经济关系的基础上,努力加强政治、社会、文化等各方面的交流。2013年4月,欧盟与日本开始就建立自由贸易区进行谈判,并于2018年7月17日在东京签署自贸协定。

自贸协定生效后,欧盟向日本出口的商品99%的关税被取消。剩余关税大多也有所下降。总体上,自贸协定每年将为欧盟对日出口商节省10亿欧元。欧盟对日本85%的农产品取消了关税。

第四章　　欧盟财政政策

　　财政政策是欧盟在欧洲一体化建设过程中的重要组成部分,财政政策的协调伴随着一体化的整个过程。欧元启动后,欧元区成员国的货币政策由欧洲中央银行制定,而各国仅拥有财政政策的制定权。

　　1993年生效的《马约》和1997年生效的《稳定与增长公约》(又称《阿姆斯特丹条约》,以下简称《公约》),规定了欧盟财政政策的基本规则。《马约》对成员国财政政策做出了原则性规定,即从1994年起,欧盟各成员国的财政赤字占GDP的比重(赤字率)不能超过3%,政府债务占GDP的比重(债务率)不能超过60%。《公约》在进一步明确《马约》规定的财政政策原则的基础上,通过一个"决议"和两个"规定",即《欧盟理事会关于稳定与增长公约的决议》《欧盟理事会关于加强预算状况监督和加强经济政策监督与协调的规定》《欧盟理事会关于加快实施过度财政赤字程序和对有关问题说明的规定》,对欧盟财政政策协调的规则、过度财政赤字的惩罚程序,以及建立预警机制监督各国财政运行状况,保证各成员国在中期内(1997—2004年)实现财政基本平衡或者略有盈余做出了明确的规定和说明,从而形成了欧盟财政预算政策的基本框架。

　　《公约》被认为是欧盟经济稳定的根本保证,也是欧元稳定的基石。按照《公约》的规定,成员国必须确定实现中期财政预算目标的时间表,努力在2004年实现预算基本平衡或略有盈余;欧盟对成员国财政政策的制定及实施进行协调和监督,如果判定某一成员国赤字率可能或已经超过3%,就向该国提出警告并要求其进行纠正;如果成员国仍不执行,欧盟就会启动过度赤字惩罚程序。成员国赤字率连续三年超过3%,最多可处以相当于其GDP 0.5%的罚款。

　　欧盟财政政策基本解决了欧盟长期存在的财政赤字居高不下和财政行为倾向于顺周期的两大问题,起到了稳定经济的作用,为欧元流通和欧洲中央银行实现稳定物价创造了条件。但欧盟的财政政策在宏观经济调控中也存在一些问题,如在经济出现衰退的情况下难以发挥有效的作用、成员国之间的财政政策协调缺乏制度性安排等。

第一节　欧盟的财政预算

一、财政预算的总原则

　　《公约》的出发点是欧盟成员国必须制定中期经济发展稳定规划(由欧元区成员国制定)和中期经济趋同规划(由非欧元区成员国制定),确定实现中期财政预算目标的时间表,努力在较短的时间内实现预算接近平衡或略有盈余。成员国负责制定和实施各自的财政预算政策,但必须遵循欧盟规定的总原则:第一,通过限制预算开支,而不是增加税收,实现减少财政预算赤字的目标;第二,财政赤字和公共债务相对较高的国家,必须加快降低财政赤字占GDP的比重;第三,预算支出必须提高效率,改革和控制公共消费支出、公共养老金支出、医疗保健和失业补贴、加大国有企业民营化步伐等,将更多的政府开支用于基础设施建设、人力资源开发和劳动力市场建设等生产性经济活动。在财政赤字和公共债务稳定下降后,减少企业和个人的税收负担。

二、财政政策的协调和监督机制

欧盟理事会、欧盟委员会和成员国政府负责监督与协调欧盟成员国的财政预算政策。此外,欧盟经济和财政事务委员会也在欧盟成员国财政预算的协调和监督中发挥重要作用。

(一) 欧盟理事会的职责

欧盟理事会是对欧盟成员国财政预算进行协调和监督的最高决策机构,对成员国财政是否出现过度赤字和是否实施惩罚具有最终决策权。其主要职能是:严格实施《马约》和《公约》的所有规定;将《欧盟理事会关于加快实施过度财政赤字程序和对有关问题说明的规定》中消除过度赤字的期限作为最后时限,除非特殊情况,否则,必须督促成员国在确定其存在过度赤字之日起一年内予以纠正;在成员国没有按要求消除财政赤字时,决定对该国实施惩罚等。

(二) 欧盟委员会的职责

欧盟委员会负责对欧盟成员国的财政预算进行协调和监督,行使提出各种动议的权力,监测成员国的经济财政状况,在某成员国财政赤字占GDP的比重超过3%时,实施过度赤字程序,提出可供欧盟理事会决策的报告、意见和建议。

(三) 成员国政府的职责

成员国政府的主要职责是实现各自的中期经济发展稳定规划和中期经济趋同规划规定的中期财政预算目标,在实际财政状况与目标出现偏差时,立即采取措施予以纠正。

(四) 欧盟经济和财政事务委员会的作用

欧盟经济和财政事务委员会是欧盟理事会的咨询机构,由各成员国、欧盟委员会和欧洲央行各指定两名代表组成,其主要任务是对成员国和整个欧盟的经济、财政、金融状况进行密切的监视,定期向欧盟理事会和欧盟委员会报告其监测和评审结果,参加欧盟理事会有关文件的起草和准备工作。

三、财政预算政策协调和监督的实施

欧盟通过以下三个阶段协调和监督成员国的财政预算政策:

第一阶段,制定中期财政预算政策前期工作规划并予以实施。欧元区成员国必须制定各自的中期经济发展稳定规划,而没有加入欧元区的成员国要制定经济趋同规划。规划的内容包括:当年和今后三年经济预期增长的总体设想和影响经济增长的各种因素分析,如政府投资、就业、通货膨胀、经济增长率等;实现经济预期目标的经济政策;财政预算政策目标以及实现目标的措施;经济预期目标对财政预算和公共债务的影响等。每个成员国必须在每年三月份前将规划报告提交欧盟委员会和欧盟理事会进行审议。欧盟委员会根据欧盟理事会通过的《成员国和共同体经济政策指导大纲》(以下简称《大纲》)对成员国的规划报告进行审议并提出修改意见,最后由欧盟理事会批准。欧盟经济和财政事务委员会也参与对成员国规划报告的审议。

《大纲》是欧盟经济和财政政策的重要文件。根据《马约》的规定,欧盟委员会负责每年制定一个《大纲》,由欧盟理事会批准通过。《大纲》不仅对上一年成员国实施纲要的情况进行全面评估,而且根据欧盟委员会对当年成员国和欧盟经济发展前景所做的预测,提出欧盟和成员国经济政策的目标、任务和要求。

第二阶段,实施财政预算政策的过程协调和监督。欧盟委员会负责监督成员国财政预算执行情况和公共债务的变化情况,监测财政赤字的变动。如果某一成员国的财政赤字可能超过或已经超过3%的限制,欧盟委员会就着手准备有关该国经济和预算的报告,并在欧盟经济和财政事务委员会就报告提出意见后,提交欧盟理事会和该成员国政府。

第三阶段,确定是否出现过度财政赤字。欧盟理事会在接到欧盟委员会有关成员国财政赤字可能超过或已经超过3%的报告后,必须在三个月内确定该成员国是否存在过度财政赤字。欧盟理事会一旦确定某成员国已经存在过度赤字,就向该国提出在一定时间内纠正的建议。一般情况下,成员国必须在四个月内采取有效措施消除过度赤字,欧盟理事会的建议不对外公开。

若成员国没有在规定的时间内采纳欧盟理事会的建议,欧盟理事会将再次向该国提出迅速纠正的建议,并将建议公布于众。如果成员国仍不执行,欧盟理事会就会决定对该成员国进行惩罚。

四、违反财政预算政策的惩罚机制

(一)过度财政赤字的定义

除特殊情况外,财政赤字占GDP的比重超过3%就属于过度财政赤字。按规定,成员国满足以下三种情况,不属于过度财政赤字:一是异常性,即造成财政赤字的原因超出了正常范围;二是暂时性,允许财政赤字占GDP的比重在有限的时间内高于3%;三是接近性,即财政赤字占GDP的比重始终接近3%。成员国无法控制的重大事件使财政赤字超过GDP的3%都是"异常的",如严重自然灾害、战争、出现经济下降2%以上的异常严重经济衰退等。在非常事件或严重经济衰退结束后,如果财政赤字可以降到GDP的3%以下,那么这种财政赤字就是"暂时的"。

《公约》将GDP下降0.75%—2%定义为严重经济衰退,下降2%以上定义为异常严重经济衰退。也就是说,GDP下降0.75%—2%、财政赤字超过GDP的3%的情况不符合异常性条款的规定,但有可能符合暂时性条款的规定。

(二)惩罚措施

判断成员国是否出现过度财政赤字,欧盟必须使用该国当年下半年的统计数字。一旦确定某国出现过度财政赤字,该国需在一年内纠正,再加上审议和决策时间,一般来说,成员国的过度财政赤字可以持续两年。如果两年后仍存在过度赤字,就要面临惩罚。罚金由固定部分和附加部分两部分组成,固定部分相当于GDP的0.2%,附加部分则按当年财政赤字占 GDP 的比重超出 3% 的部分的 10%，最高罚金不超过 GDP 的 0.5%。

第二节　财政政策的主要特点

欧盟的财政预算只占整个欧盟 GDP 的 1% 多一点，而各成员国的财政预算（包括社会保障基金）通常占 GDP 的 50% 左右。欧盟预算支出只包括行政开支和农业开支两项。《马约》规定，只有当某项政策目标在欧盟范围内比在各国能更好地实现时，欧盟才予以介入。因此，目前欧盟本身基本上不存在社会保障、法律和秩序以及教育等方面的支出。欧盟对各成员国的财政政策规定主要是条规性的，主要具有以下特点：

一、财政政策是欧盟货币政策的辅助性手段

根据《马约》提出的实现欧洲经济与货币联盟的法律框架和时间表，实现欧洲经济与货币联盟的进程包括三个阶段，第一阶段从 1990 年 7 月 1 日开始，取消成员国之间资本流动的限制；第二阶段从 1994 年 1 月 1 日开始，要求各成员国削减财政赤字，降低政府债务率，同时加强各国货币政策的协调，以保持物价稳定；第三阶段从 1997 年至 1999 年 1 月 1 日，这一阶段的最终目标是建立统一货币和独立的欧洲央行，并且从 1999 年 1 月 1 日开始，欧洲央行系统接管成员国制定货币政策的全部权力。

从《马约》对各国财政政策提出要求的出发点看，削减财政赤字和控制债务率的目的是保持物价稳定。同时，根据《马约》第 105 条的规定，欧洲央行的首要目标是保持欧元区物价稳定。因此，欧盟粗线条的财政政策实际上是为实现货币政策目标服务的。按照经济学原理，财政收支和债务负担不仅通过公共消费及转移支付直接影响消费与投资，而且会通过赤字和债务的融资对物价造成严重影响，并长期影响经济增长和物价稳定。从欧盟成员国签署《公约》的最初目的看，主要是担心一些成员国放松财政预算约束，从而引起欧元区通货膨胀，导致欧元币值波动，使经济受到损害。

二、赤字率和债务率上限指标是由各成员国谈判决定的

欧盟规定的赤字率和债务率上限指标是由各成员国谈判决定，而不是科学指标测算决定的。在《公约》草案的讨论初期，德国主张欧元要在货币市场上像马克一样坚挺，因此，《公约》对各成员国赤字率和债务率的约束标准应比德国对马克的约束标准更加严格。德国提出，欧元区成员国的赤字率不得超过 1%，债务率不得超过 50%。德国提出的苛刻条件立即遭到了以法国为首的其他欧盟成员国的反对。经过近一年的谈判，德国和法国终于达成一致，《公约》最终将赤字率控制指标定为 3%，公共债务率控制指标定为 60%。可见，《公约》提出的控制赤字率和债务率的具体指标是欧盟各成员国谈判妥协的结果，并不是一个科学规范的标准。欧盟经济和财政事务委员会以及法国财政部的官员也承认，3% 的赤字率和 60% 的债务率是欧盟成员国政治上相互妥协的结果，并不是科学分析计量得出的预警指标。

三、赤字率指标和债务率指标对成员国的约束力不同

赤字率指标对成员国具有强制约束力，债务率指标只对成员国具有参考意义。按照

《公约》的规定,在正常情况下,赤字率超过3%就属于过度财政赤字。一旦确定某国出现过度财政赤字,该国就需在一年内予以纠正。如果该国连续三年存在过度财政赤字,欧盟就会按照规定程序对该国实施惩罚。尽管《公约》规定了赤字率和债务率两项指标,但从《公约》提出的过度财政赤字定义和启动惩罚程序的条件看,赤字率指标对成员国具有强制约束力,而债务率指标则只是作为分析和判断政府财政形势的一个参考指标。如1997年《公约》生效时,比利时公共债务率曾高达122%,而时至2019年年底仍高达98.6%,但该国赤字率连续几年一直低于3%,并且债务率一直呈明显下降趋势。为此,欧盟既没有向比利时提出警告,也没有启动过度赤字惩罚程序。

四、成员国有一定的自主制定和实施本国财政政策的权力

各成员国在遵守欧盟赤字和债务规定的前提下有自主制定和实施本国财政政策的权力。与制定了统一和具体的货币政策不同,欧盟并没有制定成员国统一的财政政策,各成员国的财政政策由该国在欧盟的有限约束下自主制定和实施。当然,这也是财政政策与货币政策性质不同所致,因为财政政策具有更为明显的国家与政府主权特征。也就是说,只要不突破赤字率和债务率控制指标,欧盟各成员国政府可以根据本国经济社会发展需要,自主安排收入和支出项目。虽然欧盟有共同农业政策,并有相应的对各成员国的农业支出预算,但除了农业政策由其统一管理,欧盟并不干预各国的具体预算制定和执行。

五、降低赤字率和债务率的主要手段是减少开支

各国降低赤字率和债务率的主要手段是减少开支。按照《公约》的规定,各成员国在制定和实施各自的财政预算政策时,必须遵循以下原则:第一,通过限制预算开支而不是增加税收,实现减少财政预算赤字的目标;第二,赤字率和债务率相对较高的国家,必须加快降低赤字率;第三,预算支出必须提高效率,改革和控制公共消费支出、公共养老金支出、医疗保健和失业补贴、加大国有企业民营化步伐等,争取将更多的政府开支用于基础设施建设、人力资源开发和劳动力市场建设等方面。在财政赤字和公共债务稳定下降后,减轻企业和个人的税收负担。从实际执行情况看,欧盟各成员国基本上是按照上述原则,主要通过削减支出的方式降低赤字率。

第三节 欧盟财政政策的实施情况、存在的问题及其原因

欧盟的财政政策是在一定法律约束和指导下由成员国自主制定和实施的财政政策。这一财政政策基本解决了欧盟长期存在的财政赤字居高不下和财政行为倾向于顺周期两大问题,起到了稳定经济的作用,为欧元流通和欧洲央行实现稳定物价创造了条件。2000年,欧盟的财政赤字占GDP的比重由1995年的5%降至0.4%,其中欧元区降到0.8%。但欧盟的财政政策在宏观经济调控中也存在一些问题,如在经济出现衰退的情况下,欧盟的财政政策难以发挥有效作用,成员国之间的财政政策协调缺乏机制性安排等。

一、实施情况

(一)《马约》和《公约》的规定得到较好的执行

1991—2000年,欧盟各国较好地执行了《马约》和《公约》的规定。为实现《马约》和《公约》规定的赤字率不超过3%的目标,欧盟国家普遍减少财政支出,积极执行欧盟的财政趋同政策,取得了明显成效。这一时期,欧盟各国赤字率的下降主要得益于各成员国采取一致行动,按照《马约》和《公约》的规定控制或减少政府开支;同时,也得益于欧盟在景气经济周期中的经济稳定增长。但是,囿于财政政策的局限性,欧盟在2009年欧债危机和2020年新冠肺炎疫情的冲击下,赤字率和债务率均出现大幅上升的情况,如2009年由于遭受金融危机的打击,欧盟成员国全部出现了财政赤字和公共债务大幅上升的情况,最先爆发债务危机的希腊的赤字率为GDP的13.8%,爱尔兰的赤字率最高,达到了14.4%。与此同时,欧盟的平均债务率也达到80%,其中意大利债务率高达116%。2020年,受新冠肺炎疫情的影响,欧盟的赤字率较2019年大幅上升,赤字占GDP的比重从2019年的0.5%大幅上升到6.9%,债务占GDP的比重从2019年的77.5%上升至90.7%。

(二)经济严重滑坡

自2001年以来,欧盟总体上进入偏冷经济周期,经济严重滑坡。为了应对经济衰退和人口老龄化的挑战,欧盟主要成员国不顾《公约》的规定和欧盟的警告,采取增加政府开支或大规模减税的方式刺激消费和投资,政府预算状况恶化,主要国家赤字率连年突破3%的上限,《马约》和《公约》的权威因此受到严重挑战。2001年,葡萄牙赤字率达到4.1%,成为欧元区第一个违反《公约》的国家。欧元区经济龙头德国2002年赤字率就已达到3.7%,突破了欧盟规定的水平,2003年和2004年赤字率分别达到4.2%和3.9%。欧元区第二经济大国法国2002年赤字率达到3.1%,2003年和2004年分别达到4.2%和3.8%。葡萄牙和意大利也分别在2004年和2005年加入赤字超标国家的行列。

由于德国和法国两国赤字率都连续三年超过3%的界限,按照《公约》的规定,欧盟应该对两国实施惩罚。但两国是欧盟最重要的成员国,在两国的游说下,欧盟财政部长理事会最终妥协,决定暂停启动惩罚程序。欧洲央行对此提出了严厉批评,认为不按照欧盟《公约》规定的制裁程序约束成员国,将使《公约》的效力完全丧失,也使人们对欧盟奉行的稳定金融政策失去信心。

(三)《公约》过严的规定遭到质疑

一些国家要求对《公约》过严的规定进行修改。意大利、法国等国在违反《公约》的同时,还要求修改《公约》,放宽对成员国的赤字限制,以便实施减税政策,进而刺激经济复苏。基于稳定欧元和共同货币政策的考虑,欧洲央行坚决反对任何放松《公约》约束的举动。一些财政状况较好的小成员国则批评欧盟实行双重标准,对小成员国严格约束,对主要成员国则随意让步。一些专家也认为,修改《公约》,会降低其严肃性和权威性,打击人们对欧洲经济与货币联盟的信心,进而影响欧洲经济的长期发展。

二、存在的问题及其原因

（一）财政政策协调的困境

欧盟在一体化进程中有统一的货币、统一的货币政策以及统一的央行,但并没有一个统一的财政当局和财政体系。事实上,从关税同盟开始,欧盟的财政政策便一直在协调中。欧盟范围内的财政政策分为两个层次:一是在欧盟层面的财政,即欧盟共同财政,中央财政收入只占欧盟 GDP 的 1%;二是独立的国家预算,国家财政主权仍然由各成员国掌握。目前,欧盟财政政策的基本模式即财政的资源配置、收入分配和经济调节功能主要由成员国承担,以保持更大的国家财政独立。这一模式容易造成成员国彼此之间不同的混乱局面。

虽然《马约》对各国的财政赤字和债务有严格的要求,但由于财政政策由各成员国自己掌控,所以从欧盟层面进行协调非常困难。当某一成员国的经济受到诸如战争、自然灾害、经济危机等外部或内部冲击时,由于这种冲击所带来的不利影响与其他国家不同步,因此需要特殊的经济政策进行调节。在此情况下,如果受到冲击的国家未加入经济与货币联盟,那么它可以使用诸如汇率和利率等货币政策或积极的财政政策对经济进行干预和调节。但作为经济与货币联盟的成员,由于失去了货币政策调控手段,实施财政政策也受到限制,该国经济将会出现危机。此外,欧盟在经济繁荣时,对公共支出和减税没有任何限制措施,而在经济衰退时,《马约》又要求各成员国政府减少财政支出、增加税收,以满足财政赤字不超过 GDP 3% 的要求,这对于处于经济衰退中的国家而言,无疑是雪上加霜。

（二）统一的赤字率控制指标与不同的国情之间的矛盾

赤字率控制指标的统一性与各成员国具体国情的差异性之间存在矛盾。尽管欧盟是世界经济一体化程度最高的经济区,但由于其成员国之间在市场体制、经济基础、经济结构、经济形势、经济周期等方面仍然存在较大差距,财政收支状况特别是财政收入占 GDP 的比重、债务率水平也各不相同。一部分国家因经济比较景气而产生大量财政盈余,另一部分国家则可能因经济低迷而产生大量财政赤字。在各成员国经济发展不同步的情况下,难以保证所有成员国在同一时期内都将赤字率控制在规定水平以内,实力较强的成员国也难以保证在经济弱周期中赤字率不突破规定的标准。因此,在预算执行过程中,有一些赤字率难以达到规定标准的国家,甚至采取欺骗的方式,人为地将赤字率控制在 3% 以内。

（三）成员国财政政策的反周期调节作用受到制约

赤字率的上限规定限制了成员国财政政策的反周期调节作用。赤字率不能超过 3% 的限制性规定,不仅影响财政自动稳定器功能的发挥,而且使成员国在经济衰退时无法进行相机抉择,无法通过扩大支出和财政赤字刺激经济回升。如按欧盟现有规定削减支出,将进一步使经济雪上加霜。因此,在经济增长的弱周期中束缚了财政政策手段的运用和反周期调节功能。当成员国经济增长疲弱时,这些国家要么违背《公约》、扩大赤字,以刺激经济;要么遵守《公约》,放弃财政政策手段的采用,容忍和放任经济进一步衰退。

在两难境地中进行权衡,政府可能承受很大的社会压力。如果欧盟再对违反赤字规定的成员国处以罚款,则会对这些国家的经济造成更为沉重的打击。

(四)单一财政减支政策面临较大的政治风险

欧盟要求各成员国主要通过减少支出的方式降低赤字率,这实际上限制了增税手段的运用。从各国实践看,单一减支政策面临较大的政治风险。在工会势力强大和主张高福利的社会民主主义传统根深蒂固的欧盟国家,减少支出特别是社会福利支出困难重重。成员国政府为争取政治选票和迫于工会的压力,在劳动力市场和社会福利制度改革方面往往行动迟缓。如法国在1995年推行了庞大的改革计划,主要内容是减少社会保险方面的支出,结果引发了大规模罢工,并最终导致政府下台。目前,法国之所以对社会保险方面的改革非常谨慎,就是为了避免重蹈覆辙。

(五)统一的货币政策难以符合每个成员国的实际经济情况

在欧盟经济不景气、部分成员国经济出现负增长的情况下,要避免出现更大的经济衰退,就必须采取扩张性货币政策和财政政策。就货币政策而言,由于货币政策是由欧洲央行统一行使的,并且统一的货币政策又很难符合每个成员国的实际经济情况,而各国央行只能执行欧洲央行既定的货币政策,因此,各成员国发挥货币政策作用的余地不大。就财政政策而言,在经济不景气时期,欧盟成员国同样也很难自主运用财政政策手段来刺激经济。因此,统一的货币政策与有约束且分散决策的财政政策机制,影响了欧盟成员国两大宏观调控政策的效率,这是造成政策运作问题的制度原因。

(六)财政政策在经济衰退时难以发挥积极作用

财政自动稳定和相机抉择是财政政策的两种主要形式。由于成员国的经济规模、税收体制、财政支出结构不同,财政自动稳定器的规模和作用也不尽相同。例如,在出现欧盟定义的严重衰退的经济周期时,据估计欧盟成员国的自动稳定器波动范围在占GDP的±2%以内,亦即,如果某一成员国的财政赤字占GDP的2%,那么,在随后出现严重经济衰退的周期内,其财政赤字将在0—4%的范围内波动。因此,从理论上讲,目前欧盟的财政政策大框架可以使成员国在很大程度上利用财政自动稳定器调控经济,财政税收政策有一定的灵活性。但实际上,即使经济不出现严重衰退,财政自动稳定器在某些成员国那里也无法很好地发挥作用。例如,2001—2009年间,欧盟以及成员国的经济并没有出现严重的经济衰退,经济依然小幅增长,但葡萄牙却在2001年率先突破规定,其财政赤字达到4%;2000年,德国的财政赤字不到GDP的2%,但到2002年,其财政赤字占GDP的比重达到3.7%。同样,相机抉择的财政政策也无法实施。一方面,财政赤字占GDP的比重不能超过3%的限制使成员国不能扩大支出;另一方面,政府在经济增长缓慢时期,面临着增加就业、促进经济增长的压力和支出刚性的约束,财政支出难以压缩。因此,在某些成员国内,现行的财政政策丧失了在经济增长缓慢时调控经济的作用。这正是2002年欧盟内部就是否修改和如何修改《公约》爆发激烈争论的主要原因。

到目前为止,欧盟尚未对采取统一财政政策的机制以及财政政策和货币政策协调做出明确的规定。

专栏 4-1

财政自动稳定器和相机抉择的财政政策

所谓"财政自动稳定器"是指财政赤字自动变化的范围。当经济衰退时,税收收入下降,支出增加,政府财政赤字趋向扩大,从而刺激经济回升;反之,经济繁荣时,税收增加,支出减少,政府财政赤字减少或出现盈余,从而抑制经济的过快增长。政府财政赤字的自动变化使经济保持稳定。

所谓"相机抉择的财政政策"是指政府在进行需求管理时,可以根据市场情况和各项调节措施的特点,相机决定和选择当前究竟应采取哪一种或哪几种政策措施。所以,相机抉择政策是靠外力调整财政赤字,对经济进行调整。

财政政策和货币政策是宏观经济调控的两大基本政策手段。二者主要通过实施扩张性或收缩性政策来调整社会总供给和总需求的关系。二者既各有侧重,又紧密相连。

财政政策是通过政府支出和税收来影响宏观经济运行,政府通过财政政策工具的操作来影响经济走向。

货币政策是政府通过控制货币供给量来影响宏观经济行为。货币政策主要通过影响利率来实现。

财政政策直接作用于总需求,具有见效快的特点。而货币政策作用于利息率,间接作用于总产量,从而具有时滞性。此外,两种政策的执行渠道和作用也有所不同。两种政策往往需要结合使用,扩张时期实行积极的财政政策,紧缩时期实行从紧的货币政策。

必须准确把握和正确处理二者的关系,根据实际情况协调进而灵活运用财政政策和货币政策,才能充分发挥其应有的作用。

因此,在需要进行调节时,究竟应采取哪一项政策或哪些政策,或者不同的政策工具应该如何搭配使用,并不是一成不变的,而是由政府视情况灵活决定。

专栏 4-2

欧盟财政预算来源和分配

欧盟年均预算超过1万亿欧元(约1.28万亿美元),其来源和分配既体现了成员国间的团结合作,也体现了各国之间的博弈和较量。

简言之,27个成员国对欧盟预算的贡献值都是各成员国GDP的1%左右,主要用于农业、贫困地区、教科文、对外援助和欧盟机构行政开支。

具体而言,欧盟预算共有四大来源:非欧盟国家进口商品关税、非欧盟国家进口农产品关税、增值税和基于成员国GDP征收的税金。

随着加入WTO、签署自由贸易协定、改革共同农业政策等,欧盟前两项收入所占比重逐年下降,占总预算来源的1/7左右;近年来增值税也呈下降趋势;而基于成员国GDP征收的税金主要用于填补欧盟预算空缺,防止出现财政赤字。

目前,欧盟一半左右的预算用于支持农业和农村发展,欧盟预算将农业列入"自然资源保护管理"一类,实际上就是农业补贴,这项开支大约是欧盟对外援助开支的60倍。此外,地区政策资助项目约占预算的1/3,而欧盟机构行政开支占6%—7%。

自 2000 年以来,欧盟希望将预算优先项目逐渐从农业转向地区政策和提高竞争力,但 2004 年和 2007 年的两次扩大后,最新加入的 10 多个成员国人均收入水平偏低、农业人口众多,欧盟预算的结构调整说易行难。

事实上,20 世纪 60 年代以前,欧共体预算微乎其微,平均每个成员国公民的贡献值还不足 10 欧元。直到共同农业政策和地区政策先后出台,欧共体预算才开始大幅增加。

1973 年欧共体首次扩大后,地区政策预算不断增加,迫使共同农业政策预算不断减少。1995 年第四次扩大后,欧盟预算开始稳定在成员国 GDP 的 1%左右。

欧盟年度预算主要遵从欧盟的中期财政方案,即七年计划。欧盟的中期财政方案必须获得欧盟委员会、欧洲议会和欧盟理事会的一致通过,通常由欧盟委员会提出草案并提交欧盟理事会,欧盟理事会通过后提交欧洲议会,欧洲议会有权批准最终方案,由议长签字并宣布通过。

欧盟预算收入取之于成员国,也用之于成员国,但成员国从欧盟预算中得到的净收益不尽相同,主要受惠国既包括最富有的卢森堡,也包括经济发展较为落后的希腊、葡萄牙和西班牙。

以 2010 年为例,欧盟总开支为 1 220 亿欧元(约 1 564 亿美元),每个成员国公民承担近 250 欧元(约 320 美元)。法国和西班牙是最大的受益国,主要受益于共同农业政策和地区政策。但若以人均受益计算,最大的受益国则是袖珍富国卢森堡,达到人均 3 000 欧元左右(约 3 845 美元)。

第五章　　地区政策

随着欧洲一体化的深入发展,欧共体/欧盟逐步建立并完善了一系列共同政策,其中就包括共同地区政策,这是欧共体/欧盟在一体化过程中为实现各个领域的联合所做的努力。欧共体/欧盟地区政策的目标主要有三个方面:一是缩小地区差距,二是提升地区竞争力,三是加强欧共体/欧盟的地区协作。欧共体/欧盟实现目标的主要途径是,通过改善地区投资环境,为商业资本的进入创造必要条件,从而最终实现提高地区经济活力和加强地区经济多样性的目的。基金是其实施地区政策的重要工具,欧共体/欧盟通过设立基金援助的方式来促进结构调整,推动发展,最终达到缩小地区差距的目的。在实施过程中,欧共体/欧盟形成了从规划、实施到评估的一整套完善的管理体系。地区政策自 1975 年正式实施以来,对缓解欧共体/欧盟内部地区发展不平衡的矛盾及一体化的深入发展起到了重要作用。

第一节　地区政策的产生和发展

一、欧共体地区差异情况

欧共体成立之初,其成员国之间及各成员国内部就存在经济发展不平衡的状况。随着欧共体/欧盟的不断扩大及一体化进程的不断加快,欧共体/欧盟内部地区发展差距也进一步扩大。为了增强各成员国经济实力,缩小内部各地区差距,增强社会聚合力,确保欧洲一体化进程的顺利发展,欧共体/欧盟借助结构基金制定并实施了一系列地区政策,取得了良好的效果。

(一)最初六个成员国的经济发展差异情况

地区差距问题在欧共体成立之初就已经存在。虽然法国、联邦德国、意大利、荷兰、比利时、卢森堡六个创始国都是发达国家,但是这六国的情况也不尽相同,它们之间也存在差距。六国中,法国、联邦德国和意大利是经济发达的大国,其经济总规模和人均 GDP 均居前列,在欧共体内部举足轻重,它们之间的合作和协调是欧共体存在与发展的基础;而荷兰、比利时和卢森堡是富裕的小国,它们具有较高的人均收入,社会发展的水平比较高,但是其经济总规模相对较小,对欧共体整体发展影响也比较小。此外,法国、联邦德国、意大利三国内部也存在差异。以法国为例,由上塞纳省、瓦勒德马恩省、塞纳-圣但尼省、伊夫林省、瓦勒德瓦兹省、塞纳-马恩省和埃松省七个省共同组成的巴黎大区经济发达,工业基础雄厚,拥有法国 46% 的电子工业、56% 的信息工业、49% 的医疗工业、62% 的科研人才,而法国西海岸和西南部高原地区仍保持着古朴的风貌,那里的工业基础相对薄弱。联邦德国国内经济发展水平也存在不平衡的状况,其西部与东部相比,经济发展水平相差了十年以上。意大利也不例外,其南北差异比较明显,北方工商业发达,南方以农业为主,经济较为落后。

(二)历次扩大后成员国之间经济发展差异情况

欧共体/欧盟历经的几次扩大凸显了地区差异问题,各成员国的经济发展不平衡,尤其是东扩之后,这种区域性不平衡的状况更加严重。

1973年欧共体经历了第一次扩大,英国、爱尔兰、丹麦3国正式成为欧共体新成员。由于爱尔兰与英国、丹麦不在同一个发展水平,这次扩大暴露出地区发展不平衡的问题即地区差距问题。1981年1月1日,希腊在第二次扩大时成为欧共体第10个成员国。1986年1月1日,葡萄牙和西班牙在第三次扩大时加入欧共体,使欧共体成员国增至12个。

此时由12国组成的欧共体内部地区差异呈现以下特征:联邦德国西部、法国东部和意大利北部经济非常发达,共同组成了共同体繁荣的"中心地带",巴黎—柏林—米兰构成了西欧最发达的经济三角区,而爱尔兰、西班牙、希腊、意大利南部则成为西欧相对落后的"边缘地区"。

就这12个国家而言,虽然它们均是世界上经济发达的工业化国家,具有较高的经济发展水平,其人均GDP达到1.83万美元,大大高于当时的世界平均水平,但是,12国之间却存在很大的地区差异,例如,联邦德国、法国、英国和意大利是经济发达的大国,而爱尔兰、希腊、西班牙和葡萄牙4国的经济发展相对滞后,人均GDP相对较低,存在的经济结构性问题也较多,是欧共体地区问题相对较多的国家。在这12个国家中,人均GDP最高和最低的地区之间相差6倍之多。因此,在经过几次扩大后,欧共体决策机构清醒地认识到,欧洲一体化会促使其内部经济向发达地区集中。爱尔兰、希腊、葡萄牙和西班牙这4个较落后的国家加入欧共体之后,欧共体地区差距问题更为明显,经济与社会内部凝聚问题也更加突出。

(三)东扩后成员国之间的地区差距进一步拉大

2004年东扩后的欧盟面临的一大问题是新入盟国家与老成员国之间巨大的经济差距。新入盟的10国经济发展水平总体上低于15个老成员国,以《1998/99年世界发展报告:知识与发展》提供的资料计算,中东欧10国的人均GNP只有欧盟的15.53%,人均工资只及老成员国人均工资的1/5左右。新老成员国在经济结构方面也存在巨大差距,如在产业结构方面,10个新成员国的服务业在总产值中所占的比重为63%,而老成员国则达到71%,新成员国的农业占总产值的4%,老成员国是2%。两者在进出口所占的比重上也存在很大差距。这种结构性的差异并不是在短时间内就能消除的。这意味着,欧盟将承受被拖后腿、总体经济水平下降、贫富差距加大的风险,这势必会影响到一体化的深入发展。

欧盟东扩不仅仅是成员国数量的变动、疆域的扩大和人口的增加,同时也是一次质的改变。这是欧盟历史上的第五次扩大,也是迄今为止规模最大的一次扩大。这次扩大使欧洲一体化建设跨越了冷战时期遗留在欧洲大陆上的历史鸿沟。因此,它被称为是具有历史意义的举措,是冷战结束后正式把欧洲统一起来的举措。

但是,随着欧盟的东扩,新老成员国之间的地区差距使得欧盟内部利益协调变得更加困难,经济与社会内部凝聚问题更加突出。例如,2003年1月,欧盟提出共同农业政策改革方案。6月,农业部长会议经过多次讨论,就该方案最终达成了一致。此次欧盟农业改革将自2005年起分阶段推进。但是具体实施起来困难却不少。究其原因是,自2004年5月起,中东欧10国已成为欧盟的新成员,而其中多数国家的农业发展水平较低,农业在其国民经济中所占的比重较大,农业人口的收入水平也较低。而老成员国的农业发展情况却相反。新老成员国间的这种差异导致了它们之间的利益分歧扩大,因此,利益协调也变得越来越困难。

欧盟新老成员国间的差异性面对多重危机时愈加凸显。例如,欧债危机和难民危机中,欧盟老成员国和中东欧新成员国在应对危机时表现出了严重分歧。这反过来又加剧了成员国间业已存在的"南北矛盾""东西矛盾",对欧洲一体化的深入发展产生了不利影响。因此,如何在成员国差异性不断扩大的情况下继续推动一体化的发展就成为值得思考的问题。

(四)欧元区内地区经济发展不平衡

1. 欧元区的各个国家经济差距较大,区域之间的发展极不平衡

欧元区中,德国、意大利和法国等国的经济较为发达,而希腊、爱尔兰等国的经济较为落后,竞争力不强,政府财政入不敷出。德国的GDP占欧元区GDP总规模的20%,德国、法国、意大利三国占比更是高达50%。在欧元区成立之后,德国、法国、意大利等核心国家利用制度、技术和资金上的优势,享受着地区整合和单一货币区带来的好处;而希腊、爱尔兰等国则不然。在单一货币区内,统一的货币政策更加有利于德国、法国、意大利等国实现经济目标,从而导致区域发展不均衡现象愈发严重。自2007年次贷危机爆发以来,希腊、爱尔兰等国为了拯救本国经济,都采取了刺激经济增长的计划。因此,政府的财政赤字出现恶化在所难免。

2. 欧元区成员国经济发展水平不同产生的矛盾难以调和

欧盟成员国经济发展水平不同产生的矛盾难以调和。希腊、爱尔兰等国在加入欧元区之后,享受到了欧元区使用单一货币的好处,比如消除汇率浮动、促进跨境贸易和促进跨国就业等,使得政府和企业在国际资本市场上融资更加便利,与其他国家之间的资本流动更加顺畅。但是,由于欧元区成员国的经济发展水平各不相同,存在很多难以调和的矛盾。例如,成员国在经济增长模式和发展速度等方面都有所不同,特别是中东欧国家加入欧元区后,区域内经济发展的不平衡现象更加严重,使得各国对货币政策的诉求也不尽相同,但是欧洲央行显然难以同时兼顾所有成员国的利益。

二、导致欧共体/欧盟内部地区差异的因素

(一)历史和自然条件的差异

导致欧共体/欧盟内部地区差异的因素有很多,首先是历史和自然条件的差异。欧共体/欧盟边缘地区多为自然条件相对较差、矿产资源相对较少、远离经济中心或交通相对不便的地区,历史上就不是欧洲工业的中心,缺乏工业基础和人才技术基础,因此缺少发展的条件。

（二）马太效应对市场的作用

欧共体/欧盟鼓励在共同体范围内自由竞争，反对和限制成员国搞地区封锁和贸易保护，结果导致资金、人才、技术向投资环境优越的地区集中，使衰退和落后的地区处于更加不利的地位，其结果是加大了地区差距。

（三）欧共体/欧盟政策的地区效应

除了上述原因，欧共体/欧盟采取的各项政策都会产生地区效应，使各个地区受到不同的影响，从而加剧了地区之间的不平衡。举例来说，关税和其他贸易保护政策可以用来支持特殊地区的发展，例如对纺织品进口征收高额关税意味着保护国内严重依赖纺织工业的地区。在加入欧共体/欧盟之前，各成员国均有自己特殊的关税和贸易保护政策，以保护国内不同产业和地区的经济利益，例如英国对制造业的关税保护，使其西北部和中西部制造业聚集地区获益匪浅。加入欧共体/欧盟使各成员国对企业的保护方式发生了巨大变化，各成员国降低了对其他成员国产品的关税，促进了欧共体/欧盟内部的贸易自由，这一方面使具有竞争力的企业获得了更多的市场，另一方面却使不具有竞争力的企业面临严重的困难。

三、地区政策产生的原因

上述欧共体/欧盟内部各成员国之间经济发展的极度不平衡现象是欧共体/欧盟地区政策产生的一个重要原因，因为这种不平衡会阻碍欧共体/欧盟一体化的进一步发展。此外，自20世纪60年代以来，各成员国为了缩小本国内部地区发展不平衡而制定的地区发展政策加剧了欧共体/欧盟成员国之间及欧共体/欧盟各地区之间的不平衡，特别是各国为本国制定的地区发展政策明显缺乏协调性。这些因素对欧洲一体化的深入发展极为不利。很显然，要解决欧共体/欧盟内部各成员国之间经济发展极度不平衡的状况，就必须要有一个欧共体/欧盟层面的地区发展政策。

欧共体/欧盟地区政策的理念始于1957年签署的《罗马条约》，该条约规定了共同地区政策的目标，即"促进欧共体整体的协调发展""加强其经济和社会统合"以及"缩小不同地区之间的发展差异，消除最不发达地区或岛屿及农村地区的落后状况"。但是，欧共体/欧盟地区政策真正起步是在20世纪70年代中期。1973年，欧共体经历了第一次扩大，英国、爱尔兰、丹麦三国正式成为欧共体新成员。由于爱尔兰与英国、丹麦不在同一个发展水平，这次扩大暴露出一个问题，即地区发展不平衡。欧共体决策机构认识到，欧洲一体化会促使其内部经济向发达地区集中。在此期间，如果经济欠发达的地区得不到重视的话，欧共体的发展最终将会因贫富悬殊而受到影响。为抵消一体化进程所带来的负面影响，欧共体部长理事会就全面实行共同地区发展政策达成了一致，并于1975年3月建立了欧洲地区发展基金，旨在缩小地区差距。此基金的建立标志着欧共体/欧盟从此有了共同地区政策。

四、为实施地区政策而设立的基金

基金是欧共体/欧盟实施其地区政策的重要工具，欧共体/欧盟通过设立基金援助的

方式来促进结构调整,推动发展,最终达到缩小地区差距的目的。在地区政策的发展过程中,欧共体/欧盟主要设立了以下几项基金:

(一) 欧洲社会基金

欧洲社会基金是1957年根据《罗马条约》建立的,当时的基本思路是为工人提供职业培训和安置费用,以增强工人在欧共体范围内的流动性,并通过建设统一市场、促进经济增长来解决失业问题。1971年欧共体修改共同体条约后,明确授权欧洲社会基金对欧共体劳动力市场进行干预以求改善其平衡状况,当时的干预重点有两个:一个是农业人口向非农产业转移,另一个是由贸易自由化引起的纺织和服装业大规模结构调整而产生的人员冗余现象。1988年改革后,该基金主要用于消除长期失业和提高青年人的就业能力,1993年之后又用于增强工人对产业变化的适应能力。主要方式是提供职业培训和就业帮助,改善教育体制。

(二) 欧洲农业指导与保障基金

欧洲农业指导与保障基金1962年作为共同农业政策的一部分成立,主要用于支持农村地区的发展,促进农业结构的调整,为农村地区采用农业新技术、发展非农产业提供资金支持。

虽然欧洲社会基金和欧洲农业指导与保障基金为欧共体内落后农业地区的发展及高失业地区的再就业提供了重要帮助,但从总体上看,由于这两种基金的规模偏小,所起的作用非常有限。

(三) 欧洲地区发展基金

欧洲地区发展基金创立于1975年,该基金的创立在欧共体/欧盟地区政策发展过程中具有里程碑式的意义,凸显了地区政策的重要性。该基金的主要目标是增强受援地区经济发展潜力、支持结构调整、促进经济增长和持续就业。为达到此目的,该基金主要用于基础设施建设、就业机会创造、地方发展项目和中小企业扶持等,同时也用于鼓励成员国之间的跨国经济合作和交流。

地区发展基金是结构基金中规模最大的一项基金,其金额约占整个结构基金的一半。地区发展基金创立之年(1975年),其年度资助金额就高达2.58亿埃居,占欧共体财政预算的4.5%。到1986年,地区发展基金年度资助金额已达33亿埃居,占欧共体财政预算的9%。直到目前,地区发展基金仍然是结构基金中资助金额最多、影响最大的一项。由于其资助金额大,因此在欧共体/欧盟落后地区的发展过程中发挥了非常重要的作用。

(四) 结构基金

欧共体/欧盟历经的几次扩大凸显了地区差异问题,各成员国的经济发展不平衡,尤其是在欧共体/欧盟东扩后,这种地区发展不平衡状况更加严重。出于一体化的需要,为了缩小其内部地区经济发展的不平衡,1988年,欧共体成员国一致决定,将上述三项基金(欧洲社会基金、欧洲农业指导与保障基金、欧洲地区发展基金)合并为结构基金并对其进行协调管理，从而基本形成了欧共体/欧盟的地区政策体系。结构基金的主要任务就是支持落后地区或产业衰退地区的经济发展与产业结构调整。结构基金的发展对欧共体/欧盟的发展起到了积极有效的推动作用。

（五）凝聚基金

1994年，欧盟根据《马约》设立了凝聚基金，该基金是为了促进欧盟内部经济社会融合而设立的，主要是针对成员国而非地区。该基金专门用于促进希腊、葡萄牙、西班牙和爱尔兰四个相对落后成员国的发展，以帮助它们达到《马约》为经济与货币联盟设定的经济趋同标准。

五、地区政策的发展过程

最初的欧共体/欧盟地区政策主要是援助其内部相对落后国家和地区的基础设施与生态环境建设。这种状况在"里斯本战略"确定后有所改变。2000年3月在葡萄牙首都里斯本举行的特别首脑会议上，欧盟15国领导达成并通过了一项关于欧盟十年经济发展的规划，即里斯本战略，该战略的目标是通过鼓励创新、大力推动信息通信技术的应用与发展，探索面向知识经济的下一代创新，使欧盟在2010年前成为"以知识为基础的、世界上最有竞争力的经济体"。

里斯本战略确定后，欧盟地区政策发生了两个转变：其一是从以基础设施和生态环境建设为重点，转变为以创新能力建设、研究与开发平台建设以及人力资本开发投入为重点；其二是从以促进经济发展为重点，转变为以社会进步为重点，尤其注重教育培训、保健卫生等事业的发展。

地区政策改革就是欧共体/欧盟在全球化和知识经济日益发展的背景下，为推进欧洲一体化进程而重新构建地区政策的过程。20世纪80年代末以来，为了使地区政策更公平和有效，欧共体/欧盟对地区政策进行了三次大的改革。通过改革，欧共体/欧盟对地区发展的干预力度不断加大，地区援助资金的使用更加集中，结构基金的管理权限向地方转移。结构基金在缩小成员国贫富差距、促进地区经济的增长和社会融合方面取得了很大的成效。

（一）第一次改革

1981年1月1日，希腊加入欧共体。1986年1月1日，葡萄牙和西班牙加入欧共体。在希腊、葡萄牙和西班牙这三个欧洲地区较落后的国家加入欧共体之后，欧共体内部地区发展不平衡状况更加突出。为了解决这个问题，欧共体就要通过较高的GDP增长来使各地区在基本收入、竞争力和就业状况等方面逐渐接近，最终实现社会团结。为此，1988年，欧共体成员国一致决定，将欧洲社会基金、欧洲农业指导与保障基金、欧洲地区发展基金合并为结构基金，并对结构基金进行协调管理，从而基本形成了欧共体/欧盟的地区政策体系，这是欧共体/欧盟地区政策的第一次改革。

1. 结构基金的基本情况

欧共体出于深化和扩大一体化的需要，并为了缩小其内部地区经济发展的不平衡，将欧洲社会基金、欧洲农业指导与保障基金、欧洲地区发展基金合并为结构基金，主要任务之一就是支持落后地区或产业衰退地区的经济发展与产业结构调整。结构基金来源于欧共体/欧盟预算，由部长理事会/欧盟理事会和欧洲议会批准，属于欧共体/欧盟财政专项支出，是欧共体/欧盟首创的一种全新的产业政策工具。

2. 结构基金的运作

(1) 基金的筹集。欧共体/欧盟预算共有四大来源，即关税、农业税、增值税和成员国按照 GDP 一定比例缴纳的经费（欧共体/欧盟规定每个成员国每年要上缴本国 GDP 的 1% 作为欧盟预算经费）。这笔经费占欧共体/欧盟年度总预算的 76%，其中 40% 用作各种基金以扶持区域的协调发展。因此，结构基金的筹集体现了"取之于国，用之于国"的原则。结构基金数额在 1989—1993 年间实现翻番，共计 600 亿埃居，占欧共体预算的比重由 1986 年的 17.6% 提高到 1992 年的 25.4%。

(2) 结构基金的分类。结构基金在实施过程中按政策目标的不同可分为三类：第一类主要用于资助落后地区发展和结构调整，适用地区包括人均 GDP 处于欧共体/欧盟平均水平 75% 以下的地区和若干特殊地区如边远地区。在结构基金中，第一类所占资金比重最高。因此，可以说促进落后地区发展在欧共体/欧盟各项地区政策中处于非常重要的地位。第二类主要用于资助存在结构性问题地区的经济和社会转型，适用地区包括衰落的工业地区和农业地区、面临问题的城市地区、渔业依赖地区等。欧共体/欧盟根据不同的结构问题，制定不同的地区适用标准。第三类主要用于资助教育、培训、就业政策的调整和现代化发展，目的在于促进人力资源的开发和保障就业。

第一次改革奠定了地区政策实施的基本原则，即人均 GDP 低于欧共体平均水平 75% 的地区才能接受资助这一原则。经过这次改革，欧共体实施地区政策的力度得以加大。

（二）第二次改革

由于经济与社会团结成为欧盟发展的重要战略目标，地区政策的实施力度也随之不断加大。欧共体在签署《马约》后，于 1993 年对地区政策进行了第二次改革。《马约》将经济与社会团结、经济与货币联盟及单一市场相提并论，称之为欧共体/欧盟发展的三大支柱，进一步彰显了地区政策的重要性。欧盟提出 1994—1999 年"六年规划"，该规划加大了地区政策的实施力度，把减少地区经济发展差别、提高落后地区的竞争力作为实现《马约》的重要手段和主要任务。1989—1999 年间，结构基金累计支出约为欧共体/欧盟 GDP 的 6.5%。地区政策改革的直接诱因是为了吸收瑞典和芬兰入盟，欧盟为此还专门设立了渔业指导金融工具，以支持这两个国家的渔业部门开展多种经营。

在第二次改革中，欧盟于 1994 年根据《马约》设立了凝聚基金，这一举措具有重要意义。该基金专门用于促进希腊、葡萄牙、西班牙和爱尔兰四个相对落后成员国的发展，以帮助它们达到《马约》为经济与货币联盟设定的经济趋同标准。该基金实际上是对经济实力较弱的成员国进行的一种财政补偿。1993—1999 年，凝聚基金的预算达到 150 亿埃居。凝聚基金在这四个成员国中的分配比例为：希腊 16%—20%，爱尔兰 7%—10%，葡萄牙 16%—20%，西班牙 52%—58%。从 2004 年 1 月 1 日开始，爱尔兰已不再是该基金的受援国。自 2004 年 5 月 1 日起，新入盟的中东欧 10 国全部被纳入了该基金的援助范围。

(三) 第三次改革

1997年,欧盟开始对其地区政策进行第三次改革,这次改革的目的是提高地区政策的实施效率,以便使其适应欧盟东扩的新局面。改革方向主要是对结构基金进行大调整,从而尽可能降低东扩的成本。主要内容如下:

1. 向中东欧申请国提供"接纳前援助"

欧盟自2000年起将每年从总预算中拨出31.2亿欧元作为"接纳前援助",这些资金主要用于农业开发、运输及环保领域,以使这些国家的农业开发和运输、环保基础设施能达到欧盟标准。"接纳前援助"意味着所有申请国在入盟前就能同成员国一样,得到凝聚基金的扶持。

2. 维持结构基金规模

欧盟将结构基金维持在1950亿欧元的水平,从财政资源上为东扩做好准备。

3. 调整地区政策的实施方式

欧盟对结构基金实行分权化管理,将有关资金支出管理权放在成员国而非欧盟。欧盟方面则从具体管理运作中撤出,其责任变为制定结构基金管理规则,并通过实行监督和提出政策优先顺序等途径来影响成员国的政策实施过程,使成员国能够按欧盟的意图来实施或调整地区发展战略。这次改革的意义在于调动了各成员国的积极性,提高了地区政策的实施效率。

第二节 地区政策的重点

欧共体/欧盟地区政策是为欧共体/欧盟的总体经济发展目标服务的,它着力于促进欧共体/欧盟内部相对落后国家和地区的发展,并围绕欧洲一体化的进程展开。推动欧洲一体化进程,是欧共体/欧盟努力实现的目标。缩小地区差距是推进一体化进程中所要解决的重点问题。地区政策的多次调整也是与一体化进程紧密相连的。由于国家之间、地区之间的差距影响到欧共体/欧盟内部的团结,欧共体/欧盟领导人意识到,为缩小差距、增强凝聚力,有必要对地区发展进行干预。所以地区政策是促进团结一致的政策,是寻求增强经济、社会、地区凝聚力的政策。故地区政策又被称为凝聚力政策。

根据里斯本战略制定的《2007—2013年七年规划》,欧盟确定今后地区政策的重点为以下三个领域:一是继续通过结构基金和凝聚基金援助落后地区,特别是新成员国,该计划所需资金占基金总数的82%,受益人口占35%;二是提高地区竞争力和创造就业岗位,包括支持德国、法国、英国等国的相对富裕地区提高竞争力,该计划所需资金占基金总数的16%;三是加大对跨国界、跨地区的地区合作(如在成员国边境周围地区进行跨境区域合作,在莱茵河、多瑙河等国际河流实行流域合作等)的支持力度,所需资金占基金总数的2%。上述计划是对地区政策新的重大调整。

第三节 地区政策的目标

一、地区政策的主要目标

欧共体/欧盟地区政策的目标主要是促进欧共体/欧盟内部相对落后国家和地区的发展。除相对落后国家和地区外,地区政策关注的对象还包括工业衰退地区、失业严重地区、农业和渔业结构调整地区以及人口稀少地区。最初,人均 GDP 低于欧共体/欧盟平均水平 75% 的地区,被确定为需要结构基金援助的落后地区;人均 GDP 低于欧共体/欧盟平均水平 90% 的成员国才能得到凝聚基金的支持。在达成目标并延续一段时间(规定为两年)后,即取消基金援助。通过实施地区政策,欧共体/欧盟将 1/3 以上的预算用于支持人口约占欧共体/欧盟 1/4 的相对落后国家和地区。

地区政策主要目标分为第一阶段目标和第二阶段目标。

第一阶段目标。根据结构基金 2000—2006 年规划,为提高地区政策效率,第一阶段地区政策目标如下:

(1) 促进落后地区的经济社会发展和结构调整,能够得到该基金援助的标准是人均 GDP 低于欧盟平均水平的 75%。该基金主要用于基础设施建设、投资环境改善。目标是覆盖欧盟 22% 的人口,支出约占 70%。

(2) 主要针对面临经济转型和结构调整困难的地区,同时还包括一些需要促进经济多样化发展的地区。该目标包括欧盟约 18% 的人口,支出约占 11.5%。

(3) 人力资源的开发。具体内容包括:① 促进实施积极的劳动力市场政策,以解决失业问题;② 改进劳动力市场进入条件,特别是针对边缘化群体进入劳动力市场难的问题;③ 开展终身教育和培训项目,增加就业机会;④ 提前采取措施,以适应经济社会调整;⑤ 创造男女平等的就业机会。支出约占 18.5%。

第二阶段目标。根据调整过的新结构基金规划(2007—2013),第二阶段地区政策目标如下:

(1) 缩小地区差距。加强基础设施建设,改善投资环境,为经济增长创造条件。新的目标与上一规划期间的目标在地区标准方面相同,即人均 GDP 低于欧盟平均水平 75% 的地区可以得到该基金的支持。这一目标覆盖 1.5 亿人口,支出占 81.5%。

(2) 提升地区竞争力和创造就业。新的目标一方面鼓励创新和发展知识经济,培育企业家精神,改善环境,吸引投资;另一方面进行人力资源投资,提高劳动力水平,创造就业岗位。这一目标覆盖 3.1 亿人口,支出占 16%。

(3) 加强欧盟地区协作。这一目标主要针对跨境地区,在跨境地区的地方政府建议基础上,鼓励跨国跨境地区的合作和信息交流,以促进地区整合发展。欧盟居住在跨境地区的人口达 1.8 亿,占总人口的 37.5%,支出占 2.5%。

二、实施地区政策的主要手段

欧共体/欧盟地区政策的建立是基于以下认识:地区发展不平衡的根源在于结构失衡。为此,欧共体/欧盟通过设立基金援助的方式来促进结构调整,推动发展,最终达到缩小地区差距的目的。基金是其实施地区政策的重要工具。地区政策强调基金的使用不是长期援助而是创造自主的、可持续发展的条件。因此,基金的使用主要是针对结构性问题和薄弱环节的,其重点是对基础设施、生态环境建设、教育、培训等提供资金援助。欧共体/欧盟把受援国政府和地区政府的有效管理作为接受援助的前提条件,以促进政府管理机制的改进和管理能力的提高。同时,它还注重发挥基金的杠杆作用和引导作用,以带动私人资本投入相关领域。

除财政预算资助的基金外,为配合基金资助项目的实施,欧共体/欧盟还利用贷款工具,即通过欧洲投资银行提供政策性贷款以支持相对落后国家和地区的发展。这种针对落后国家和地区的贷款项目在欧洲投资银行各项贷款中占有重要地位。为了信贷安全,欧洲投资银行从不对一个项目进行全额贷款,一般只提供项目投资金额的30%—40%。项目的其他资金来自结构基金和其他方面。

三、实施地区政策的主体

欧共体/欧盟地区政策的实施主体是成员国及地区政府。在地区政策实施过程中,成员国及地区政府与欧共体执委会/欧盟委员会之间的关系是合作伙伴关系,而非上下级关系。欧共体执委会/欧盟委员会只对成员国政府及地区政府的计划提供指导、咨询和建议,而成员国政府及地区政府在与欧共体执委会/欧盟委员会充分协商后可以独立制订具体的发展计划及资金使用方案。在地区政策统一的目标和相关指标的指导下,分期目标和实现目标的对策、措施等,都由成员国及地区政府自己选择并组织实施。欧共体/欧盟的这种做法既能确保其总体目标的实现,又能发挥成员国政府及地区政府的积极性和创造性。

此外,在欧共体/欧盟地区政策的制定与实施过程中,欧共体/欧盟强调公众参与,并特别注重发挥欧共体/欧盟地区委员会和经社委员会的作用。

欧共体/欧盟地区政策的决策机构为部长理事会/欧盟理事会和欧洲议会,执行机构则为欧共体执委会/欧盟委员会(具体为其地区政策总司)。欧共体地区委员会/欧盟地区委员会是欧共体/欧盟制定和实施地区政策的重要咨询机构,是独立于欧共体执委会/欧盟委员会之外的机构。该委员会由来自成员国所有地区的代表组成,其主要职能是向欧共体执委会/欧盟委员会或部长理事会/欧盟理事会提供咨询建议,并在一些事关区域利益的问题上提出意见,使欧共体/欧盟的决策机构能够理解和吸取地方代表在地区政策发展上的看法、要求及建议。因此,欧共体地区委员会/欧盟地区委员会在欧共体/欧盟地区政策的制定与实施过程中发挥了重要的地方作用。

第四节 基金管理机制与相应的制度安排

欧共体/欧盟通过设立基金援助的方式来促进结构调整,推动经济发展,最终达到缩小地区差距的目的。显而易见,基金是其实施地区政策的重要工具。在实施过程中,欧共体/欧盟形成了一整套完善的管理体系,并使之成为其实施宏观调控政策的重要工具。

一、基本援助

欧共体/欧盟在实施基本援助时主要贯彻以下几个原则:

集中原则,即将基金集中用于支持最需要资金的地区,以确保资金的使用效率。

伙伴原则,即加强欧共体/欧盟同受援国及其地方机构在地区行动中的协调与合作,使地区政策最大限度地满足不同地区的实际需要。在地区政策的执行过程中,欧共体执委会/欧盟委员会与受援国或地区政府之间是合作伙伴关系而非上下级关系,欧共体执委会/欧盟委员会只对地区政府的计划提供原则指导、咨询和建议,而地区政府在与欧共体执委会/欧盟委员会充分协商的情况下可以独立制订具体的发展计划及资金使用方案。

计划原则,即受援国家和地区必须全盘考虑经济社会发展,并制定地区发展战略和中期行动计划,以发挥基金的带动作用,同时也使得基金支持保持稳定并具有可预见性,以防止盲目开支。

附加原则,即结构基金并不是对受援国的一种补贴,更不是替代受援国在地区发展中的公共职能,受援国必须为欧共体/欧盟资助的地区项目提供相应的配套资金。

辅助原则,即欧共体/欧盟只在最需要其发挥作用的层面上开展地区行动,欧共体/欧盟的财政援助只能作为落后地区发展的辅助性财政手段,地区行政部门必须保证一定数量的财政支出用于发展项目,而不能完全依赖欧共体/欧盟的财政援助。

效率原则,即欧共体/欧盟通过对地区发展项目进行评估、跟踪和控制,以保证结构基金的使用效率并达成预期目标。

二、申办程序

第一,欧共体/欧盟各成员国和地区在各自的区域发展规划基础上,提出申请欧共体/欧盟基金援助的项目规划;第二,欧共体执委会/欧盟委员会按照基金援助标准,确定受援国家和地区,并根据这些国家和地区提出的援助项目确定援助经费;第三,按照欧共体/欧盟总体目标要求以及成员国和各地区提出的具体发展指标与优先援助项目规划,对欧共体/欧盟援助项目的实施过程进行日常管理和监督;第四,定期(一般为一年)对援助项目规划进行全面评估,以便调整援助资金的投放力度和进度。

三、严格评估

基金项目的评估包括前期、中期和后期。前期评估主要是对项目的经济社会环境,尤其是环境状况、机会平等进行评估,以及对拟采取的相关实施和监督措施进行分析。最初前期评估由欧共体执委会/欧盟委员会负责,之后就交给各受援国政府负责。

中期评估由各受援国负责,主要是评估项目在当前经济社会状况下是否还有意义,对初期资助的效果进行评价并了解项目的进展情况。

后期评估由欧共体执委会/欧盟委员会和各受援国共同负责,主要是检查资金的使用情况以及资助的效果、效率和影响,并对政策和经济社会发展整体做出结论。后期评估也是欧共体执委会/欧盟委员会定期发布地区政策报告的基础。

欧共体/欧盟对评估结果有明确的激励和约束措施。自2000年起,对所有受援国接受的援助都要抽取4%的保留金,用于追加对成功项目的投资,以资鼓励。

四、管理机构和监督机构

受援国和地区政府负责组建发展项目的管理机构,其职责是,制订具体项目发展计划并保证其与欧共体执委会/欧盟委员会的指导原则保持一致,收集项目有关的统计数据和技术资料并制定年度实施报告,进行项目的前期与中期评估。

受援国和地区政府负责建立项目监督机构,其主要职责是对项目管理机构草拟的项目计划进行审查,审批项目年度实施报告,监督前期与中期评估过程,以保证评估的公正性和有效性。

项目管理委员会与欧共体执委会/欧盟委员会通过年度会晤机制交换信息与意见。对现有项目计划的任何调整与改动都要及时知会欧共体执委会/欧盟委员会。同时,欧共体执委会/欧盟委员会也派人以观察员身份参与项目监督委员会的工作,并派专家组对项目进行独立监督,以防资金被挪用或浪费。一旦发现违规行为,立即停止拨款,并追究责任。受援国和地区政府须接受欧共体执委会/欧盟委员会的宏观监督与管理。

第五节 地区政策取得的成绩及存在的问题

一、地区政策取得的成绩

(一)缩小了欧共体/欧盟内地区经济发展差距

通过实施地区政策,欧共体/欧盟在缩小内部地区收入差距、促进相对落后国家和地区就业、经济增长方面均取得了很大成绩。希腊、爱尔兰、西班牙、葡萄牙、芬兰等经济相对落后的国家从欧共体/欧盟各项地区政策中获得了巨大收益。例如,1989年以来,西班牙每年从欧共体/欧盟地区政策获取的资助额一直超过其GDP的1%,而在葡萄牙,这一比例甚至超过3%。1988—2001年,在受援国家和地区,人均GDP从欧共体/欧盟15国平均水平的63%增长到了70%。1994年以来,希腊、葡萄牙和西班牙的人均GDP增长率要比欧盟平均水平高出至少1个百分点。爱尔兰人均GDP在1983年只有欧共体平均水平的64%,而到1995年就接近欧盟平均水平的90%,2003年则达到133%。爱尔兰和芬兰在欧共体/欧盟地区政策的大力支持下,已成为欧盟内部较为发达的国家。

欧共体/欧盟地区政策的突出成效是显著地缩小了欧共体/欧盟内部穷国与富国之间的差距,有力地促进了爱尔兰、西班牙、葡萄牙和希腊四个经济发展相对落后国家的经济发展。其中爱尔兰的经济成就尤为引人注目,年均经济增长率在5%以上。爱尔兰经济发展水平之所以能迅速赶上欧盟的发达国家,欧共体/欧盟地区政策对改善其投资环境的作用功不可没。

在欧共体/欧盟地区政策的支持下,位于西南欧洲的西班牙、葡萄牙等国20世纪80年代后期经济出现快速发展,形成了所谓"崛起的阳光地带"。1986—1988年,葡萄牙的GDP分别增长4.3%、4.7%、4%,国际收支出现了顺差,通货膨胀率连年降低。1987—1989年西班牙经济增长率分别为5.6%、5%和5.1%,通货膨胀率从1982年的14%降到1988年的3.5%,这种发展速度在西欧经济80年代的低速增长中是少有的。上述发展使欧共体内部国别之间的差异有了明显的缩小。

此外,欧共体/欧盟内部衰落的工业地区、农业地区、渔业地区、边缘地区等一些问题地区的结构失衡问题、失业问题、教育不足问题等也由于地区政策的实施而得到了一定程度的缓解。可以说,经济与货币联盟的如期启动、新成员国的顺利加入都与地区政策的成功实施有着直接的联系。

除了通过基金援助的方式来促进结构调整,推动发展,最终达到缩小地区差距的目的,欧洲统一大市场建设、引进外资、公众参与以及教育培训等多种因素,均在促进受援国和地区的发展中发挥了重要的作用。这一点可以从爱尔兰的例子中得到印证,1993—1999年,爱尔兰GDP年均增速高达7.5%,其中外资对GDP的高速增长(主要是通过减税吸引外资)贡献最大,而欧盟基金援助对其的贡献为1个百分点。

(二)新入盟国家经济发展迅速

在地区政策的支持下,中东欧新入盟国家经济发展迅速。欧盟委员会数据显示,2017年,罗马尼亚GDP增速约为6.4%,是所有成员国中增长最快的。波兰、捷克和匈牙利的增速也超过了西欧主要国家。在12个GDP增速预计达到或超过3%的国家中,有9个属原社会主义阵营。这些国家近些年出现了大量新的高速公路、现代化建筑和外国投资。与此同时,这些国家的国内需求和消费者信心都在上升。在匈牙利,出现了劳动力供需矛盾,一边是对人员的需求增加,另一边是大量工人流失到西欧,结果导致一些公司招不到人,甚至出现了公寓粉刷也需要等半年的现象。波兰作为中东欧地区最大的经济体,为避免劳工短缺,现在主要从乌克兰进口劳工。

匈牙利属于中等发达国家,2012年人均GDP为1.3万美元,在欧盟成员国中名列倒数第四位。根据欧盟统计局2014年1月公布的数据,2004—2012年,欧盟向匈牙利提供的资金共约250.7亿欧元。匈牙利外交部称,自2004年入盟以来,匈牙利用于国家发展的资金97%都来自欧盟,结构基金至少为匈牙利的GDP贡献了10%。

2014—2020年,欧盟向匈牙利提供了343.1亿欧元的结构基金。根据匈牙利2014—2020年欧盟结构基金使用计划,上述资金的60%将直接用于促进经济发展,并通过国家制订的三大计划——经济发展与创新计划、地区与农村发展计划、匈牙利振兴中部计划分别来付诸实施。基金重点使用的五大方向是创造就业、协调地区发展、支持中小企业发展、基础设施建设(尤其是铁路建设)、创新研发。资金主要用于匈牙利中、东部欠发达地区。

欧盟地区政策有力地支持了新入盟国家的经济发展。2014—2017年间,波兰国家公共投资一半来源于欧盟,罗马尼亚超过60%的公共投资都来源于欧盟。而这些国家对欧盟的贡献却远低于其得到的。例如,每个匈牙利人平均每天支付给欧盟0.31欧元,但却从欧盟的结构基金中得到0.99欧元。罗马尼亚和保加利亚两国入盟后也从欧盟获得了许多资金的支持,两国经济也得到了进一步的发展。

在欧盟第七次扩大中成功加入而成为欧盟第28个成员国的克罗地亚在经济上受益颇多。对克罗地亚而言,加入欧盟与否,在获得欧盟经济支持方面大不一样。从2013年7月1日开始的6个月里,克罗地亚获得6.55亿欧元的结构基金,相比之下,克罗地亚为欧盟的预算贡献约为2.12亿欧元,也就是说,克罗地亚为欧盟预算每贡献1欧元,就能通过欧盟结构基金得到3欧元的回报。这笔钱用于投资克罗地亚的基础设施,推动了克罗地亚的经济增长。

(三)基金的使用卓有成效

根据欧盟2007—2013年财政周期数据:欧盟通过实施地区政策使其最不发达地区

的人均GDP由2007年欧盟平均水平的60.5%提高到2010年的62.7%。2007—2012年,结构基金为受援国创造了59.4万个工作岗位,19.8万家中小企业、7.78万家刚起步的企业受到直接资助。6.1万个科研项目、2.2万个联合研究项目得到资助,创造长期研究人员岗位2.1万个。供水系统的现代化改造项目使320万欧盟公民受益,9 423个项目显著改善了城镇的可持续发展和生活便利性。欧盟成员国翻新或重建了1 208公里公路、1 495公里铁路,提高了欧盟内交通网络的效率。

二、地区政策存在的问题

欧共体/欧盟地区政策虽然取得了很大的成绩,但是仍然存在一些较为明显的问题,这在一定程度上制约了欧共体/欧盟地区政策的实施效果,致使地区差异问题仍然存在。归纳起来,问题主要有以下几点:

(一)利益之争制约着地区政策的形成效率

各成员国之间的利益之争制约着高效的地区政策的形成。欧共体/欧盟的地区政策在很大程度上是各成员国之间博弈的结果,各成员国之间的利益之争制约了统一、高效的地区政策的形成。由于各成员国之间力量的不均等,欧共体/欧盟各项地区政策资金中的相当一部分仍然流向英国、法国、德国等经济发达国家。因此,通过地区政策实现各成员国经济水平趋同这一目标,事实上很难实现。

(二)新老成员国之间的矛盾更加突出

新成员的加入使新老成员国之间的矛盾更加突出。随着新成员的加入,欧共体/欧盟内部的地区不平衡问题更为明显。这不仅对欧共体/欧盟地区政策资金的投入力度提出了更高的要求,也带来了资金在新老成员国之间如何分配的问题。

(三)国家趋同与地区趋同之间的矛盾

在受援国与其他国家之间发展差距逐渐缩小的同时,一些受援国国内地区间的差距却在增大。如1994—1996年爱尔兰人均GDP由欧盟平均水平的95%提高到97%,其中首都都柏林地区由122%上升到126%,而其最落后的中部地区仅由66%提高到67%,中西部地区甚至有所下降,由88%降至87%。

(四)平衡与效率之间的矛盾

在国际市场竞争日趋激烈的情况下,如果政策只局限于平衡,就会导致经济较强地区竞争力的削弱,同时增强较弱地区的依赖性。而如果政策只强调提高效率,则又将扩大地区间的差距。

(五)欧盟的扩大引发地区差距扩大

欧盟的扩大引发地区差距的扩大,以及新老成员国的利益之争。欧盟扩大为25国之后,其贫富地区的差距扩大约2倍,即最贫穷的地区与最富裕的地区人均收入的差距由原先的1∶5扩大到1∶10;需要援助的地区由48个增加到67个。因此,如何在保证老成员国的利益不受到损害的同时,又使新成员国能够得到相应水平的援助,就成了欧盟面临的一个突出问题。

此外,由于还存在以下一些问题,地区政策实施的效率受到不同程度的影响:① 由于不少基金援助项目的规模过小,难以对其实施综合战略,从而影响其对地区经济发展的带动作用;② 一些基金援助项目融资不足,导致吸收私人资本投入也不多;③ 基金援助项目的评估指标过细,项目实施的阶段规定过多,财务管理过于烦琐等。

第六章　　欧洲统一大市场

二战后,为了突破美国的控制和苏联的威胁,同时为了恢复和发展经济以应对日益激烈的国际竞争,欧洲逐渐走向经济一体化。欧洲一体化进程始终是在不断深化这一主旋律中向前发展的。从关税同盟到欧洲统一大市场,再到欧元的问世,欧盟实现了其"三级火箭"的发展目标。在欧洲一体化过程中,欧洲统一大市场的形成促进了经济发展,对增加欧盟在国际贸易谈判中的筹码及提升其国际地位均发挥了极其重要的作用。可以说,没有统一大市场,就没有欧盟的今天。

第一节　欧洲统一大市场的历程

一、历史背景

建立统一大市场,实现商品、服务、人员和资本自由流动,是六个创始国创立欧共体的主要目标之一。早在1958年,六个创始国就在其共同签署的《罗马条约》中声明,欧共体将逐步"消除分裂欧洲的各种壁垒"以实现四大自由流通的目标,推动"经济和社会进步",最终建立起一个欧洲共同市场。建立统一大市场的政治、经济、自然和竞争等方面的历史背景如下:

(一)政治因素

二战后,包括战胜国英国和法国在内的任何一个国家,都不可能依靠本国的力量恢复昔日的政治、经济和国际地位。它们只有通过联合各国的力量,在欧洲实现历史变革,才能找到出路,实现复兴和繁荣。

美国为实现控制欧洲、称霸世界的野心,实施了一系列客观上有利于欧洲一体化的政策,如在政治上允许联邦德国加入北约,这在大西洋内部解决了重新武装德国的问题,缓解了法国对重新武装德国的恐惧感,使法国和德国之间的关系能够缓和下来,在客观上加速了欧洲的联合,有利于欧洲一体化。

美国企图控制欧洲的目的反过来又强化了欧洲各国用联合的力量来反对美国控制的决心。与此同时,西欧国家深感苏联的威胁,它们认识到单靠一国的力量根本无法与美国和苏联相抗衡。因此,只有加强各国之间的联合,才能维护它们在欧洲乃至世界上的地位。

冷战结束后,国际局势出现了东西方之间的缓和,以美国为首的北约和以苏联为首的华约相继采取了实际的裁军措施,缓和了东西方之间剑拔弩张的气氛。1989年东欧剧变后,以柏林墙倒塌为标志的德国统一也为统一大市场的建设提供了有利的政治环境。

(二)经济因素

二战后,美国为实现控制欧洲、称霸世界的野心,推行马歇尔计划,为欧洲的战后恢复提供经济援助。马歇尔计划要求西欧各国联合起来向美国提出一个总的援助计划,这在客观上有利于欧洲一体化的政策。英国、法国等18个欧洲国家在美国的敦促下,根据1948年4月16日通过的《欧洲经济合作公约》成立了OEEC,其主要目的是确保各成员国更好地实施马歇尔计划,协调欧洲各国的经济政策,促进欧洲的经济合作,以努力实现成员国之间的自由贸易。

虽然西欧联合的初衷是出于政治原因,但在实施过程中真正推动欧洲一体化进程逐步发展的却是经济因素。二战后,西欧国家的生产力得到恢复,经济合作范围更加广泛,生产和资本的国际化大大加强,出现了许多大型的跨国公司,这就使欧洲国家之间的经济联系变得更加紧密。进入20世纪50—60年代,西欧经济迅猛发展,这使得要求联合的呼声更加强烈。为更好地处理国与国之间的经济关系,需要有一个超出一国范围的国际机构来进行协调。战后国家垄断资本主义的高度发展为在国际范围内进行协调提供了基础。各国为协调经济,普遍加强了国家对经济的干预,国家干预经济的机制由此日趋完善,这为国际协调准备了条件。

西欧国家在经历了50年代和60年代经济高速增长的繁荣时期后,在70年代和80年代前半期连续两次遭受严重石油危机的沉重打击,经济受到重挫,因此,经济亟须得到振兴。一个统一的大市场能够抵制美国产品的竞争、促进成员国内部贸易的发展,进而推动欧洲经济一体化的进程。

(三) 自然因素

二战后,发展迅速的生产专业化和国际分工使经济生活日趋国际化。西欧国家的特点是国内市场小,资源有限。因此,西欧各国有必要拆除阻碍贸易发展的国际壁垒,以便利用国际生产要素和扩大了的国外市场来保证与促进社会化大生产的顺利进行。西欧国家之间历来就有较多的经济联系,民族国家的建立和工业革命的推进促进了西欧经济区域化的发展。

(四) 竞争因素

实力雄厚的美国公司和日本公司不断进军西欧市场。与此同时,正在崛起的亚洲和拉美地区的新兴工业化国家的公司也在窥视西欧市场,试图全面展开与西欧国家的竞争。而西欧的经济、科技实力和市场竞争力每况愈下,大大落后于美国和日本。面对严峻的经济形势,欧共体国家都在寻找落后的原因并谋求摆脱困境的出路。显而易见,欧共体国家在这样的环境之下单枪匹马是无法与美国和日本匹敌的,只有建立起统一大市场、走联合自强之路,才能在竞争中立于不败之地。

二、建设历程

建立一个内部没有边界,资本、商品、人员和服务均可自由流通的欧洲统一大市场是欧共体的发起者和倡导者们的奋斗目标。事实上,统一大市场的建设一直都是欧共体成立以后最主要的工作内容之一,也是迄今为止欧洲一体化进程中立法最完善、最具实质性的成果。

统一大市场的建设是一个循序渐进的过程,是成员国经济政策趋同直至统一的过程,其整个过程可分为以下四个阶段:第一阶段是欧洲经济共同体正式成立后的 10 年(1958—1968)间的大市场建设;第二阶段是伴随 20 世纪 70 年代世界经济危机的大市场建设;第三阶段是 20 世纪 80 年代德洛尔计划出台后的大市场建设;第四阶段是 20 世纪 90 年代的大市场建设。

(一)欧洲经济共同体正式成立后的 10 年(1958—1968)间的大市场建设

1957 年签订的《罗马条约》有两个主要目标,其中之一就是建立关税同盟,目的是使成员国间相互开放市场,取消关税壁垒和贸易限制,统一对外税率和其他贸易规则,促进商品、服务、资本和人员的自由流通,实现资源的最佳配置,最终提高各国的经济福利。因此,关税同盟是共同市场形成的必要前提,也是欧共体/欧盟得以存在和发展的基础,并被普遍看成是欧洲经济一体化的必由之路。欧洲经济共同体正式成立后的 10 年,也就是 1958—1968 年这 10 年间,大市场建设的主要任务是逐步去除各成员国之间的关税壁垒和统一各成员国对外的关税税率。

1. 关税同盟的内容

根据《罗马条约》的规定,关税同盟计划用 12 年的时间即从 1958 年 1 月 1 日开始实施,至 1970 年 1 月 1 日正式建成,其间分为三个阶段,每个阶段为期四年(1959—1962 年为第一阶段,1963—1966 年为第二阶段,1967—1970 年为第三阶段)。在第一和第二阶段,成员国各自分别降低 30%的关税,第三阶段取消剩余的 40%的关税。此外,从 1958 年 1 月 1 日起,六国应在五年内逐步放宽相互间的贸易限额,每年放宽 20%,五年后全部取消成员国之间的进出口贸易限额,制定统一的对外贸易政策,如进口数量限制、卫生防疫标准等。

2. 关税同盟的实施

在制定共同关税时,欧洲经济共同体针对各成员国经济状况和利益的差别,秉承兼顾各国利益的原则,以六国原有对外关税税率的平均数作为共同关税税率,并在 12 年过渡期内逐步拉平对非成员国的关税税率,统一对外关税。对从关税同盟外进口的商品,欧洲经济共同体根据商品的种类和商品出口国家的不同,征收共同的差别关税,如特惠税率、协定国税率、最惠国税率、普通优惠税率、普通税率等。具体而言,对来自非加太地区(属于共同体联系国)的发展中国家的商品一般适用特惠税率;对来自自由贸易联盟的地中海沿岸国家的商品适用协定税率。建立关税同盟后,欧共体/欧盟在参与关税与贸易总协定/WTO 等国际贸易组织时,其成员国不再是"各自为政",而是由欧共体执委会/欧盟委员会代表整个欧共体/欧盟进行谈判和签署协定。

1959 年 1 月 1 日,欧洲经济共同体内部关税削减了 10%,当年内部贸易额就比 1958 年增长了 20%。1961 年 1 月 1 日,内部关税再次削减 30%,削减幅度比原计划高出 10 个百分点,而到 1966 年第二阶段结束时,内部关税削减幅度已达 80%。后经六国共同努力,最后剩下的 20%也在 1968 年 7 月 1 日被全部取消,也就是说,欧共体在这一天就完成了《罗马条约》赋予的取消成员国之间的关税和对外实行统一关税税率的任务,比原计划提前一年半建成了关税同盟。同年 8 月正式建立了农产品共同市场,设立了欧共体农业基金,统一了农产品价格,并实行共同的农业政策。至此,全面的关税同盟开始生效,欧共体统一内部市场的第一目标已经实现。

虽然欧共体成员国之间取消了所有关税并建立了统一的共同海关税则,但在很长一段时间内成员国之间的海关手续和许多无形的壁垒仍阻碍着商品的自由流通。由于成员国之间的经济发达程度不同,提前削减共同市场内的关税必然会导致一些国家的利益受到某种损失,尤其是在其他相关政策尚不完善的时候。意大利、比利时和法国为了保护其无力与其他成员国竞争的工业部门,就对相应的进口商品征收了国内附加税,以这种间接的办法来限制进口。而联邦德国虽然遵循了欧共体制定的免税进口商品表,但却提出了对部分属于免税进口的重要商品实行国内控制的要求,以此作为对实行共同对外关税率所受损失的补偿。上述成员国各自为政的做法使统一市场建设的实际进展受到了一定的影响。

然而统计显示,建设欧洲统一大市场带给成员国的利益要大于损失。就在过渡期第一阶段(1959—1962)的几年里,共同市场各国间的贸易就增加了将近一倍。共同市场内部的工业生产年均增长率高达 7.6%,远远高于同期欧洲自由贸易联盟国家的增长速度(当时以英国为首的欧洲自由贸易联盟 7 国的增长率仅为 4%)。建设大市场的好处和逐渐扩大的共同利益,使越来越多的人看到一个统一的大市场对欧洲经济发展的重要性。

(二)伴随 20 世纪 70 年代世界经济危机的大市场建设

关税同盟的建立意味着欧洲统一大市场的第一目标已经实现。为了提高欧洲在世界货币体系中的地位,把欧洲变成一个真正的统一市场,同时也是为了摆脱美元危机的冲击,维持成员国间币值汇率的稳定,避免汇率变动给欧共体共同农业政策带来调整的难题,1969 年 12 月,欧共体海牙首脑会议正式决定建立欧洲经济与货币联盟。会议还决定设立一个由卢森堡首相皮埃尔·维尔纳(Pierre Werner)担任主席的委员会,由该委员会负责起草建立欧洲经济与货币联盟的实施计划。

1970 年 10 月,《维尔纳报告》出台,它为实现欧洲经济与货币联盟制定了一个 10 年过渡期方案(1970—1980),分三个阶段实现联盟的目标。但是,维尔纳计划生不逢时,它的实施从一开始就受到 20 世纪 70 年代初期经济衰退的影响。二战后西方经济经过近 20 年的恢复和高速增长之后,60 年代末期已经显露疲态。1973 年爆发的石油危机终于使西方经济陷入了自 1930 年以来最为严重的衰退时期。包括欧共体国家在内的西方工业国经济增长率普遍下降,失业率上升。1969—1971 年,欧共体国家的工业生产增长率从 10.9%降至 2.0%。其中,联邦德国由 13.4%降至 1.6%,法国由 12.7%降至 5.3%,意大利由 3.7%降至 -2.7%。经济衰退在 1974—1975 年达到最低谷,欧共体的经济几乎是零增长。

经济衰退导致国际贸易环境恶化,这一时期,欧共体国家与美国和日本的贸易摩擦加剧,贸易保护主义抬头。与此同时,在欧共体内部,陷入严重经济危机的成员国为了自身利益各行其是,纷纷采取贸易保护措施以摆脱经济困境。1974 年 5 月 6 日,意大利政府宣布在为期六个月的时间内,暂停履行统一关税制度的有关规定,单方面征收进口关税,以应对"十分危急"的经济状况。各国的非关税壁垒激增,致使原来的共同市场又被分割开来,严重违背了《罗马条约》所确立的精神和具体条款。据当时统计,欧共体内部的非关税壁垒造成的损失高达 1 300 亿英镑,相当于欧共体 GDP 的 5%。

同时,经济危机削弱了欧共体成员国联合行动的能力。在货币领域,1972 年欧共体各国货币实行"蛇形浮动"时,意大利、英国和爱尔兰并没有参加,法国加入后又退出。在石油危机中,荷兰受到阿拉伯石油国家的制裁,而英国、法国等国则为自身利益与阿拉伯国家发展关系,并单独同产油国进行谈判。成员国的这些做法导致了欧共体在这一时期的发展非常缓慢。

1973年英国加入欧共体后,欧共体执委会给予英国五年的过渡期,以便使其逐步取消它对其他成员国的内部关税并实行共同市场统一的对外关税税率。英国如期完成了取消内部关税和对外实行统一关税税率的任务。但是,英国的加入打破了欧共体内部法国和德国主导的格局,使欧共体政策的协调难度增加。英国是美国在西欧的特殊盟国,它与英联邦国家之间有着特殊的贸易关系,其货币英镑也是国际重要的支付手段之一。这些因素使英国非常担心自己加入欧共体后会失去对主权及国内经济的控制,所以它极不愿意将制定经济政策的国家主权交付给欧共体一级的组织和机构,这加大了欧共体推行经济与货币联盟建设的难度。此时,欧共体在一体化发展中所面临的形势正如德国汉堡的《时代》周刊评论所言,欧共体内部出现的裂痕,如不采取切实可行的弥补措施,"可能导致共同市场的彻底瓦解"。

(三) 20世纪80年代德洛尔计划出台后的大市场建设

80年代初,欧共体的经济增长率落在日本和美国之后,特别是高技术产业与两国存在相当大的差距。陷入困境的欧共体成员国为摆脱衰退各行其是,内部出现了裂痕。面对这一严峻形势,欧共体执委会不断发出警告,要求成员国采取联合行动,共同利用潜在的广阔市场来增强欧共体的经济实力,以便在激烈的国际竞争环境中立于不败之地。

1. 白皮书出台前统一大市场建设仍面临的各种障碍

虽然欧共体在内部市场建设的第一阶段比计划提前完成了关税同盟,成员国之间也取消了所有关税并建立了统一的共同海关税则,但是,在较长时间内成员国之间的海关手续和许多无形的壁垒仍阻碍着商品的自由流通。而内部市场建设的第二阶段又遇上了70年代世界经济危机,包括欧共体成员国在内的西欧国家经济陷入严重的滞胀状态。危机中的欧共体成员国各行其是,为了自身利益,纷纷采取保护措施,增加非关税壁垒,致使原来的共同市场又被分割开来,这些障碍按其性质可分为以下三大类:

第一类是有形障碍,如海关关卡、过境手续、卫生检疫标准等。由于这类障碍的存在,商品过境速度被延缓,人员流动受到阻碍,服务流动变得困难。为了克服这些障碍,就要取消设立在各国边境上的海关,简化商品的过境手续,消除对旅行者的管理和检查等。

第二类是技术障碍,如技术标准、法规等。由于各国的技术标准千差万别,政策、法规各不相同,成员国商品往往只能为一个狭小的市场生产,很难进入其他成员国市场。同时,人员、服务、资本的自由流通也受到影响。因此,需要统一商品标准,协调和统一有关知识产权的规定,相互承认学历和文凭,统一职业培训标准,保障自由选择职业地点和居住地点,协调贸易政策,制定有关银行、保险、证券交易以及交通运输、通信方面的共同政策和措施。

第三类是税收障碍,如税别、税率等。成员国不同的税收规则也构成了阻碍商品、人员、服务和资本自由流通的一大障碍,必须予以消除。

2. 白皮书和《单一欧洲法令》的推出

因此,要实现建设统一大市场的目标,就必须消除上述造成市场割裂的各种障碍。为了推动停滞已久的统一市场建设,欧共体执委会于1985年6月发出关于建立内部统一市场的白皮书,这份报告要求到1992年12月31日前必须完成有关消除欧共体内部边境障碍的立法,并将这些立法付诸实施。同时,部长理事会于1986年2月签署了《单一欧洲法令》,其核心思想是建立欧洲统一市场,消除建设内部统一大市场的各种障碍。

《单一欧洲法令》是对《罗马条约》的一次重要修订,在内容上进一步发展和充实了《罗马条约》,提出了欧共体的首要目标是建立更加扩大和深化的欧共体,建立一个大欧洲范围的、无国界的和世界上规模最大的统一市场。

《单一欧洲法令》对欧洲一体化来说是巨大的推动力,它使欧洲作为一个统一组织在世界政治、经济发展中的竞争力得到加强。正像德洛尔所说的那样:"《单一欧洲法令》首先确立了一个明确的目标:需要通过加强欧共体中的经济与社会聚合及一个无边界的市场,即世界上最大的市场,来为欧洲整合铺平道路,以提高我们经济的竞争力。"

3. 白皮书和《单一欧洲法令》的主要内容及其实施

1985年6月米兰首脑会议提出的白皮书包括300项具体措施(最后定为282项),提出要在欧共体内部建立"无国界"的统一大市场,真正实行人员、商品、资本、服务的自由流通。1985年12月,白皮书得到部长理事会的批准。

为推进白皮书的实施,1986年2月17日和28日分别在卢森堡和海牙举行的首脑会议签署了《单一欧洲法令》,提出了实施白皮书282项措施的具体计划和时间表,并提出最迟在1993年年初正式建立统一大市场。

《单一欧洲法令》还意图从经济发展和机构改革两大方面推动欧共体内部大市场的建设。在经济领域,提出了包括金融自由化、竞争政策、统一税收、就业政策等十分重要的立法建议,并就统一市场内企业及个人的权利等问题做了具体、详细的规定。在机构改革方面,《单一欧洲法令》指出,必须赋予欧共体在建立统一市场时所必不可少的权力,逐渐改革欧共体的设置和决策体系。这方面的措施包括:① 赋予欧洲议会更大的发言权。1987年欧洲议会获得了参与欧共体立法过程的权力,可以更加充分地履行其在监督、咨询、修正法案和审议预算方面的权利。② 建立更合理的决策机制,主要是针对欧共体部长理事会的决策方式和程序进行改革。③ 赋予欧共体执委会更明确、更全面的实施权限,以保证欧共体达成的各项协议和已经制定的诸多共同政策得到充分的实施。此外,《单一欧洲法令》还对《罗马条约》进行了第一次重要修改,以"有效多数"规则取代"一致同意"规则。这一新的决策程序大大提高了部长理事会和欧共体执委会的决策效率,促进了欧洲统一大市场的建设。

20世纪80年代统一大市场的建设比70年代停滞不前的状态明显前进了一大步,一体化进程明显加快。经过各方努力,1993年1月1日,欧洲统一大市场正式建成。经过不断完善,统一大市场的建设取得了如下成果:

(1) 通过一系列有关公共采购和建筑市场的法规,加强了透明度和市场监督,开放了公共市场(尚不包括运输、能源与电信);

(2) 协调了各成员国在直接税、增值税与消费税等方面的法规,减少了各成员国在税收上的差别;

(3) 使资本市场与金融服务自由化；

(4) 在标准化方面,通过各成员国相互承认技术标准与认证,排除了技术标准方面的贸易障碍；

(5) 通过相互承认学历和技术证书,使自然人能够自由去其他成员国从业,在《申根协定》成员国之间通过取消边境检查,使人员可以自由流动；

(6) 通过协调成员国的公司法和有关知识产权(商标与专利)的立法,为企业创造了一个便利工业合作的良好基础。

4. 欧洲统一大市场建设进程加快

20世纪80年代中期以来,特别是自决定在1992年年底建成欧洲统一大市场的白皮书发布以来,统一大市场的建设总体进展比较顺利,并取得了显著成效。欧共体执委会1990年公布的一项调研报告表明,欧共体的经济活力自80年代中期以来有了明显的增强。1980—1985年,欧共体12国的就业增长率为-0.4%,而1985—1990年达到1.4%。1985—1987年,投资增长率和经济增长率得到提高,分别为3.5%和2.5%,1988—1990年,这两项经济指标又有了进一步的提高,分别为6.5%和3.5%。统一大市场的顺利推进亦使欧共体的对外贸易在全世界对外贸易总额中占到40%以上。至此,统一大市场的发展趋势已不可逆转。

随着统一大市场建成日期的临近,欧洲其他国家对欧共体的经济依赖亦在加深。欧洲自由贸易联盟与欧共体这两个经济集团的关系也更加密切。欧洲自由贸易联盟也迫切要求密切与欧共体的合作关系,以防1992年之后被拒于统一大市场之外而不能分享经济一体化所带来的好处。此外,东欧各国、波罗的海三国以及土耳其、塞浦路斯、马耳他等诸多国家也纷纷被统一大市场的潜力所吸引。

(四) 20世纪90年代的大市场建设

进入90年代后,统一大市场建设的重点已经从起草立法文件、建立法规体系转移到监督和保证欧共体各成员国切实而充分地履行欧共体立法义务上。这是因为在《单一欧洲法令》规定的最终日期到来之前,尚有三个问题亟须解决:其一是需要欧共体部长理事会一致通过某些重要的立法,如协调间接税和取消共同市场内部的人员过境检查等立法措施,以保证在截止日期到来之时能取消内部边境海关手续和货物过境检查。其二是加快将欧共体的立法转化为成员国国内法律的进程,因为各国的转化进度参差不齐,到1990年6月底,虽然平均70%的欧共体立法已经转化为成员国的国内法律,但是进度最慢的国家只完成了40%的立法转化。由此可见,如果立法转化工作不能保证基本相同的进度,统一大市场的最后建成会因为个别成员国的拖累而受到影响。其三是欧共体货币政策和社会政策的统一与协调。上述问题对统一大市场能否如期顺利建成至关重要。

此外,欧共体一方面不断加强自身的建设,促使各个领域向一体化方向发展,以加快形成统一的欧洲内部大市场;另一方面还努力扩大欧洲一体化的范围,联合欧洲自由贸易联盟,尽快完成建立欧洲经济区的工作,并以强劲的势头吸引和引导包括东欧在内的欧洲国家进入欧洲一体化的行列。

此外,苏联解体、东欧剧变使欧共体变得更加雄心勃勃。1990年年初,欧共体执委会主席德洛尔提出了建设以欧共体为核心的"三环欧洲"设想,即以欧共体为同心圆的中心,第二环为欧洲自由贸易联盟七国,第三环为东欧国家,其设想是为了进一步推动欧洲一体化进程。时任比利时外交大臣马克·伊斯(Mark Eyskens)建议以欧共体为核心组成"欧洲邦联",他认为,确立了欧共体的核心地位后,不仅欧洲自由贸易联盟各国可以加入这个邦联,东欧国家同样可以加入这个邦联。法国总统弗朗索瓦·密特朗(Françcis Mitterrand)认为,欧共体与东欧的关系是建设欧洲大陆的基础,通过在东欧的进取,欧共体可以成为一个无可争议的"世界性大国"。他还强调欧共体现在是、将来仍然是"具有吸引力的一极"。欧共体之所以显现出前所未有的魄力和决心,除了全球格局变化的宏观因素,统一大市场的建设取得不可逆转的决定性进展是最强的内在支撑力。

第二节 欧洲统一大市场的影响

1993年1月1日,欧洲统一大市场宣布基本建成,并正式开始运转。统一大市场对欧盟的发展功不可没,它对欧洲一体化的发展、增加欧盟在国际贸易谈判中的筹码及提升其国际地位均发挥了极其重要的作用。可以说,没有统一大市场,就没有欧盟的今天。统一大市场对欧共体/欧盟的主要影响如下:

一、提升了欧共体/欧盟的国际影响

欧洲统一大市场的建成提升了欧盟的国际影响。进入20世纪90年代后,欧共体总部所在地比利时首都布鲁塞尔成了世界上最繁忙的都市之一。来自欧共体/欧盟各成员国的12 000余名工作人员在这里为协调各国的关系而忙碌;美国、日本等的一些跨国公司纷纷在这里设立常驻机构,收集市场信息和统一市场建设的进展情况;新闻界更是不甘落后。1990年6月,欧共体负责新闻报道的官员十分自豪地宣布:常驻布鲁塞尔的新闻记者两年来成倍增加,达到400人以上,在世界各大都市中仅次于华盛顿。布鲁塞尔的热闹景象从一个侧面反映出欧洲统一大市场建设对欧洲和世界所具有的影响力。

二、扩大了成员国经济发展的空间

大市场的建立有助于成员国的经济发展和扩大各成员国的经济活动空间。西欧国家地域毗连,在文化传统价值观等方面有许多共性,在经济发展方面也有许多相似性和互补性。但是,囿于地域狭小,经济活动空间有限。20世纪五六十年代以来,西欧各国传统的殖民领地纷纷独立,致使市场范围的收缩与现代生产对广阔市场的需求之间的矛盾日益突出。欧洲统一大市场的建设打破了欧共体内部国界,为成员国的经济发展开创了更为广阔的市场空间,而内部开放的市场能为成员国提供更多的发展机会。尤其是消除壁垒后的大市场可促进成员国相互间的贸易进一步发展,从而带动成员国的经济发展。

三、带来了新的机会

欧洲统一大市场的建立给欧洲带来了新的机会,来自欧共体/欧盟内外的投资迅速增加。在所有投入欧共体/欧盟的资金中,日本的投资居多,许多日本企业将投资目标从美国转移到欧洲。此外,许多跨国公司认为大市场会带来更多的利益,因而改变投资方向、转移资金,在欧洲建立桥头堡。外国企业也大量并购或完全接管欧洲公司,导致境内

的投资快速上升。统一大市场的建成及投资的增长推动了就业和经济增长。统一大市场利用其规模大大促进了欧共体/欧盟成员国的经济发展,使欧共体/欧盟作为一个整体在经济上取得了显著成就,提高了欧共体/欧盟在全球的经济地位。

四、促进欧洲一体化深入发展

欧洲统一大市场促进了欧洲一体化的深入发展。建设统一大市场不仅要求成员国在经济政策上趋于一致,而且要求成员国将部分国家主权让渡到欧共体/欧盟一级的机构,从而使欧共体/欧盟超国家实体得到发展。在欧共体/欧盟的发展过程中,从最初只涉及个别部门的煤钢共同体到20世纪50年代后期包括整个经济领域的欧洲经济共同体,再到目前包括经济领域和政治领域的联盟,国家职能与权力的转移或让渡已超过世界上任何一个一体化组织。因此,欧洲统一大市场的形成有利于加快世界多极化发展;有利于增强欧洲的整体实力,增加欧洲与美国和日本竞争的筹码;有利于推动世界和平。

第三节 欧洲统一大市场存在的问题

欧洲统一大市场的形成促进了欧洲经济的发展,对世界经济产生了深远的影响。但同时,它也存在一些不容忽视的问题。例如,各国为了自身的利益,在相互关系中既有合作又有对抗,并且成员国间的这种利益冲突还时常存在。

一、成员国难以摆脱国家利益至上的倾向

成员国难以摆脱国家利益至上的倾向,有时共同市场并不共同,这是统一大市场存在的问题。在大市场条件下,民族观念不会被人们完全遗忘,正如有人所强调的,不管欧共体/欧盟怎么发展,各个国家还是各个国家。

1993年欧盟各国的财政赤字达到有史以来的最高点,1995年货币危机的爆发更使许多成员国的货币动荡不安,导致成员国彼此的猜疑增大,协同性减弱,于是各国又开始利用非贸易壁垒来保护本国的经济,免遭他国商品的打击。补贴成为各国政府用来支持本国企业加强对外竞争的重要手段,而依据欧盟委员会第92号决议,成员国不得轻易补贴。然而,90年代初经济形势的剧变加剧了成员国政府在补贴问题上与欧盟委员会的冲突。人们发现大搞补贴的不是成员国中的穷国,而是德国和法国这两个富国。欧盟成员国国家利益至上阻碍了欧洲一体化进程,欧盟建立统一大市场的目标不仅远远没有完成,还面临着巨大的挑战。消除各国之间的壁垒仍然是一项十分繁重的任务,特别是经济发达的成员国与相对落后的新成员国实现经济融合绝非易事。

二、主权债务危机阻碍了统一大市场建设

2011年4月,欧盟委员会内部市场总司出台《统一市场法令》(Single Market Act),内容涵盖12个行业领域。同年10月,欧盟首脑峰会承诺,同年年底要推动相关措施取得明显成效,包括:帮助中小企业更方便地获得资金支持;加强各成员国间的职业证书互认,促进技术劳工流动;尽早建成欧盟统一数字化市场;等等。欧盟高层希望借此来促进经济增长,尽快摆脱欧洲债务危机的影响,走上持续复苏轨道。

而深陷危机之中的欧盟无暇顾及统一市场的建设。欧盟领导人承诺的目标不仅难以实现,还面临统一大市场建设进程可能出现倒退的风险。例如,在金融领域,2008年国际金融危机爆发时,为使银行系统免受冲击,欧盟不少成员国动用公共财政,对本国银行业进行大量注资,造成了欧盟金融市场严重的人为分割局面,阻碍了欧洲统一大市场的建设进程。而欧盟委员会由于担心银行倒闭会带来更坏的后果,不得已两次放宽有关"国家援助"的规定,任由成员国对本国金融行业提供支持。无独有偶,旨在实现欧盟服务市场一体化的《欧盟服务指令》,虽然好不容易通过成员国审批,却因危机使实施前景蒙上了阴影。

三、欧盟领导层缺乏政治共识

欧共体在1992年初步建成欧洲统一大市场时有着非常牢固的政治基础。时任欧共体执委会主席雅克·德洛尔成功化解了各成员国的分歧,融入了英国首相玛格丽特·撒切尔(Margaret Thatcher)关于自由贸易的要求,德国总理赫尔穆特·科尔(Helmut Kohl)关于市场开放的设想,法国总统密特朗关于欧洲团结的理念,以及意大利、比利时、荷兰和卢森堡关于加深一体化的建议,最终形成了强有力的政治共识,为统一大市场建设提供了不可或缺的政治动力。之后,欧洲一体化发展前景堪忧。主要原因是欧盟领导层缺乏政治共识,在诸如救助欧洲等具体问题上难以达成共识。由此可见,推动统一大市场的建设从一开始就绝非易事。

第七章　　欧洲货币一体化

第一节　欧洲货币一体化概述

一、最适度通货区理论简介

根据最适度通货区理论,货币一体化包括区域货币合作、区域货币同盟和通货区三种不同的含义。区域货币合作是指有关国家在货币问题上实行的协商、协调乃至共同行动,它在合作形式、时间和内容等方面都有较大的选择余地;区域货币同盟是区域货币合作形式的深入发展,指通过法律文件(共同遵守的国际协议)就货币金融某些重大问题进行的合作;通货区是货币一体化的高级表现形式,成员国货币之间的名义比价相对固定,具有一种占主导地位的货币作为各国货币汇率的共同基础,主导货币与成员国货币相互间可充分地自由兑换,存在一个协调和管理机构,成员国的货币政策主权受到削弱。

最适度通货区理论是国际政策协调理论的一个重要组成部分,其研究重心是加入通货区的标准及加入通货区的利弊分析。判断最适度通货区的单一指标多种多样,主要包括罗伯特·蒙代尔(Robert Mundell)提出的要素流动性,罗纳德·麦金农(Ronald Mckinnon)提出的经济开放性,彼得·凯南(Peter Kenen)提出的低程度产品多样化,詹姆斯·伊格拉姆(James Ingram)提出的国际金融一体化程度,爱德华·托尔(Edward Tower)和托马斯·威莱特(Thomas Willett)提出的政策一体化程度以及戈特弗里德·冯·哈伯勒(Gottfried von Haberler)和马库斯·弗莱明(Marcus Fleming)提出的通货膨胀相似性,等等。

最适度通货区理论的单一指标从不同侧面反映了加入通货区的利弊,但单独强调其中任何一个标准难免失之偏颇,只有综合考量,才能对区域性货币一体化做出较为完满的解释和说明,即利用成本收益分析方法,当一国加入通货区的收益大于成本时,一国才会选择加入最适度通货区。

欧洲货币一体化的过程是迄今为止最令人瞩目的通货区演变过程。通过欧洲货币一体化在欧共体/欧盟成员国间建立起一个"货币稳定区域",使成员国得以免受区域外金融不稳定的影响,区域内的固定汇率安排和单一货币方便了成员国间的经济交往和合作。欧洲货币一体化的过程是由低层次向高层次演进的过程。由于跛行货币区最早开始了欧洲货币一体化的尝试,人们通常将20世纪60年代的跛行货币作为欧洲货币一体化进程的开端。但在实践中,由于没有取得实质性的进展,其在整个货币一体化过程中的地位并不重要。

二、欧洲货币一体化经历的阶段

欧洲货币一体化从取得实质性进展的角度来看,经历了以下几个阶段:

第一阶段,提出维尔纳计划(1972—1978),亦即维尔纳欧洲货币联盟计划,它本身又

可分为三个小阶段:

(1) 1971年年初至1973年年底,主要目标是缩小成员国之间汇率的波动幅度,着手建立货币储备基金以支持稳定汇率的行动,加强货币与经济政策的协调以减少成员国经济结构的差异。

(2) 1974年年初至1976年年底,主要目标是集中成员国的部分外汇储备以巩固货币储备基金,进一步稳定各国货币间的汇率,并使欧共体内部的资本流动逐步自由化。

(3) 1977年年初至1980年年底,主要目标是实现欧共体内商品、服务、人员和资本的自由流动,固定汇率制向统一的货币发展,货币储备基金向统一的中央银行发展。

根据维尔纳计划,欧共体于1972年开始实行成员国货币汇率的联合浮动。联合浮动又称可调整的中心汇率制,参与该机制的成员国内部,其货币相互之间可保持可调整的盯住汇率,并规定汇率的波动幅度,对外实行联合浮动汇率,即"蛇洞制"(见图7-1)。

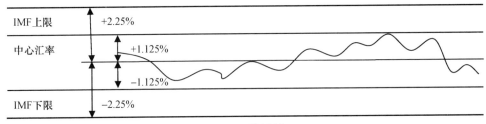

图 7-1 蛇洞制

注:按照当时的规定,参加联合浮动的欧共体六国,其货币汇率的波动不得超过当时公布的美元平价的±1.125%,于是,在IMF规定的±2.25%的汇率波动幅度内又形成了一个更小的波动幅度。欧共体六国货币汇率对外的联合浮动就像"隧道中的蛇"。

维尔纳计划的意义在于:作为欧洲货币一体化进程的第一阶段,建立了联合浮动的汇率机制,建立了欧洲货币合作基金,确立了欧洲货币单位,从而为后来的欧洲货币体系的建立打下了基础。

第二阶段,建立欧洲货币体系(1979—1998)。1978年12月欧共体各国首脑在布鲁塞尔达成协议,决定建立欧洲货币体系。1979年3月,欧洲货币体系正式启动。这一阶段的主要内容是:① 继续实行过去的联合浮动汇率机制;② 创设欧洲货币(European Currency Unit,ECU),即埃居;③ 成立欧洲货币基金。

第三阶段,提交德洛尔报告和签署《马约》(1999年至今)。

(1) 提交德洛尔报告。1989年6月,以欧共体执委会主席雅克·德洛尔为首的执委会向马德里峰会提交了关于欧共体经济与货币联盟的报告,规定从1990年起,用20年时间,分三个阶段实现货币一体化,完成欧洲经济货币同盟的组建。德洛尔报告与20世纪70年代的维尔纳计划颇为相似,它继承了维尔纳计划的基本框架,认为货币联盟应该是一个货币区,区域内各国的政策要统一管理,以实现共同的宏观经济目标。德洛尔报告反映了欧共体已基本接受德国战后的货币制度,即高度独立的中央银行和稳健的货币政策。

(2) 签署《马约》。鉴于各成员国对德洛尔报告的反应各不相同,为建立欧洲经济与货币联盟、推进欧洲的统一,1991年12月,欧共体在荷兰小镇马斯特里赫特举行首脑会议,经过两天的辩论,代表们通过并草签了具有历史意义的《欧洲经济与货币联盟条约》和《政治联盟条约》(统称《欧洲联盟条约》,即《马约》)。《马约》于1992年2月7日正式生效,对《罗马条约》做了重大修改,正式确立了欧洲经济与货币联盟和政治联盟的目标。《马约》的目标是最迟于1999年1月1日建立欧洲经济与货币联盟,届时将在联盟内实现统一货币、统一央行以及统一货币汇率政策。《马约》规定了一个分三个阶段实现货币一体化的计划:

第一阶段,1990年7月1日至1993年年底,这一阶段的目标是实现所有成员国加入欧洲货币体系的汇率机制,实现资本的自由流动,协调各成员国的经济政策,建立相应的监督机制。

第二阶段,1994年1月1日至1997年,这一阶段的目标是进一步实现各国宏观经济政策的协调,加强成员国之间的经济趋同,建立独立的欧洲货币管理体系——欧洲货币局,为统一货币做技术和程序上的准备,在原有基础上使各国货币汇率的波动进一步缩小并趋于固定。1994年1月1日成立的欧洲货币局是欧洲央行体系的雏形,它标志着欧洲经济与货币联盟进程跨入第二个阶段。欧洲货币局全面负责监督货币统一进程以及欧洲央行体系的筹建工作。欧洲货币局的决策机构为欧洲货币局理事会,该理事会由欧洲货币局局长、副局长和欧盟12国的央行行长组成。通过欧洲货币局与欧盟各成员国政府,以及各成员国央行的通力合作,在规定的时间内,欧洲货币局出色地完成了未来欧洲央行体系货币政策运作框架的设计等各项工作,为欧洲央行体系的运作打下了坚实的基础。

第三阶段,1997年至1999年1月1日,这一阶段的目标是最终建立统一的欧洲货币和独立的欧洲央行。1998年6月1日,欧洲央行宣告成立,同年7月1日正式投入运行。欧洲央行体系以《马约》为其法律依据,负责在欧元区内行使统一的货币政策及对外汇率政策。

跛行货币区简介

跛行货币区是指,该货币区没有一种占主导地位的货币作为各国货币汇率的共同基础,而仍需要以货币区以外的货币作为汇率基础。

20世纪60年代,国际上共存在三个跛行货币区,即英镑区、黄金集团和法郎区。英镑区是较正式的货币区,区内各成员国储备资产的形式主要是英镑,各国的货币也盯住英镑。但是,由于英镑本身是盯住美元的,所以该货币区是跛行的。黄金集团是由西欧各国组成的一个不太正式的货币区,区内各成员国的主要储备资产是黄金。但是,因为区内各国货币还同美元保持着固定比价,所以它也是一个跛行的货币区。

第二节 欧洲货币体系

一、形成过程

欧洲货币一体化是从"欧洲支付同盟"开始的。欧洲支付同盟成立于1950年7月1日。20世纪50年代后半期,随着欧洲各国外汇市场的日益活跃,1958年签订的"欧洲货币协定"取代了欧洲支付同盟。欧洲支付同盟和欧洲货币协定虽然启动了欧洲货币一体化的进程,但并未对欧洲货币一体化提出具体的设想,当时的出发点主要是促进成员国间经济和贸易的发展。而真正把欧洲货币一体化提上议事日程则是在欧共体成立之后。

1957年3月,德国、法国、意大利、荷兰、比利时、卢森堡六国签署了《罗马条约》,决定成立欧共体;1958年签订了欧洲货币协定以代替欧洲支付同盟。为了提高欧洲在世界货币体系中的地位,把欧洲变成一个真正的统一市场,同时也为了摆脱美元危机的冲击,维持成员国间币值汇率的稳定,避免汇率变动给欧共体共同农业政策带来调整的难题,1969年2月,欧共体执委会副主席巴雷(Barre)提出建立欧洲经济与货币联盟的"巴雷计划"。1969年12月,欧共体海牙首脑会议正式决定建立欧洲经济与货币联盟并列出时间表。根据会议的决定,设立了一个由卢森堡首相皮埃尔·维尔纳担任主席的委员会,由该委员会负责起草建立欧洲经济与货币联盟的计划。

1970年10月,维尔纳报告出台,它为实现欧洲经济与货币联盟制定了一个10年过渡期方案,分三个阶段实现联盟的目标:第一阶段是建立货币合作基金,支持稳定汇率的活动;第二阶段是加强成员国彼此间经济政策的协调,使成员国的经济货币政策趋向一致,逐步固定汇率,并使货币合作基金转为共同外汇储备基金;第三阶段是实现商品、服务、人员和资本的自由流动,固定汇率向统一货币发展,共同外汇储备基金向建立央行发展。

第一阶段的计划于1971年3月开始实施,但该计划可谓命运多舛。由于一开始就受到始于20世纪70年代初期的美元危机、布雷顿森林体系的崩溃,以及接踵而至的石油大幅涨价导致的通货膨胀的影响,再加上欧共体成员国经济发展水平的差异,维尔纳计划几乎完全落空,各成员国逐渐放弃了与美元的固定联系,而任汇率自由浮动。

维尔纳报告提出的实现欧洲经济与货币联盟方案的中心内容被称为"蛇洞制",其目的是缩小成员国货币汇率的差距,同时使欧洲经济与货币联盟各货币对美元保持相对稳定。

但在连续遭到美元危机冲击的情况下,西方10国于1971年12月达成了史密斯协定。根据该协定,各国货币对美元的汇率波动幅度由上下1%扩大到上下2.25%。由于成员国的经济发展水平差距较大,这种机制未能保持下去,一些国家退出了汇率机制。

1978年4月,在哥本哈根召开的欧共体首脑会议上,建立欧洲货币体系的动议被提出。同年12月5日,欧共体8个成员国(法国、联邦德国、意大利、比利时、丹麦、爱尔兰、卢森堡和荷兰)首脑在布鲁塞尔达成协议,决定于1979年1月1日建立欧洲货币体系,将各国的汇率固定,共同对美元浮动,其目的是稳定欧洲经济共同体成员国之间的汇率,为实现欧洲的经济和货币一体化奠定基础(后因联邦德国和法国在农产品贸易补偿制度上发生争执,该体系延迟到同年3月13日才正式成立)。1989年6月,西班牙宣布加入欧洲货币体系;1990年10月,英国也宣布加入。至此,欧洲货币体系的成员国扩大到10个。

1999年1月1日,欧元正式启动,欧元区11国启动货币联盟,两年后希腊加入货币联盟。2002年1月1日,欧元流通,三个月后区内各国货币停止使用。单一货币成为推动欧盟进一步融合的积极力量。

二、主要内容

欧洲货币体系于1979年3月13日正式实施。其宗旨是:为了防止美元波动的冲击,为了便于开展欧共体内部的贸易和促进欧共体成员国的经济发展,在欧共体范围内建立一个相对稳定的货币地区。具体做法是将各成员国货币的汇率与对方固定,共同对美元浮动。欧洲货币体系主要有三个组成部分:一是欧洲货币单位(European Currency Unit,ECU),二是欧洲货币合作基金(European Monetary Cooperation Fund,EMCF),三是稳定汇率机制(Exchange Rate Mechanism,ERM)。

(一)欧洲货币单位

欧洲货币单位由德国马克、法国法郎、英国英镑、意大利里拉等欧共体12个成员国的货币共同组成,其价值是成员国货币的加权平均值。以这种方式计算出来的欧洲货币单位具有价值比较稳定的特点。根据该计算方法,在欧洲货币单位的组成货币中,德国马克、法国法郎和英镑是最为重要的三种,其中又以德国马克所占的比重为最大。因此,德国马克汇率的波动对欧洲货币单位的变化通常具有决定性影响。欧洲货币单位中各成员国货币所占的权重每隔5年调整一次,但如果其中任何一种货币的变动超过25%,则可随时对权数进行调整。

欧洲货币单位的主要作用是,作为决定成员国货币汇率偏离中心汇率的参考指标,作为成员国官方之间的清算手段和信贷手段以及外汇市场的干预手段,作为成员国货币当局的储备资产。1990年年底,在世界各国的外汇储备中,美元居首位,占51%;德国马克次之,占19%;欧洲货币单位占12%,成为居世界第三的国际储备货币。

20世纪90年代以后,欧洲货币单位的使用范围逐步扩大,为实现欧洲货币联盟打下了良好的基础。1999年1月1日,欧洲货币单位以1∶1的兑换汇率全部自动转换为欧元,之后退出舞台。欧元成为取代欧元区各国主权货币的单一货币。

(二)欧洲货币合作基金

在欧洲货币体系成立之前,欧共体成员国已于1973年4月6日成立了欧洲货币合作基金,主要目的是通过向成员国提供短期信贷进行市场干预,以稳定欧共体成员国间的货币汇率。欧洲货币合作基金使用的货币单位是欧洲货币记账单位,相当于1971年贬值前的美元(1美元的含金量为0.888671克)。欧洲货币合作基金的资本最初定为14亿记账单位,1974年1月增至27.25亿记账单位。欧洲货币合作基金用欧洲货币记账单位代替美元作为成员国间的结算单位。

最初的基金规模显示,当时欧洲货币合作基金拥有的资金十分有限,贷款使用期限也比较短,只有三个月。20世纪70年代接连爆发了美元危机、石油危机,加之布雷顿森林体系崩溃,以欧洲货币合作基金拥有的资金规模,要完成稳定成员国间的货币汇率这么艰巨的任务,可谓杯水车薪。所以,欧洲货币合作基金当时的作用十分有限。1979年3月,欧洲货币体系成立,这时要保证其正常运转,就需要有相当雄厚的资金支撑。1979年4月,欧洲货币体系的参加国(包括非正式参加的英国),各自以本国黄金和外汇储备的20%存入欧洲货币合作基金(总额达250亿ECU),作为发行欧洲货币单位的准备,并计划在两年内建立欧洲货币基金(EMF)。考虑到各国际储备的变动及黄金、美元价格的波动,欧洲货币基金在滚动的基础上,每三个月重新调整一次。基金的主要目的是保证欧洲货币体系的正常运转,稳定各成员国间的汇率,向成员国提供相应的贷款,以帮助它们进行国际收支调节和外汇市场干预,保证欧洲汇率机制的稳定。

(三)稳定汇率机制

稳定汇率机制是欧洲货币体系的核心组成部分。根据该机制的安排,汇率机制的每个参加国都要确定本国货币同欧洲货币单位的固定比价,即确定一个中心汇率,并依据中心汇率套算出与其他参加国货币相互之间的比价。但这种汇率制并非完全固定,成员国之间的货币汇率有一个可波动的范围。这个汇率在市场上的上下波动幅度为 $\pm 2.25\%$,这种汇率制度被形象地称为"蛇洞制"。按照约定,如果某种货币的汇率超出这个波动范围,各国央行将采取一致行动干预金融市场,让汇率恢复到规定的范围内。由于德国马克是欧洲货币体系中最强的货币,又是国际外汇市场上最主要的交易货币之一,人们便常常把欧洲货币体系成员国货币与德国马克汇率的波动,作为央行干预的风向标。在稳定汇率机制中,通过各国货币当局在外汇市场上的强制性干预,使各国货币汇率的波动限制在允许的幅度以内。也就是说,如果两种货币的汇率达到允许波幅的上限或下限,弱币国货币当局就必须买入本币以阻止其进一步贬值;相应地,强币国货币当局必须卖出本币以阻止其继续升值,从而通过这种对称性的市场干预实现汇率机制的稳定。

并不是所有欧共体成员国都参加了稳定汇率机制。德国、法国、比利时、丹麦、意大利、荷兰、卢森堡和爱尔兰是该机制的初始参加国。英国虽然1973年就加入了欧共体,但直到1990年10月才加入稳定汇率机制,而1992年9月它又与意大利一同退出这一汇率机制;西班牙和葡萄牙于1986年1月1日同时加入欧共体,但它们进入稳定汇率机制的时间不同,分别为1989年6月和1992年4月。

三、欧洲货币体系稳定汇率机制的运行情况

(一)平价网体系

欧洲货币体系的汇率制度以欧洲货币单位为中心,成员国的货币与欧洲货币单位挂钩,然后再通过欧洲货币单位使成员国的货币确定双边固定汇率。这种汇率制度被称为格子体系或平价网。平价网体系为稳定汇率机制规定了运行的框架,在该体系下,各国央行依据以下三道警告指示器:

- 最大波动幅度为 $\pm 2.25\%$
- 最大偏离界限为 $\pm 2.25\% \times (1-权数)$
- 偏离警告线为 $\pm 2.25\% \times (1-权数) \times 75\%$

各国央行根据警告指示器实施两项干预任务:

(1)由于最大允许波幅(干预点)和偏离临界值的双重限制,稳定汇率机制的干预方式有两种:一种是边际干预,另一种是边际内干预。边际干预指成员国货币汇率波幅接近或达到最大允许波幅时,其货币当局应采取强制性的市场干预,使汇率重新接近中心汇率。由于干预点的分布是对称的,所以边际干预也是对称性的。边际内干预则指当成员国货币汇率的波幅达到偏离临界值时,有关国家的货币当局应进行磋商,采取相应的预警措施,这是一种预防性的干预,不具备强制性约束力,但对减少欧洲汇率机制内的汇率波动和推动欧洲货币一体化进程都具有重要的意义。

(2)由于偏离临界值在成员国间的分布是不对称的,边际内干预也具有不对称的成

分。因此,很可能会出现这样的情况,即当弱币已偏离临界值时,强币却还没有收到预警信号,也有可能是预警信号错误地发向一种"无辜"的货币,而使理应对这种偏离负责的货币未能得到警告。

此外,还可能由于汇率波动过于剧烈,使波幅提前达到干预点水平,而偏离临界值的预警作用无从发挥。各国货币当局在实施市场干预时,可以要求欧洲货币合作基金向其提供信贷支持,以帮助它们克服国际收支困难、提高干预市场的能力。

(二)干预办法

每个成员国把黄金和美元储备的20%交给欧洲货币合作基金,同时换回相应数量的欧洲货币单位。如果某个成员国的央行需要对本国货币与德国马克的汇率进行干预,它就可以用手中的欧洲货币单位或其他形式的国际储备金向另一个成员国的央行购买本国货币,从而对外汇市场进行干预。根据规定,成员国之间任何两种货币的汇率波动超出规定范围的话,这两国的央行都有义务进行干预,干预所需的费用也应共同负担。但实际情形并非一定如此。因为在一般情况下,当某成员国货币与德国马克的汇率接近上限或下限时,通常会引起该国央行的警觉,并直接进行干预。而德国没有义务进行干预。

如果不把1992年发生的欧洲货币体系危机考虑在内,那么可以说,欧洲稳定汇率机制的运行基本上是成功的。因为它促进了成员国货币间汇率的稳定,有利于成员国通货膨胀差异的缩小以及经济政策的协调和经济状况的改善,扩大了欧洲货币单位在官方领域与私人领域的使用范围和使用程度,为最终发行单一货币创造了条件。

欧洲货币体系的建立在很大程度上削弱了美元的霸主地位。欧洲货币体系的平价网体系稳定了汇率,对欧共体国家的经济和贸易发展均起到了不可估量的作用。其后,由于欧洲货币单位的使用范围不断扩大,该体系成为当时仅次于美元和德国马克的最主要的储备资产。

第三节 欧洲货币一体化进程

《马约》是关于欧洲货币一体化的里程碑式的文献,该条约设计的最终目标是在欧共体/欧盟内建立一个负责制定和执行共同货币政策的欧洲央行并发行统一的欧洲货币。

为实现上述目标,《马约》规定了一个分三阶段实施的货币一体化计划(详见本章第一节"欧洲货币一体化概述")。

《马约》规定了成员国进入第三阶段需要满足的条件(也即成员国的趋同标准)主要包括:① 通货膨胀率不能超过三个通货膨胀率最低成员国平均值的1.5%;② 长期利率不能超过三个通货膨胀率最低成员国平均值的2%;③ 政府财政赤字不能超过GDP的3%;④ 公共债务不能超过GDP的60%;⑤ 货币汇率必须维持在欧洲货币体系规定的幅度内,并且至少有两年未发生过贬值。此外,考虑到静态达标的实际困难,以动态趋势取代静态水平来评估各国是否有条件进入第三阶段。

1993年1月1日,欧盟实现了商品、服务、资本和人员自由流动,建立了欧盟内部的统一大市场,并宣告其单一银行业市场(Single Banking Market)的成立。

1994年1月1日,欧盟在法兰克福成立了作为未来欧洲央行前身的欧洲货币局,从事欧洲央行的各项技术准备工作。

1997年6月,在阿姆斯特丹举行的欧盟首脑会议批准了《稳定和增长公约》《欧元的法律地位》和《新的货币汇率机制》三个文件,为欧元1999年1月1日的按期启动完成了技术准备和法律保障。

1998年3月25日,欧洲货币局就欧盟各国完成《马约》趋同标准的情况发布报告,认为自欧洲货币局1996年秋天的评估以来,绝大多数国家在完成达标任务方面成效显著,有11个国家可以成为首批使用欧元的国家,它们分别是法国、德国、意大利、西班牙、比利时、荷兰、卢森堡、葡萄牙、奥地利、芬兰和爱尔兰。在欧盟其余的4个成员国中,希腊因为经济未能全面达标而暂时落选。英国、丹麦和瑞典3国的经济虽已达标,但出于国内政治考虑,均已明确表示不打算成为首批进入货币联盟第三阶段的国家。《马约》规定,经欧洲理事会确认,如达到"趋同标准"的成员国超过7个,即可开始实施单一货币。1990年欧共体成员国趋同指标满足情况如表7-1所示,1995—1997年欧盟成员国趋同指标满足情况如表7-2所示。

表7-1 1990年欧共体成员国趋同指标的满足情况　　　　　　　（单位:%）

国别	通货膨胀率	政府长期债券利率	财政赤字占GDP的比重	公共债务占GDP的比重
比利时	3.4	10.1	5.5	130.2
丹麦	2.6	11.0	1.6	58.9
德国	2.7	8.9	2.5	41.2
希腊	20.4	n.a.	20.2	81.6
西班牙	6.7	14.7	4.0	44.1
法国	3.4	9.9	1.7	46.5
爱尔兰	3.3	10.1	2.3	115.2
意大利	6.5	13.4	10.7	101.1
卢森堡	3.7	8.6	−3.3	7.8
荷兰	2.4	9.0	5.3	79.3
葡萄牙	13.4	16.8	6.0(3.0)	67.8
英国	9.5	11.1	0.7	35.8
三个最低国家平均	2.6	9.6	—	—
《马约》的要求	4.1	11.6	3.0	60.0

表7-2 1995—1997年欧盟成员国趋同指标的满足情况　　　　　　　（单位:%）

国别	通货膨胀率			政府长期债券利率	财政赤字占GDP的比重			公共债务占GDP的比重		
	1995年	1996年	1997年	1997年3月	1995年	1996年	1997年	1995年	1996年	1997年
比利时	1.5	2.1	2.0	5.9	3.4	3.4	2.9	33.5	30.0	27.1
丹麦	2.1	2.1	2.5	6.5	1.9	1.6	0.1	2.2	9.9	7.3
德国	1.8	1.5	1.8	5.8	3.5	3.8	3.3	8.1	0.3	1.5
希腊	9.3	8.5	6.9	10.3	9.2	7.6	5.1	11.8	10.7	7.7
西班牙	4.7	3.5	2.5	7.1	6.6	4.4	3.2	5.3	9.5	9.0
法国	1.8	2.0	1.6	5.7	5.0	4.1	3.3	2.9	6.3	7.8
爱尔兰	2.5	1.6	1.2	6.3	2.4	1.0	1.6	4.8	6.4	2.3
意大利	5.4	3.9	2.4	7.6	7.1	6.8	3.3	24.9	23.0	21.5

(单位:%)(续表)

国别	通货膨胀率			政府长期债券利率	财政赤字占GDP的比重			公共债务占GDP的比重		
	1995年	1996年	1997年	1997年3月	1995年	1996年	1997年	1995年	1996年	1997年
卢森堡	1.9	1.8	2.0	6.1	0.4	0.1	0.1	0.4	0.9	0.7
荷兰	2.0	2.1	2.7	5.7	4.0	2.3	2.2	9.7	8.8	6.1
葡萄牙	4.1	3.1	2.5	6.9	4.9	4.0	2.9	1.7	0.8	9.2
英国	2.8	2.9	2.6	7.5	5.6	4.4	3.1	7.3	9.3	9.4
三个最低国家平均	2.9	2.4	3.1	7.9	—			—		
《马约》的要求	4.4	3.9	4.6	9.9	−3.0			60.0		

1998年5月2日,欧盟特别首脑会议批准了欧盟委员会的上述报告和名单,在提交欧盟各成员国政府讨论通过后,欧元发行的法律程序即告完成。1999年1月1日正式启动欧洲货币一体化的第三阶段,发行统一的欧洲货币——欧元。欧元作为11个参加国非现金交易的"货币",以支票、信用卡、股票和债券等方式进行流通。自2002年1月起,欧元11国将总计700亿欧元现金投入流通领域。2002年7月1日之后,欧元11国各自的货币终止流通,被欧元完全取代。

第四节 欧 元

一、欧洲货币体系及其埃居

欧洲货币体系的出现对欧洲货币一体化的意义重大。从该体系的建立到冷战结束这段时期,国际环境对欧洲十分有利。在这种有利条件的推动下,欧共体终于开始向统一货币的目标迈进。在1978年3月德国和法国两国例行的首脑会议上,法国总统吉斯卡尔·德斯坦(Giscard d'Estaing)向联邦德国总理赫尔穆特·施密特(Helimut Schmidt)提议,创建一种不再挂靠美元汇率,而以某种欧洲货币单位为中心的欧共体国家货币浮动体系。法国的动议随即在同年7月举行的欧共体国家布莱梅首脑会议上得到了各成员国的积极响应。1979年3月13日,欧共体巴黎首脑会议宣布正式成立欧洲货币体系,确认欧共体国家间的结算采用欧洲货币单位——埃居,并建立固定的货币兑换机制,各成员国的货币与埃居实行联系汇率。

埃居实质上是一种"一篮子货币",由德国马克、法国法郎、英镑、意大利里拉等欧共体12个成员国的货币共同组成,其价值是上述成员国货币的加权平均值。在埃居一篮子货币中,一个成员国的GDP和外贸总量越大,该国货币在埃居中的比重越大,其比值也就越大,反之则越小。所以,经济发达与外贸出口量大的联邦德国和法国的货币比重曾在埃居中分别高达30%和19%。

二、欧元的诞生历程

欧元的产生是欧洲国家在政治、经济联盟发展过程中的必然产物。欧元的发展历程可以追溯到20世纪50年代。1957年3月,比利时、荷兰、卢森堡、法国、德国、意大利六国外长在罗马签订了《罗马条约》,奠定了欧洲经济联合的基础,确立了实现共同体内商品、服务、资本和人员自由流动的目标,同时在经济联合的基础上加强了货币联合。1969年,欧共体海牙会议提出建立欧洲货币联盟的构想。1979年3月,欧洲货币体系建立。

欧元的产生正是以欧洲货币单位为样板经过长期发展、完善而实现的。创立欧洲货币单位是欧洲实施货币联盟的尝试。1989年4月,欧洲委员会提出的关于欧共体经济与货币联盟的报告获得通过。报告中提出欧洲货币联盟必须如期实现所有成员国货币自由兑换、金融市场一体化、资本市场完全自由化和固定汇率。1991年12月10日,欧共体12国在荷兰马斯特里赫特召开首脑会议,通过了《马约》,正式确定了在欧洲货币联盟内实现统一央行、统一货币、统一货币政策的最终目标和欧元启动后由过渡期到正式进入流通领域的时间表。

单一货币欧元的实现须经历三个阶段:第一阶段始于1990年7月1日,根据德洛尔报告的要求,欧共体成员国之间实现广泛的资本流动自由,各成员国在制定和实施货币政策及财政政策时进行密切合作。此外,1993年12月31日前,所有成员国必须加入欧洲货币体系的汇率机制,但由于1992年及1993年的汇率危机,该计划不得不被放弃。1994年1月1日起,货币联盟进入第二阶段,各成员国致力于加强各国国民经济发展的协调,各国央行实现完全独立于政府的目标。该阶段最重要的步骤是成立了欧洲货币局,它是未来欧洲央行的雏形。欧洲货币局的主要任务是协调欧盟成员国的货币政策并在货币政策及技术方面为欧洲货币联盟做准备。1998年7月1日,欧洲央行正式成立,取代了欧洲货币局。1999年1月1日,欧洲经济与货币联盟开始了其第三阶段,各成员国货币的汇率最终锁定,欧洲央行接过货币政策的大权。第三阶段的开始意味着经济与货币联盟的启动,同时也标志着经济与货币联盟的建立进入最后的阶段。2002年1月1日,欧元纸币和硬币的正式流通标志着经济与货币联盟建设的完成。

1999年1月1日是欧元诞生之日,2002年1月1日是其纸币和硬币正式流通的日子。欧元的最后完成经历了三个阶段:① 1999年1月1日至2001年12月31日为欧元的过渡期,欧元汇率于1999年1月1日固定下来,并且不可撤销。欧元以支票、信用卡、电子钱包、股票和债券等非现金交易形式投入使用,企业、个人可以在银行开立账户,欧元的收付可以在账户之间进行,但欧元的纸币和硬币未投入流通。② 2002年1月1日至2002年6月30日,欧元的纸币和硬币投入流通,此阶段欧元和欧元区内各国货币同时流通。2002年6月30日,欧洲央行正式运作,原欧洲货币局局长威姆·杜伊森贝赫(Wim Duisenberg)出任第一任行长。③ 自2002年7月1日起,欧元区内各国货币将完全退出流通,欧元成为欧元区唯一的合法货币。

欧盟对成员国加入欧元区的时间并没有固定的要求,每一个成员国根据自己国家的情况,按照自己的时间表申请加入。但是,要想成为欧元区成员国就必须同时符合五项标准。意大利当时为了能够第一批加入欧元区,不得不对其经济体制进行改革,使政府财政赤字从1990年占其GDP的11%降至1993年的3.9%。就连经济发达的法国也是经过一番艰苦努力之后才于1997年年底将其财政赤字压到了3%以下。

《马约》规定,1999年1月1日前,如经欧洲理事会确认达到"趋同标准"的成员国超过7个,即可开始实施单一货币。1999年1月1日,欧盟当时15个成员国中的11个(德国、法国、意大利、荷兰、比利时、卢森堡、爱尔兰、西班牙、葡萄牙、奥地利和芬兰)达到了

《马约》在1992年确立的欧洲经济一体化并向欧元过渡的统一标准,首批加入欧元区。欧元在这11国开始正式使用,并于2002年1月1日取代上述11国的货币。希腊因未达标而未能首批加入。2001年1月1日,希腊终于加入欧元区。斯洛文尼亚于2007年1月1日加入欧元区,成为第13个成员国。塞浦路斯于2008年1月1日与马耳他一起加入欧元区。斯洛伐克于2008年达到标准并在2009年1月1日加入欧元区,从而使欧元区成员国从之前的13个增至16个。爱沙尼亚于2011年1月1日加入欧元区。拉脱维亚于2014年1月1日加入欧元区,成为继爱沙尼亚之后第18个欧元区成员国。2015年1月1日,立陶宛加入欧元区,继波罗的海国家爱沙尼亚和拉脱维亚之后,成为欧元区第19个成员国。英国、瑞典和丹麦决定暂不加入欧元区,至此,欧元区共有19个成员国,人口超过3.2亿。非欧元区成员的欧盟其他成员国继续使用本国货币,如英国使用英镑、瑞典使用瑞典克朗、丹麦使用丹麦克朗等。

三、欧元诞生的影响

(一) 欧元的诞生对欧洲一体化的影响

欧元不仅是欧洲一体化进程中的一个重要里程碑,同时也是欧洲经济与货币联盟的象征以及欧洲稳定和统一的象征。它对保持欧洲的稳定、和平与繁荣做出了贡献,也为欧盟各成员国走向更紧密联合发展奠定了基础。因而,它对欧洲一体化所产生的影响是不可估量的。

1. 增强了人们对欧洲统一的认同感

欧元的重要性在于它淡化了欧洲地区的疆域和国别概念,是欧洲各国团结的标志。随着500亿枚欧元硬币和150亿张欧元纸币进入流通领域,欧元区成员国世代使用的本国货币结束了其历史使命。欧元的诞生改变了民众的心理和传统习惯,大大增强了人们对欧洲统一的认同感。虽然《申根协定》使欧盟大多数成员国彼此间实现了人员和货物的自由往来,人们已几乎感觉不到国界的存在,但是,人们在旅游购物时要兑换使用他国货币,还是有"外国人"的感觉。而欧元诞生以后,人们在欧元区各国旅游购物时只需要一种货币,不再需要兑换货币,这不仅会省去很多费用和麻烦,而且更为重要的是,人们有了真正"欧洲公民"的感觉。这种特有的凝聚力和认同感是未来"欧洲统一"永久性的基石。民众"欧洲意识"的增强,能为加快欧洲一体化建设奠定坚实的民众基础。

2. 有利于欧盟企业的生产与贸易

在没有统一货币的情况下,欧盟企业尤其是中小企业在生产和销售过程中不能不考虑汇率的波动,以及由此带来的交易风险。例如,1992—1993年间,法国多菲内省的企业家和德国巴伐利亚州的老板一夜之间倾家荡产的悲剧发生,其原因就在于意大利里拉的突然大幅贬值。而在欧元诞生之后,由于欧元区之间的货币汇率已经锁定,这类风险便不复存在。据法国专家估算,用欧元交易节省的费用相当于欧盟15国GDP的0.3%—0.4%,而法国每年可少开支250亿法国法郎。这对企业降低成本和增强竞争力十分有利。此外,欧元还极大地提高了产品和服务价格的透明度,促进了公平竞争,有利于整个欧盟经济和贸易的发展。随着欧元的全面流通,欧洲统一大市场的潜在效应也将得以充分发挥,如内外需求扩大、交易成本和风险降低、投资更具吸引力、消费者信心回升等。总之,欧盟已成为世界经济增长的主要动力之一,这一态势极大地提升了欧盟在世界经济全球化、国际政治多极化进程中的地位。

3. 促进了经济和政治联合

欧元的实施还对欧洲各国在一体化建设中走向经济和政治联合起到了促进作用。二战后,欧洲国家开始探索通过经济联合走向政治联合的途径。从20世纪50年代建立欧洲煤钢联营、欧洲经济共同体到90年代初成立欧盟,欧洲一直在这条道路上曲折前进。实行欧元体制是欧盟最重要的战略性举措,不仅对促进欧盟经济发展有利,而且对促进欧洲政治一体化也起到不可忽视的作用。"欧洲大厦"的设计者们从未放弃欧洲政治一体化的终极目标。1992年的《马约》的核心内容就是建立欧洲经济与货币联盟,同时正式启动欧洲政治联盟。从经济上看,欧元对欧元区抵御金融风险、抑制通货膨胀、稳定物价、促进内部贸易、提升企业竞争力起到了重要作用,成为经济发展的"稳定器"。在政治上,欧元将成为推动欧洲一体化建设的"加速器"。在欧元从诞生到进入市场流通的过程中,无论是欧盟成员国还是候选国,人们对欧洲一体化前景的信心都在增强。

(二) 欧元诞生对国际货币体系的影响

1. 对美元的霸主地位构成挑战

实行欧元体制后,汇率风险的消除使越来越多的投资者和证券发行人能够以低成本筹措大量资金,提升股票和证券的交易能力,并在短期内获得规模效益,从而吸引更多的企业集团、跨国公司和个人使用欧元工具在欧元区进行多元化投资。1998年欧元出台之前,在欧洲金融市场发行的美元证券总额为4 090亿美元,第二年欧元正式启动后达到4 700亿美元,增幅为15%—20%。而在同一时期,以欧元计价的证券总量则从1998年的2 210亿美元猛增至1999年的5 220亿美元,增幅巨大。尽管欧元诞生的最初三年,其对美元比价走低,但从长远看它仍然具备与美元抗衡的潜在实力。欧元成为第二大国际货币已是不争的事实,这无疑会对美元的霸主地位构成挑战。

2. 提升欧元在国际货币体系中的地位

欧元所代表的经济实力决定了其在国际货币体系中的地位,这种地位使欧元与美元形成了国际货币的两强格局,从而对国际货币体系产生了巨大的影响。欧元对国际货币体系的影响主要体现为权利效应和示范效应。欧元的权利效应是指欧元改变美元在国际货币体系中的权利地位,欧元的引入将形成国际货币体系的两极格局,美元在此前所发挥的显著作用将逐渐削弱。当然,也不排除出于共同利益的需要,欧元与美元在许多场合将会进行合作。

欧元的示范效应是指世界其他地区为了加强国家货币的安全地位,有可能模仿欧元的成功而尝试进行地区性的货币合作。示范效应的另一个机制是货币合作能够降低经济交往的成本,从而对参与各方的经济增长都会带来好处。不过在现阶段,货币安全的需要是欧元示范效应发挥作用的主要机制。

第五节 欧洲货币制度

一、欧洲央行、欧洲央行体系

欧洲央行于1998年6月1日成立。1999年1月1日,欧洲央行承担起在欧元区制定货币政策的责任,实现了实施单一货币欧元和在欧元区国家实行统一货币政策的目标。

从制度框架上讲,欧洲央行体系由两个层面组成:一个是具有法人资格的欧洲央行(位于德国法兰克福),另一个是欧盟成员国的央行。实际上,欧洲央行体系是由欧洲央行和加入欧元区国家的央行构成的。欧盟成员国中尚未采用欧元的国家虽然是欧洲央行体系的成员,但不能参与欧元区货币政策的制定,也不能参与货币政策的操作和实施。欧洲央行行长理事会(Governing Council)和执行董事会(Executive Board)是欧洲央行的两个主要决策机构。

(一)行长理事会

行长理事会是一个超国家的决策机构,负责制定和实施欧元区的货币政策,主要职责是确定欧元区货币政策目标、主要利率水平和央行体系准备金数量等。行长理事会由执行理事会的六名成员和欧元区国家的央行行长组成。当制定货币政策时,行长理事会成员并不作为国家代表而行动,必须考虑欧元区的整体利益,而不是各自成员国的利益。同时,欧洲央行体系坚持分权原则,规定欧洲央行依靠国家央行开展银行业务,但国家央行作为欧洲央行的业务部门,必须遵循欧洲央行的导向和指令。欧洲央行理事会每年至少举行10次会议。

(二)执行董事会

执行董事会主要负责货币政策的执行,即履行行长理事会制定的货币政策,负责欧洲央行的日常业务。

二、欧盟的主要货币

截至2021年10月,欧盟共有19个国家使用单一货币——欧元。流通中的欧元纸币共有7种面值:5欧元、10欧元、20欧元、50欧元、100欧元、200欧元、500欧元;欧元硬币有8种面值:1欧分、2欧分、5欧分、10欧分、20欧分、50欧分、1欧元、2欧元。

欧盟还有8个成员国未加入欧元区,分别是丹麦、瑞典、波兰、匈牙利、捷克、罗马尼亚、保加利亚和克罗地亚。这些国家使用本国货币。

三、欧洲央行的货币政策

(一)货币政策目标

《马约》第105(1)款明确规定:"欧洲央行的首要目标是保持价格稳定。"在不影响价格稳定的总目标下,欧洲央行有义务支持欧元区经济增长、就业和社会保障等其他经济政策。

为保证欧洲央行首要目标的实现,《马约》规定了央行的独立性原则,主要表现在如下几个方面:一是机构的独立性。无论是欧洲央行还是成员国央行,或者决策机构的任何成员,在行使权力和履行职责时,都不得从欧共体任何机构、成员国政府或其他组织寻求和接受指导。欧共体的各机构和组织以及成员国政府不得对欧洲央行的决策机构成员施加影响。二是人事的独立性。主管理事会成员可以长期任职,在任期上,首任央行行长的任期为八年,其后为五年,成员国央行行长的任期至少五年。三是资金预算的独立性。欧洲央行有自己的预算,它的资本金由欧元区各国央行认购和支付,禁止央行向公共部门贷款。

欧洲央行货币政策有两个评估标的,即货币供应量 M3 的增长率和对未来价格风险的评估:

1. 货币供应量 M3 的增长率

通货膨胀本质上是一种货币现象,因此欧洲央行将货币供应量置于其货币政策的首选地位,作为最重要的中间目标予以明确。欧洲央行每年都公布广义货币供应量 M3 增长率的参考值。自欧洲央行运行以来,广义货币 M3 增长率的参考值一直定为 4.5%。

2. 对未来价格风险的评估

除了货币供应量,欧洲央行将大量的经济和金融数据作为货币政策的第二个目标进行分析。该分析主要集中在那些通常在短期或中期内对物价产生影响的指标上。这些指标包括工资、汇率、债券价格和收益率曲线、财政政策指标、价格和成本指数等。欧洲央行对这些指标可能给价格带来的风险的评估主要集中于以下五个方面:一是物价评估;二是产出、需求和劳动市场评估;三是财政评估;四是欧元区宏观经济预测;五是全球宏观经济环境、汇率和国际收支评估。

(二) 欧洲央行货币政策的决定

欧洲央行在制定货币政策战略时依据以下几项基本原则:① 保证货币政策的有效性,即货币政策应能够使欧洲央行按照《马约》的要求维护欧元区的物价稳定;② 提高货币政策的透明度;③ 确保货币政策的独立性。欧洲央行依据《马约》确立的独立地位及赋予的使命自主行使其在欧元区的货币政策职能。在实际操作过程中,欧洲央行的货币政策严格遵守以控制通货膨胀为首要目标的制度。

行长理事会负责具体货币政策的制定,比如是否提高或者降低利率等。每月召开两次会议。在做出决策时遵循简单多数的原则,实行一人一票制。每月的第一次行长理事会会议结束之后举行新闻发布会,由欧洲央行行长详细地介绍行长理事会对当前经济形势的分析以及与货币政策相关的物价稳定的风险评估,并通报管理理事会讨论的其他议题和决策的相关信息。新闻发布会的文字材料将于同一天刊登在欧洲央行的官方网站上。

(三) 欧洲央行货币政策的实施

欧洲央行的货币政策工具包括公开市场业务、存贷款便利和最低存款准备金要求。

1. 公开市场业务

公开市场操作是欧洲央行最重要的货币政策工具,其在引导市场利率、管理市场流动性以及传递货币政策信号等方面发挥重要作用。它的实施有四种方式:① 短期融资操作,即通过证券回购的方式定期(每周)向金融体系提供短期资金(为期两周),以此向市场发出政策信号;② 长期融资操作,即欧洲央行每月向金融体系提供期限较长的资金融通(为期三个月),这种方式的融资量大大低于前者;③ 微调性操作,即欧洲央行根据情况需要不定期地进入市场提供或者吸纳资金,其目的在于使市场流动性处于稳定的状态,不至于出现市场资金严重过剩或不足的情况;④ 结构性操作,即欧洲央行为改变银行业的流动性结构而采取的提供或者吸纳资金的行为。

欧洲央行在进行上述四种形式的公开市场操作时,会使用五种金融工具,即回购交易、直接性交易、发行债券、外币掉期和吸收定期存款,其中最主要的是回购交易。

2. 存贷款便利

为了控制隔夜市场利率,表明其货币政策的基本立场,欧洲央行还开设了存贷款便利业务。在这种便利下,欧洲央行可以向市场提供或者吸纳大量资金,使市场利率不致超出央行所确定的范围,通过改变隔夜拆借利率向市场传递政策信号。具体而言,央行设有额外的贷款便利,即对有紧急需要的商业银行提供贷款。由于此类贷款的利率是事先确定的,比市场利率要高得多,商业银行除非迫不得已不会申请此类贷款。因此该贷款的利率便成了市场利率的上限。与此同时,欧洲央行还设有存款便利,吸收商业银行的剩余资金。这类存款的利率也是事先规定的,比市场利率要低得多。

3. 最低存款准备金要求

为了稳定市场利率、控制市场流动性和货币扩张效应,欧洲央行还向金融机构提出了最低存款准备金要求。欧元区内的银行和信贷机构必须根据欧洲央行体系规定的标准和条件,在所在国央行的账户上保持最低限度的准备金,否则将被罚款、罚息等。银行存入的最低准备金是计息的。最低存款准备金是央行所使用的调控力度较大、影响也较为剧烈的货币政策工具。

(四)欧洲央行的汇率机制

汇率政策是欧元区政策的重要组成部分,欧元区将在保持价格稳定的前提下制定汇率政策。

1. 汇率政策的制定机制

欧元区汇率政策制定权归欧盟理事会,欧洲央行和欧盟委员会也发挥重要作用。在协调汇率政策方面,欧盟理事会根据经济发展情况对欧元汇率走势进行监督,向欧洲央行行长理事会提出有关看法,欧洲央行负责组织实施欧盟理事会制定的汇率政策。欧盟理事会有权决定签署有关汇率体制协议,确定与第三国以及国际组织有关汇率的立场。

2. 外汇管理和干预

《马约》规定欧洲央行具有开展外汇业务的全部权力。欧洲央行拥有外汇储备500亿欧元,这些外汇由成员国央行按其所在国的人口和经济总量比例缴纳。根据规定,欧洲央行可以自由支配这500亿欧元的外汇储备,在必要时,还可以动用成员国央行的外汇储备。欧元区成员国央行在动用其外汇储备时,必须获得欧洲央行的批准,以防止成员国央行开展外汇业务时出现与欧元区汇率政策不一致的问题。必要时,欧洲央行可在欧洲理事会的指示下,对欧元区与美元、日元以及其他货币进行外汇干预。欧洲央行行长理事会确定如何分配外汇干预的职权范围,并根据信贷信誉、竞争价格、资产规模等标准选定进行外汇干预的银行和信贷机构。

(五)欧洲央行体系货币政策的透明度管理

欧洲央行在制定与执行货币政策时,非常注重与公众的沟通,以确保公众能较好地理解政策的制定程序和依据,从而提高货币政策的透明度和可信度。为了让公众更好地了解货币政策,欧洲央行通过多种渠道向公众传递货币政策信息:① 在每月的第一次货币政策委员会会议结束之后,举行新闻发布会。新闻发布会上,欧洲央行行长将详细地介绍行长理事会对当前经济形势的分析以及与货币政策相关的物价稳定的风险评估,并通报管理理事会讨论的其他议题和决策的相关信息。新闻发布会的文字材料将于同一天刊登在欧洲央行的官方网站上。② 发布"月度公报",向公众公布所有统计信息和货币政策决策所依据的数据,同时还提供专家对货币政策的分析文章。③ 欧洲央行的行长、副行长以及货币政策委员会的其他成员充分利用各种机会与公众交流,阐述欧洲央行的货币政策策略和分析框架。④ 开展多种形式的研究,为货币政策的决策提供强有力的理论和实证的支撑,同时也起到向公众和市场宣传的作用。

(六)欧洲央行货币政策的挑战

欧洲央行的货币政策存在四大问题:一是最后贷款人的问题。在一个主权国家内,央行承担最后贷款人的角色,有责任最后保证国家支付体系的流动性,国家的资源总存量是货币的实物基础和最后担保。名义上,欧元区的最后贷款人是欧洲央行,但《马约》并没有赋予欧洲央行行使最后贷款人的权利,即使欧洲央行被欧元区国家授权来承担这个责任,也由于自有资本及其储备太少而不可能担此重任。实际上,欧元区没有真正的最后贷款人,一旦出现流动性危机,最后贷款人的缺位就会弱化欧元。二是金融监管问题。欧元区缺乏统一的中央当局对金融体系实施监管,《马约》规定了欧洲央行有一定的监管职能,但最主要的监管权力由各国的央行承担。这意味着一旦发生欧元区范围内的金融危机,解决问题将是很困难的,欧元区金融体系的稳定性难以得到根本保证。三是货币政策权分割。按照《马约》的规定,欧洲央行独立执行货币政策,但汇率机制由欧盟经济和财政部长理事会决定。四是欧洲央行和欧元区的货币政策决策缺乏透明度。

第六节 欧洲货币体系危机

一、危机梗概

从1992年9月开始,欧洲货币体系汇率机制出现了严重动荡,至9月中旬,终于爆发了一场自二战以来最严重的货币危机。当时,欧洲外汇市场气氛紧张,一方是以德国央行为首的欧洲货币体系成员国的央行,它们决心保卫马克兑英镑、意大利里拉等的汇率,因此不断地在外汇市场抛德国马克,买英镑和意大利里拉。另一方是外汇市场的投机势力,他们联合起来抛售英镑和意大利里拉,并大量买进德国马克。在外汇市场的激烈搏杀中,欧洲央行先后抛出200多亿美元的德国马克,却全部被市场投机者吃进。最后,这场较量以欧洲央行无力维持德国马克与英镑、意大利里拉的固定汇率而告终,英镑在9月16日被迫脱离欧洲货币体系,意大利里拉步其后尘也于9月17日退出。许多大的风投机构在这次汇率阻击战中大发横财,少的赚了数千万美元,多的则赚了近十亿美元,可谓赚了个盆满钵满。乔治·索罗斯(George Soros)是这场狙击英镑行动中最大的赢家,他从英镑空头交易中获利近10亿美元,在英国、法国和德国利率期货上的多头和意大利里拉上的空头交易使他的总利润高达20亿美元,其中索罗斯个人获利达1/3。在这一年,索罗斯的量子基金增长了67.5%。

二、危机的原因

1992年9月中旬发生这场货币危机的直接原因可以说是德国实力的增强打破了欧共体内部力量的均衡。当时德国经济实力因民主德国和联邦德国统一而大大增强。由于民主德国大搞基建,德国统一后,经济出现了过热趋势,财政出现了巨额赤字,政府担心由此会产生通货膨胀并引起民众的不满,进而引发政治和社会问题,因此不得不调高利率,以抑制通货膨胀。而英国和意大利当时正面临经济增长缓慢、失业增加的不景气局面。因此,它们亟须低利率政策,以降低企业借贷成本,鼓励企业增加投资,扩大就业,刺激居民消费以提振经济。显然,德国与其他成员国特别是英国和意大利在当时所面临的经济形势是不同的。因此,虽然德国当时的通货膨胀率只有3.5%,但是当欧共体要求其降息时,它还是拒绝了。并且,它不但不降息,反而还在1992年7月将贴现率提高至8.75%。这是在《马约》签订不到一年的时间里发生的事情,而成员国难以协调各自的经济政策的问题已经暴露无遗。

在英国经济长期不景气,正遭遇重重困难的情况下,它是不可能维持高利率政策的,而要想刺激本国经济发展,唯一可行的方法就是降低利率。但是德国非但不降反而提高贴现率,此时英国若再下调利率,将会进一步削弱英镑。就这样,由于德国的高利率,外汇市场出现了抛售英镑和意大利里拉而抢购德国马克的风潮,致使英镑和意大利里拉汇率大跌。

三、危机的导火索

芬兰首先对德国提高利率做出了反应,而芬兰马克与德国马克脱钩则是欧洲货币体系发生危机的导火索。如上所述,1992年7月德国将其贴现率提高至8.75%,芬兰马克与德国马克是自动挂钩的,德国提高利率后,芬兰人纷纷把芬兰马克换成德国马克,到9月芬兰马克对德国马克的汇率持续下跌。芬兰央行为维持比价,不得不抛售德国马克,并购买芬兰马克。由于芬兰马克仍狂跌不止,以及芬兰央行所持有的德国马克非常有限,1992年9月8日芬兰政府迫不得已宣布芬兰马克与德国马克脱钩,实行自由浮动。

英国和法国的政府当时就意识到问题的严重性,便向德国政府提出降低利率的建议。但德国不以为然,认为芬兰马克脱钩微不足道,便拒绝了英国和法国政府的建议,德国央行行长赫尔穆特·施莱辛格(Helmut Schlesinger)还公开宣布,德国决不会降低利率,他在《华尔街日报》刊登的一篇访谈中称:"欧洲货币体系不稳定的问题只能通过部分国家货币的贬值来解决……"他虽然没有提到"部分国家"是哪些国家,但是,对于伺机很久、准备利用欧洲货币体系危机大发横财的金融大鳄索罗斯来说,这种暗示已经足够清晰,它说明德国央行不会与英国共进退,更不会为英镑买单。之后发生的事情证明了这一点。以索罗斯为首的货币市场投机者在获此消息后就更加肆无忌惮地把投机目标转向不断坚挺的德国马克,他们疯狂抛出英镑、意大利里拉,大量购进德国马克,使市场震荡进一步加剧。

四、内部比价的第一次调整

意大利里拉在欧洲货币体系中一直属于软货币。虽然意大利政府曾在1992年9月

7日和9月9日先后两次提高银行贴现率(从12%提高到15%),同时还向外汇市场抛售德国马克和法郎,但也未能扭转局势。9月12日,意大利里拉告急,汇率一路下挫,跌到了欧洲货币体系汇率机制中意大利里拉对德国马克汇率的最大下限。在此情况下,9月13日意大利政府不得不宣布意大利里拉贬值,将其比价下调3.5%,而欧洲货币体系的另外10种货币将升值3.5%,这是自1987年1月12日以来欧洲货币体系比价的第一次调整。至此,德国政府出于维持欧洲货币体系的运行才做了些微让步,于9月14日正式宣布将贴现率降低0.5个百分点,由8.75%降到8.25%,这是德国五年内第一次降息。

五、英国和意大利两国脱离欧洲货币体系

虽然德国迫于情势降息,但为时已晚,因为一场更大的汇率风暴紧随其后。就在德国宣布降息的第二天,英镑汇率一路下跌,英镑与德国马克的比价冲破了三道防线,达到1英镑兑2.78德国马克。英镑的狂跌使英国政府乱了阵脚。财政部长诺曼·莱蒙特(Norman Lamount)请求英国首相约翰·梅杰(John Major)同意提高英镑利率获准后,英国政府于1992年9月16日清晨宣布提高银行利率2个百分点,几小时后又宣布再提高3个百分点,经过两次加息,利率由10%提高至15%。一天两次提高利率在英国近代史上是绝无仅有的。英国此举的目的是吸引国外短期资本流入,增加对英镑的需求以稳定英镑的汇率。为了此次行动,英格兰银行动用了其外汇储备440亿英镑中的150亿来救市,但情况仍未见好转,英镑继续下跌。显然,由于此时金融市场的信心已经出现动摇,英镑的跌势已很难出现逆转。

为稳定英镑汇率,各国央行从1992年9月15日到16日注入上百亿英镑的资金支持英镑,但都无济于事。16日英镑与德国马克的比价又由前一天的1英镑等于2.78德国马克跌至1英镑等于2.64德国马克,英镑与美元的比价也跌到1英镑等于1.738美元的最低水平。在上述措施未能奏效的情况下,9月16日晚,英国财政部长莱蒙特宣布英国退出欧洲货币体系,并将利率降低3个百分点,17日上午再降2个百分点,恢复到原来10%的水平。

意大利里拉在9月13日贬值之后,仅隔3天再度在外汇市场遇到危机。为了挽救意大利里拉,使它不再继续下跌,意大利政府动用了相当于40万亿意大利里拉的外汇储备进行干预,但仍未奏效,最终步英国后尘,于1992年9月17日宣布意大利里拉退出欧洲货币体系,任其自由浮动。之后,西班牙也宣布比塞塔贬值5%。此外,法国法郎、丹麦克朗和爱尔兰镑也相继跌至汇率机制规定的浮动下限。

在外汇市场风暴袭击下,欧共体财政官员召开了长达六小时的紧急会议。会后,宣布同意英国和意大利两国暂时脱离欧洲货币体系以及西班牙比塞塔贬值5%的决定。从1987年1月到1992年9月,五年多时间内欧洲货币体系的汇率只进行过一次调整,而在1992年9月13日至16日,三天之内就进行了两次调整,由此可见此次危机的严重性。这场危机使欧洲货币体系和欧洲经济与货币联盟进程都面临严峻考验。直到1992年9月20日,法国公民投票通过了《马约》,欧洲货币体系危机才暂时平息下来。

六、欧洲货币危机的教训

欧洲货币危机的教训是深刻的。危机在很大程度上反映了欧共体成员国在货币政

策上的协调不足。当时德国在其经济实力因民主德国和联邦德国统一而不断增强,德国马克坚挺的情况下,不顾英国和意大利两国因经济不景气而需要降息的要求,不仅拒绝了七国首脑会议要求其降息的呼吁,还提高了利率。在芬兰马克被迫与德国马克脱钩的情况下,德国仍然意识不到维持欧洲货币体系运行机制的迫切性,甚至公然宣布其绝不会降低利率。等到外汇市场风暴骤起,才宣布将其贴现率降低 0.5 个百分点。但是,将这场危机完全归咎于德国显然是不合理的。实际上,欧洲货币体系从产生的那一天起就埋下了危机的种子。欧洲货币体系汇率机制存在的局限性以及欧洲货币单位的确定本身所蕴含的矛盾等决定了危机的不可避免。

此外,《马约》签署之后,英镑兑德国马克 1∶2.95 的汇率显然虚高。民主德国和联邦德国统一后,由于民主德国大搞基建,德国经济出现了过热趋势,其央行为了抑制通货膨胀而加息也是迫不得已,但这在客观上向英镑施加了更大的压力。面对德国央行的加息,英国央行有两个选择:其一是跟随德国,上调英镑利率,以维持英镑在资本市场上的竞争力;其二是筹集资金在外汇市场上大量购买英镑来维持英镑汇率稳定。但是实际上两种选择都很难行得通。因为加息将使英国低迷的经济雪上加霜;而筹集资金稳定市场,英国政府和央行一时又很难筹集到那么多的资金。在此情况下,英国不可能把英镑的前途交由欧洲汇率机制来决定。这是因为尽管欧共体各国都在为实现欧洲一体化而努力,但解决国内问题仍然是各自的首要任务。所以,英国退出欧洲汇率体系是情理之中。

这次危机也说明了一个问题:在欧洲汇率机制内,任何国家都不能一意孤行,各国只能在合作与协调中才能求得稳定发展。由于各国经济政策具有溢出效应,成员国采取协调的经济政策就会促进欧盟经济的发展,而各行其是,则会产生对大家都不利的后果。

第八章　　欧洲债务危机

第一节　概　　述

欧洲债务危机(以下简称"欧债危机")指的是2008年金融危机之后欧洲部分国家因在国际借贷中大量负债并超过了其自身清偿能力,造成无力还债或者必须延期还债的现象。欧债危机是美国次贷危机的延续和深化。欧洲主权债务问题实际上与此次全球金融危机是密切相关的,是由此次金融危机发酵而成的。早在2008年10月华尔街金融风暴初期,冰岛主权债务问题就浮出水面,紧接着中东债务危机爆发。但是,由于这些国家经济体量小,国际救助又比较及时,其主权债务问题当时并未造成大的全球性金融动荡。

欧债危机最早发生在希腊。2009年10月初,希腊政府突然宣布,其2009年政府财政赤字和公共债务占GDP的比重预计将分别达到12.7%和113%,远超欧盟《稳定与增长公约》规定的3%和60%的上限。2009年12月,希腊的主权债务问题凸显,2010年3月进一步发酵,并开始向欧洲其他国家蔓延。鉴于希腊政府财政状况恶化,惠誉、标准普尔和穆迪三家全球最大的信用评级机构相继调低希腊主权信用评级,并将其评级展望定为负面,希腊及整个欧洲的债务危机由此拉开序幕。

最初,金融界认为由于希腊经济规模小,其发生债务危机的影响不会太大。但令人感到担忧的是,希腊并非唯一出现财政状况恶化的国家。实际情况是,截至2010年4月,葡萄牙、爱尔兰、西班牙和意大利也都面临严重的财务问题,其中爱尔兰和西班牙的财政赤字均占GDP的10%左右。此后,欧洲其他国家也开始陷入危机,包括比利时等外界认为较稳健的国家,法国和德国这两个欧元区的核心国家也受到了危机的影响。此时,希腊已非危机的主角,整个欧盟都受到债务危机的困扰。因为欧元大幅下跌,再加上欧洲股市暴挫,整个欧元区面对成立以来最严峻的考验。人们因此担心这场危机会影响到整个欧洲货币联盟的稳定。

从2011年1月下旬开始,全球主要金融市场再度出现动荡,其中纽约股市道琼斯指数曾一度跌破万点大关。许多分析人士担心,欧洲债务危机将会导致欧元的崩溃。哈佛大学教授马丁·费德斯坦(Martin Feldstein)在日内瓦接受采访时曾表示,希腊的紧缩财政计划有可能失败,它很可能会退出欧元区,金融大鳄索罗斯2011年2月有关"欧元不可能存活"的言论更是危言耸听。一时间,由希腊主权债务危机引发的对欧元前景的担忧成为人们关注的焦点。至此,由希腊开始的主权债务危机演变成了一场席卷整个欧洲的主权债务危机。有评论家更推测欧元区最终会以解体而收场。

专栏 8-1

从美国次贷危机到欧债危机

美国次贷危机也称次级房贷危机,是指一场发生在美国,因次级抵押贷款机构破产、投资基金被迫关闭、股市剧烈震荡而引起的金融风暴。美国次贷危机是从 2006 年春季开始逐步显现的,2007 年 8 月开始席卷美国、日本和欧洲等世界主要金融市场,导致全球主要金融市场出现流动性不足。将美国的次贷危机传导给全球金融市场的是其复杂而开放的金融制度。

一、美国次贷危机产生的原因

1. 美国政府错误的住房激励政策

房利美和房地美是美国从事抵押支持证券业务的主要机构,美国政府与国会资助房利美和房地美的目的是让中低收入的美国居民能够拥有自己的住房。为了实现上述目标,美国国会于 1977 年通过了《社区再投资法案》,督促银行等金融机构向经济能力较差、风险较高的私人或商业机构发行房地产抵押贷款,这就是次级贷款。逐利的私营金融机构之所以愿意发放次级贷款,是因为房利美和房地美会购买这些贷款并打包证券化。而私人或机构投资者之所以愿意购买房利美和房地美打包证券化后的住房抵押贷款,是因为美国政府为房利美和房地美发行的证券化产品提供了担保。因此,美国政府对房地产抵押贷款市场的干预是危机产生的源头。

在 2006 年之前的五年时间里,由于美国住房市场持续繁荣,加上之前几年美国利率水平较低,次级抵押贷款市场迅速发展。随着美国住房市场的降温尤其是短期利率的提高,次贷还款利率也大幅上升,购房者的还贷负担大大加重。同时,住房市场的持续降温也使购房者出售住房或者通过抵押住房再融资变得困难。这种局面直接导致大批次贷的借款人无法按期偿还贷款。由于之前的房价很高,银行认为尽管贷款给了次级信用借款人,但如果借款人无法偿还贷款,则可以利用抵押的房屋来还:拍卖或者出售后收回银行贷款。然而,由于房价突然走低,银行发现出售抵押的房屋得到的资金无法弥补当时的贷款和利息,甚至无法收回贷款本金,这样银行就会在这笔贷款上出现亏损。当出现大量无法还贷的借款人时,银行虽收回了房屋,却卖不了高价,出现大面积亏损,由此引发了次贷危机。

2. 利率波动是次贷危机的导火索

2000 年 5 月 16 日,美国联邦基金利率达到阶段高点 6.50%,此后一路走低,到 2003 年 6 月 25 日降至 1.00%,这样低的利率是前 20 年未曾出现过的极端情况。此后又一路走高,到 2006 年 6 月 29 日升至 5.25%。6 年多时间,联邦基金利率如同坐了一趟过山车。

房地产价格对利率高度敏感,且与利率反方向变化,美国房价也跟随联邦基金利率坐了过山车。联邦基金利率先下降,房贷月供跟随下降,房价上涨,刺激大量不具备长期房贷承受能力的中低收入人士买房。后来,联邦基金利率转而上升,房贷月供增加,房价下跌,还款能力差的人只好断供,并将资不抵债的房地产甩手给银行。面对突发而至的大量不良资产,银行只能选择破产,购买了大量贷款的房利美和房地美损失惨重,而购买了房利美和房地美发行的抵押支持证券的国内、国外机构和个人投资者也蒙受巨大损失,继而通过各种金融衍生品影响到美国金融市场并蔓延到全球金融市场。

二、从美国次贷危机到欧债危机

美国次贷危机造成的全球金融动荡对欧债危机有较大影响。从美国次贷危机到欧债危机的传导机制为次贷危机导致银行业危机。为避免银行倒闭和金融市场动荡,一些欧洲国家的政府对外举债为本国金融机构提供担保和流动性,对金融机构救助所增加的财政支出增加了主权债务,导致政府赤字上升,从而引发了主权债务危机。

不管是美国次贷危机还是欧债危机,政府在解决危机中都扮演了重要的角色。当次贷危机刚爆发时,美国政府还对市场通过自我修复来恢复正常抱有希望。2008年下半年,雷曼兄弟倒闭造成全球金融市场震荡。直到此时,美国政府才开始实施量化宽松的货币政策,发行大量国债进行救市,这些国债大部分由美联储购买。次贷危机造成美国各大金融机构流动性紧缩,同时由于市场恐慌,金融危机向全球蔓延。欧洲银行业也出现了大量与次贷相关的资产减记和损失。为防止经济衰退,欧洲各国都对濒临破产的金融机构实施一揽子的担保、注资以及经济刺激计划。

欧元区统一的货币政策和独立的财政政策之间的矛盾导致欧元区成员国在救市过程中过于依赖财政政策。欧元区货币政策是由欧洲央行统一制定的,而财政政策则由欧元区各成员国自己负责,这就是说,欧元区实施统一的货币政策后,成员国失去了独立的货币政策。因此,财政政策也就成为欧元区各国执行其经济政策的主要手段,导致各国在面对危机冲击时,只能过多地依赖财政政策,即通过举债和扩大赤字来刺激经济。这次全球金融危机爆发后,欧洲各国政府救市的举措也不例外,主要还是通过发行国债来达到救市的目的。由于欧洲储蓄率较低,政府必须依赖外部融资。在面对美国次贷危机的冲击时,实体经济受到巨大影响,政府财政收入下降而支出在高福利模式下仍然刚性增长。当政府的财力捉襟见肘并且无法再通过借新债还旧债来实现债务循环时,主权债务危机就发生了,而为金融机构担保的欧洲政府也将自己拖进了危机之中。

第二节 欧洲债务危机的过程

欧债危机大致经历了三个阶段:第一阶段是希腊债务危机,第二阶段是爱尔兰债务危机,第三阶段是葡萄牙、西班牙和意大利债务危机。

一、希腊债务危机

欧洲货币一体化从最初构想到成为现实,经历了三十多年的漫长岁月。1999年1月1日欧元正式启动,从此在国际金融市场正式登场。为了使欧元问世后能成为稳定的货币,1991年12月10日通过的《马约》为加入欧洲经济与货币联盟第三阶段——单一货币区——的国家规定了五项"趋同标准",其中的两项标准是预算赤字不能超过GDP的3%和负债率低于GDP的60%。趋同标准的设计是为了确保单一货币联盟的稳定和信誉。

欧元的诞生对于欧元区成员国的好处是显而易见的。最大的好处莫过于欧元区是个蕴藏着无限商机的巨大市场,其每年的内部贸易额达1.6万亿美元,约占全球贸易总量的15%。实行统一货币后,不仅能节省巨额的交易成本,还使人才、资金、技术和资源等得到最佳配置,从而获得最大的经济效益。这对欧盟成员国有很大的吸引力。但是,欧盟成员国要想加入欧元区,享受到欧元区带来的诸多好处,必须达到《马约》规定的经济趋同的五项标准。1999年欧元启动时,在申请加入欧元区的12个欧盟成员国中,希腊是唯一由于未达标而无法首批加入欧元区的国家。在《马约》规定的欧盟成员国必须达到的五项趋同标准中,希腊有两项不达标,即预算赤字不能超过GDP的3%、负债率不能高于GDP的60%。因此,处于困境中的希腊就求助于华尔街的高盛公司,高盛很快为希腊量身定做了一套"货币掉期交易"方式,为希腊掩盖了一笔高达10亿欧元的公共债务,使其预算赤字在账面上仅为GDP的1.5%,达到《马约》规定的标准,于2001年顺利加入欧元区。之后,高盛还牵线希腊与15家银行达成货币掉期协议,帮助希腊长期掩盖真实赤字状况,使得希腊10年来一再低报预算赤字数目。实际情况是,希腊自2001年加入欧元区至2011年,仅有2006年的财政赤字小于GDP的3%。然而,纸包不住火。随着全球金融危机的爆发,融资愈加困难,融资成本也愈发高昂,希腊债务链难以为继,其债务问题终于爆发了。一时间,希腊债务链全线崩溃,希腊的债务危机震动了世界金融市场。

从表面上来看,高盛在希腊债务危机中的角色是金融机构和主权国家之间的利益纠葛,但是,从深层次来看,这是阻止欧洲一体化战略在经济上的一种表现。有分析指出,高盛行为的背后反映的是欧美之间的金融主导权之争。

希腊债务危机的爆发削弱了欧元的竞争力,欧元自2009年12月开始一路下滑。2010年5月10日,欧盟27国财长被迫决定设立总额为7500亿欧元的救助机制,帮助可能陷入债务危机的欧元区成员国,防止危机继续蔓延。这套庞大的救助机制由三部分资金组成,其中4400亿欧元将由欧元区国家根据相互间的协议提供,为期三年;600亿欧元将以欧盟《里斯本条约》相关条款为基础,由欧盟委员会从金融市场上筹集;此外,IMF将提供2500亿欧元。欧盟庞大的纾困行动令市场信心得到一定的修复,市场对欧债危机的担忧有所缓解,欧元暂时获得"喘息之机"。

二、爱尔兰债务危机

2010年9月底,爱尔兰政府宣布,预计2010年财政赤字将会高达GDP的32%,到2012年爱尔兰的公共债务占GDP的比重预计将达到113%,是欧盟规定标准的2倍。2010年11月2日,爱尔兰5年期债券信用违约掉期(CDS)费率创历史新高,表明爱尔兰主权债务违约风险加大,由此宣告爱尔兰债务危机爆发。11月11日,爱尔兰10年期国债收益率逼近9%,这意味着爱尔兰政府从金融市场筹资的借贷成本已高得难以承受。爱尔兰债务危机全面爆发,并迅速扩大了影响范围。爱尔兰政府从最初否认申请援助到后来无奈承认表明爱尔兰债务危机进一步升级。

在此情况下,欧盟27国财长讨论后决定正式批准向爱尔兰提供850亿欧元的援助方案。然而,爱尔兰得到援助不是无条件的,它必须接受苛刻的财政条件,即大力整顿国内财政状况、大幅削减政府财政预算,以达到欧盟规定的水平。就这样,爱尔兰成了继希腊之后第二个申请救助的欧元区成员国。至此,欧洲债务危机算是暂时告一段落。

三、葡萄牙、西班牙和意大利债务危机

在欧元区成员国中,葡萄牙和西班牙的经济状况好于希腊和爱尔兰。在爱尔兰债务

危机刚刚告一段落时,市场的焦点就转向了葡萄牙和西班牙这两个国家。金融危机爆发后,葡萄牙的经济一路下滑。2009 年,其财政赤字占 GDP 的 9.4%,大大超出欧盟规定的 3% 的上限,这一比重是继希腊、爱尔兰和西班牙之后的欧元区第四高。西班牙面临的首要问题是公共债务规模太大:其公共债务规模高达 1 万亿欧元。2010 年 2 月 4 日,西班牙财政部指出,西班牙 2010 年整体公共预算赤字恐将占 GDP 的 9.8%。2010 年 2 月 5 日,债务危机引发市场恐慌,西班牙股市当天急跌 6%,创下 15 个月以来的最大跌幅。西班牙也是欧洲住房市场问题最严重的国家之一,其存在房产泡沫以及相应的建筑市场过热问题,产能大量过剩,大量房屋空置,建筑行业岌岌可危。由于西班牙是欧元区第四大经济体(希腊、爱尔兰和葡萄牙在欧元区都属于小国,它们的经济总量加起来只有西班牙的一半),欧债危机一旦在西班牙蔓延,其后果将不堪设想。意大利是欧元区第三大经济体,欧债危机爆发后,它也未能幸免,其 10 年期国债与德国国债之间的收益率利差已升至欧元流通以来的新高;欧债危机还波及地处欧洲心脏的比利时,其 10 年期国债收益率呈现连续上扬态势。

第三节 欧洲债务危机的成因

造成此次欧债危机的原因有很多,如工资增长快于劳动生产率增长、不动产泡沫、银行监管不力、主权信用评级机构的推波助澜、对欧元区过度乐观从而导致过度负债等。而在分析希腊等国主权债务危机产生的原因时,许多观点把希腊等国主权债务危机产生的原因主要归咎于欧元区制度设计缺陷带来的问题,如统一的货币政策与独立的财政政策之间的矛盾等。但是,也有观点认为,把主权债务危机产生的原因主要归咎于欧元区自身存在的问题显然是失之偏颇的。因为就财政赤字而言,如果说统一货币使得希腊、葡萄牙等国无法像过去那样利用本币贬值来应对债务危机,而只能依赖财政政策,通过举债和扩大赤字来刺激经济,从而造成赤字严重超标,那么如何解释美国、英国、日本等国家的财政赤字呢?这些国家的财政赤字也很严重,债务状况也不乐观。评级机构穆迪就指出,美、英、日等国家如果不能洁身自好,也将面临主权信用被降级的危险。事实上,2009 财政年度,欧元区成员国财政赤字占 GDP 的平均比重约为 6.4%。而美国联邦政府赤字占 GDP 的比重却高达 10%,始终未加入欧元区的英国的财政状况则更加糟糕。很显然,财政赤字问题并不仅仅是欧元区成员国的问题。根据这部分人的观点,区域经济发展不平衡、希腊等国的产业结构不合理以及评级机构在此次危机中的推波助澜作用同样是不可忽视的原因。

一、欧元区自身存在的问题

欧元区自身存在的问题主要有以下几个方面:

(一)统一的货币政策与独立的财政政策之间的矛盾

1. 统一的货币政策与独立的财政政策之间的矛盾是欧元体系设计的缺陷

这是因为欧元区货币政策是由欧洲央行统一制定的,而财政政策则由欧元区各成员国自己负责。也就是说,欧元区实施统一的货币政策后,成员国失去了独立的货币政策,而财政政策仍由各国政府独立执行。因此,财政政策也就成为欧元区各国执行其经济政策的主要手段。统一货币使得希腊、葡萄牙等国无法像过去那样利用本币贬值来应对债务危机,从而导致了各国面对危机冲击时,只能过多地依赖财政政策,即通过举债和扩大赤字来刺激经济。此外,融资成本相对较低的情况导致了部分国家在财政支出方面谨慎不足。这种由超国家的欧洲央行执行货币政策、由各国政府执行财政政策的宏观经济政策体系,成为欧元区运行机制中最大的缺陷,其要害是统一的货币政策和独立的财政政策很难步调一致。这次危机已充分暴露出这一弊端。

2. 欧洲央行和各国政府的调控目标不一致

货币政策和财政政策是一个主权国家调节经济运行的两个最主要的政策工具,两者通过不同的政策指向与调节机制对经济运行实施有效调节。欧洲央行的目标是维持低通货膨胀,保持欧元币值稳定。而各成员国的财政政策则着力于促进本国经济增长和就业。在失去货币政策的独立性之后,成员国只能采用单一的财政政策应对各种冲击。这意味着欧洲央行的货币政策和各国政府的财政政策在目标上是不一致的,这种不一致性导致政策效果大打折扣。各国政府在运用财政政策时面临两难选择,即一方面要遵守《马约》的规定,另一方面又要促进本国经济增长。加入欧元区之前,希腊、爱尔兰等国的政府赤字本来就已经偏高,加入欧元区后,希腊、爱尔兰等国并没有因此采取紧缩政策和削减赤字,而是利用较为低廉的融资成本扩大财政预算,以达到刺激本国经济发展的目的。次贷危机爆发之后,由于缺乏独立的货币政策,刺激经济、解决就业的重任就完全落在了财政政策上,政府不得不扩大财政开支以刺激经济,结果赤字更加严重。

(二)成员国经济发展水平不同产生的矛盾

成员国经济发展水平不同产生的矛盾难以调和。希腊、爱尔兰等国在加入欧元区之后享受到了欧元区使用单一货币的好处,比如消除汇率浮动、促进跨境贸易和促进跨国就业等,使得政府和企业在国际资本市场上融资更加便利,与其他国家之间的资本流动更加顺畅。但是,将经济发展水平不同的国家置于一个统一的货币区内存在诸多难以调和的矛盾,制度上的弊端也为债务危机的爆发埋下了伏笔。欧元区成员国经济发展不平衡,增长模式和发展速度也各不相同,特别是中东欧国家加入欧元区后,更加剧了区域内经济发展的不平衡。各国对货币政策的诉求不尽相同,但是欧洲央行显然难以同时兼顾所有成员国的利益,这一问题在单一货币体制下难以得到有效解决。

(三)债务快速增加

金融危机蔓延时放松财政监控导致债务快速增加。2010—2011年,因遭遇全球金融危机冲击,欧元区国家的财政赤字和主权债务普遍增多,其中以希腊、爱尔兰、葡萄牙、西班牙四国的情况最为严重。虽然欧盟《稳定与增长公约》对欧元区成员国财政赤字和公共债务水平有严格的规定,并且对超标也有惩罚措施,但自欧元区1999年成立以来,包括德国在内的成员国财政赤字和公共债务超标的情况就时有发生。欧盟内部虽然对此存在激烈争论,也出现过黄牌警告,但最终处理的力度不够。特别是在国际金融危机以及后来的经济危机中,为了刺激增长、阻止衰退、保证就业,欧盟委员会对于欧元区成员国大量举债的行为采取睁一只眼闭一只眼的态度。例如,鉴于希腊、西班牙、葡萄牙、爱尔兰等国财政状况恶化,欧盟实际上早已对这几个成员国启动了赤字超标程序,督促其采取措施将赤字水平降至允许的范围内,但实施效果并不明显。特别是在这次金融危机中,希腊等欧元区国家由于经济存在结构性弊端、竞争力下降、政府财政入不敷出而不得不大量举债、扩大开支以刺激经济增长时,欧盟委员会采取了默认态度,这给危机埋下了隐患。很多分析指出,欧盟在其成员国债务问题监管机制上存在的漏洞和不足是高盛等华尔街风投屡屡得手的原因之一。

此外,各国财政政策的制定和实施之间也缺乏协调机制,就像一盘散沙。危机爆发后,救助过程中各国政府争吵不休,各有各的打算,导致数月后才出台对希腊的救助机制,这也被看作希腊债务危机不断升级的一个重要原因。

二、欧洲债务危机的其他原因

上述欧元体系先天性的制度缺陷固然是危机产生的主要因素,但欧盟经济结构性缺陷也是重要因素,主要表现在两个方面:一是经济发展区域不平衡,二是一些国家的产业结构不合理。由于存在这些问题,希腊等欧元区国家不得不在金融危机中增加开支以刺激经济增长。此外,评级机构的推波助澜和对冲基金的兴风作浪同样不可小觑。

(一)区域经济发展不平衡

欧元区的各个国家经济差距较大,区域之间的发展极不平衡。其中,德国、意大利和法国等国的经济较为发达,而希腊、爱尔兰等国的经济较为落后,竞争力不强,政府财政入不敷出。德国的GDP占欧元区GDP总规模的20%,德国、法国、意大利三国占比更是高达50%。在欧元区成立之后,德国、法国、意大利等核心国家利用制度、技术和资金的优势,享受着地区整合和单一货币区带来的好处;而希腊、爱尔兰等国则不然。在单一货币区内,统一的货币政策更加有利于德国、法国、意大利等国的经济目标,从而导致区域发展不均衡问题愈发严重。自2007年次贷危机爆发以来,希腊、爱尔兰等国政府为了拯救本国经济,都采取了刺激经济增长的计划。因此,政府的财政赤字出现恶化在所难免。

(二)希腊、爱尔兰等国的产业结构不合理

希腊、爱尔兰、葡萄牙、西班牙和意大利五国属于欧元区中相对落后的国家,它们的经济有一个共同的特点:过多依赖出口和旅游业,经济发展过度依赖信贷,房地产泡沫严重。以希腊为例,希腊经济主要依靠旅游业、造船业和农业,其中,以旅游和运输等为主体的服务业在经济活动中具有顺周期的特点,特别容易受到外部市场环境波动的影响。房价上涨提高了消费者信心,居民消费增加带动了经济增长。但在金融危机的冲击下,房地产泡沫破裂,导致失业率高企,银行业坏账率激增。在此种情况下,债务危机的爆发难以避免。在经济全球化的背景下,新兴市场的劳动力成本优势吸引了全球制造业逐步向新兴市场转移,南欧国家的劳动力优势不复存在。由于这些国家没有及时调整产业结构,其经济在危机冲击下就显得十分脆弱。

1. 资源配置不合理以及配置效率低下导致脆弱的希腊经济深受危机影响

希腊进入工业化的时间较短,且受自然资源的限制,因此整体结构不尽合理,对工业制品进口依赖度较大,其出口产品以农产品、资源性初级加工产品及金属制品为主,缺少

附加值较高的技术密集型产品。随着亚洲新兴国家的崛起,其低附加值的出口产品受影响较大,欧元的升值也打击了其出口,导致贸易赤字逐年扩大。希腊的劳动力、能源等生产要素市场竞争不充分,资源配置效率不高,处于垄断地位的希腊公共企业改革阻力较大,公用事业市场开放相对滞后。希腊的国有企业效率低下,已经成为财政包袱,但是政府为了拉拢选民、赢得大选,仍然大力扩展公共部门,这进一步降低了资源配置效率。社会福利居高不下也与希腊债务危机有很大关系。希腊的高福利政策没有建立在可持续的财政政策之上,历届政府为讨好选民,盲目为选民增加福利,导致赤字扩大、公共债务激增,而偿债能力却越来越弱。因此,只要经济状况出现问题,巨大的财政赤字和较差的经济状况自然会使整体实力偏弱的希腊等国成为国际金融势力的狙击目标。此外,税收制度上的缺陷导致经济波动风险增加,希腊政府每年因偷逃税造成的财政收入损失至少相当于 GDP 的 4%。

2. 爱尔兰经济过度依赖出口和房地产导致其在次贷危机后遭到重创

爱尔兰自加入欧元区以来一直被誉为欧元区的"明星"。在次贷危机以前,其经济增速一直明显高于欧元区平均水平,人均 GDP 也比意大利、希腊、西班牙高出两成多,比葡萄牙高出一倍左右。在经济发展过程中,爱尔兰采取了低税率政策来吸引外商投资,其企业税税率只有 12.5%,而德国是 30%,法国是 33%。截至 2009 年,爱尔兰吸引 FDI 金额的存量达 2 100 亿欧元。低税率一方面减少了政府收入,另一方面在经济繁荣时期导致过大的货币流动量,使得经济泡沫化,而在次贷危机爆发后,FDI 的流出对经济造成了较大打击。另外,爱尔兰每年都存在大量的贸易顺差,2009 年的贸易顺差是 387 亿欧元。但在 2010 年年底爱尔兰经济同样出现了危机,并接受了欧盟和 IMF 的救助,究其原因主要是其过度依赖房地产投资的拉动。实际上,2005 年爱尔兰房地产业就已经开始出现泡沫,并且在市场推波助澜下越吹越大,至 2008 年,其房价已经超过所有 OECD 国家的房价。在次贷危机的冲击下,爱尔兰房地产价格出现急跌,银行在房地产泡沫破裂后遭受重大打击,国家为救助银行也陷入债务危机。此外,爱尔兰经济过度依赖出口也导致其在次贷危机后遭到重创。

3. 次贷危机后融资成本飙升使葡萄牙企业受到冲击

葡萄牙的工业基础薄弱,经济发展主要依靠服务业发展的推动,葡萄牙的服务行业在过去十几年中得到持续增长。得天独厚的自然条件使得葡萄牙旅游业得到很好的发展。金融危机爆发前,葡萄牙政府在扶持高科技企业上投入了大量资金,这些资金通常都是通过低息贷款获得的。次贷危机的爆发导致融资成本随之飙升,从而使葡萄牙企业受到冲击,进而影响到葡萄牙整个国民经济。

4. 过度依靠房地产投资和旅游业的拉动是西班牙经济的致命缺陷

西班牙经济的致命缺陷是过度依靠房地产投资和旅游业的拉动。因此,在经济发展过程中,西班牙同样也出现了房地产泡沫。由于长期享受欧元区低利率的好处,房地产业和建筑业成为西班牙经济增长的主要动力。2007 年,西班牙的地产产值占到当年 GDP 的 17%、税收的 20%,建筑业从业人员占全国就业人数的 12.3%。2003 年,西班牙外资 12 个月累计投资房地产总额占 GDP 的 90%(经济危机爆发后,FDI 大量流出,该比重跌至 35%)。1999—2007 年,西班牙房地产价格翻了一番,同期欧洲新房屋建设的 60% 都发生在西班牙。房地产业的发展带动了就业,促使西班牙失业率大幅下降。2007

年,西班牙失业率从两位数下降到了8.3%。金融危机爆发后,房地产泡沫的破灭导致西班牙失业率又重新回到了20%以上。此外,海外游客的减少对西班牙的旅游业造成了重大的打击。

5. 过度依赖制造业出口和旅游业使得意大利经济在危机中易受冲击

意大利经济也主要依靠出口拉动,2010年,意大利成为世界第七大出口大国,出口总额达4131亿欧元,占世界出口额的3.25%。因此,意大利经济也极易受到外界环境的影响。金融危机的爆发对意大利的出口制造业和旅游业冲击很大,2009年,其出口总量出现大幅下滑,之后有所回升,但是回升的情况还主要依赖于各国的经济复苏进程。随着世界经济日益全球化和竞争加剧,意大利原有的竞争优势逐渐消失,其经济增长速度低于欧盟平均水平。

(三) 评级机构的推波助澜和对冲基金的兴风作浪

1. 评级机构的推波助澜

除上述经济结构性缺陷外,评级机构是此次危机深化的加速器。在希腊债务危机演变成欧洲债务危机的过程中,国际信用评级机构所扮演的角色备受争议。2010年年底以后,国际三大评级机构相继下调希腊主权信用评级,标准普尔下调希腊和葡萄牙主权信用评级,将希腊长期主权信用评级从"BBB+"下调至"BB+",归入"垃圾级";将葡萄牙长期主权信用评级从"A+"下调至"A-",发展前景为"负面"。之后,标准普尔又将西班牙主权信用评级前景下调至"负面",爱尔兰也受到评级或遭下调的警告。另一评级机构穆迪则以"缓慢死亡"来形容葡萄牙和希腊的经济前景。评级机构下调希腊等国的主权信用评级的直接后果是这些国家在资本市场上借入资金的利息变得相当高,这是促使危机向深度发展的一个重要原因。

葡萄牙政府宣称,评级机构对其主权信用评级做出了不负责任的判断,对投资者产生了误导。正是评级机构的这一举动引发了欧洲股市大跌,给欧洲债务危机火上浇油。一时间,欧元区利空消息不断,欧元走势不断下行。据《金融时报》报道,芝加哥商品交易所(CME)数据显示,截至2011年2月2日的一周内,共有约4万份沽空欧元的合约,总计金额约达76亿美元,创下欧元诞生以来最大规模空头头寸。投机者攻击欧元的企图十分明显。金融资本先是拿希腊开刀,进而把目标对准欧元区内财政赤字和债务状况较差的爱尔兰、葡萄牙和西班牙,扩大欧元区债务危机范围,极力营造市场恐慌气氛,以达到做空欧元的目的。

标准普尔和穆迪是在国际评级行业中占主导地位的三大机构中的两家,均是美国公司。因此,美国在评级事务中占据绝对的垄断地位。美国的信用评级机构监管着全球市场,但它们自己却可以不受任何约束,而且对本国公司异常宽容。例如,在2007年席卷全球的次贷危机中,美国银行业损失巨大,却从不见标准普尔或穆迪降低美国的主权信用评级。在国际金融危机中,评级机构违背利益冲突原则,受雇于债券等发行方,对一些复杂、高风险的投资产品给予了很高的信用评级,导致这些投资品分散于世界各地。而正是美国评级机构向市场提供了虚假信息,在美国次贷危机苗头显现时,未能及时提醒投资者注意风险,从而导致损失扩大,加剧了金融市场的动荡,最终导致危机全面爆发。主权债务危机不仅是因为一个国家债务量大而引起的,更是由于一个国家因债信评级下降,投资者害怕该国没有能力偿还这些债务而引发的危机。所以说,评级机构在这次危机过程中所扮演的角色确实耐人寻味。

2. 对冲基金的兴风作浪

对冲基金的兴风作浪是危机迅速扩散的另一个重要原因。金融投机势力在希腊主权债务危机中推波助澜,大获其利。投机者放大希腊主权债务危机,渲染欧元区其他主权债务违约风险,做空欧元。正是由于一些国际投机者借希腊债务危机事件炒作,才不断抬高了希腊政府的融资成本,加剧了希腊政府的财务困境。这次全球金融危机的发生和投机者的炒作是放大希腊"债务问题",助推欧洲债务危机不断升级并最终使其升级为"主权债务危机"的又一重要原因。对冲基金大鳄(量子基金主席)索罗斯甚至公开警告说,如果欧盟不解决财务问题,欧元将会土崩瓦解。这对市场信心产生了很大影响。

第四节　欧洲的救市计划

欧债危机已成为欧元区成立以来欧元和欧元区成员国面临的最大一次挑战。希腊、葡萄牙、西班牙等国的债务问题已经不是一个国家的问题,而是整个欧洲乃至全球性的问题,并且成为全球的关注焦点。如果希腊违约风险蔓延至葡萄牙、西班牙等易受冲击的国家,就会引发欧元区内部风险的集中爆发,这是因为希腊、葡萄牙和西班牙90%的外债由以德国和法国为主的其他欧洲国家银行持有。

鉴于违约可能引发系统性风险,欧盟对希腊债务问题不会袖手旁观,也不会放任自流,让希腊和其他成员国出现违约情况。因为没有人愿意看到希腊或其他成员国退出欧元区,或者容忍欧元区解体。

事实上,欧盟也没有坐视希腊债务问题恶化到无法挽回的地步,以至于引起整个欧洲金融体系动荡。面对日益蔓延的债务危机和欧元国际地位岌岌可危,欧盟果断灵活地采取了一系列救助措施,从临时救助到永久性稳定机制,从微观到宏观,欧洲央行通过不同方式向市场注入大量流动性,从而使欧债危机得以缓解。

欧债危机发生初期,欧盟主要采用"宽货币、紧财政"政策以及寻求外部援助措施。宽货币政策主要是将欧元区利率长期维持在1%左右的较低水平上,同时采取量化宽松货币政策,向银行业提供流动性,欧洲央行购买欧元区国家发行的国债。紧财政政策主要是各国实施紧缩计划。在危机爆发后期,欧洲央行采取了更多的救助方案来拯救欧洲经济,如成立欧洲金融稳定基金、欧盟金融稳定机制及欧洲稳定机制等。

一、救援经过

针对债务问题的救援有一个过程,这是从最初秉持不救援原则到针对希腊出台超预期的救援措施这样一个不断升级的过程,这本身足以证明此次债务危机的严重性。

希腊债务危机爆发之初,欧盟认为,希腊的债务危机是因其不遵守欧盟《稳定与增长公约》设定的财政赤字和公共债务上限而造成的,希腊自己必须对此负责,并采取相应的紧缩和改革措施加以应对。可以说,在欧盟统计局2010年4月公布债务水平数据之前,欧盟一直都认为希腊债务危机的风险可控,即便需要援助,也仅仅是针对其2010年的债务进行再融资而已。因此,欧盟和IMF在2010年4月初讨论的救援方案涉及的资金很少,只有450亿欧元,仅相当于希腊2010年度需要再融资的额度。这是因为欧元区成员国担心,无条件救助希腊可能助长欧元区内部"挥霍无度"并引发本国纳税人的不满。可以说,为防止道德风险的发生,欧盟当时并没有立即采取救援措施。由于对救援分歧不断,加之欧元区内部协调机制运作不畅,救助希腊的计划迟迟无法出台,导致危机持续恶化。

专栏 8-2

法国和德国在欧债危机救援问题上的主要分歧

法国和德国在救援问题上存在很大分歧。法国一开始就坚决支持救援,而德国在救援问题上的态度则表现得左右摇摆。这种状况导致救助希腊的计划无法及时出台,对化解欧债危机十分不利。在欧盟内部是否要对身陷危机的国家施以援手主要取决于法国和德国两大国的态度。两国之所以在这个问题上会有这么大的分歧,主要原因是各自都是从自身利益来考虑救援问题的。法国坚决支持对危机国实施救援,因为法国银行持有相当数量的欧元区债券,如果这些国家违约的话,法国将损失惨重。德国是欧元区第一大经济体,其经济发展强劲很大程度上得益于严格的成本控制。在欧元区实行统一货币后,德国国内工资上涨速度缓慢(年均2%左右),导致德国国内消费不振,但是赤字却得到较好的控制。而希腊、爱尔兰、葡萄牙、西班牙和意大利五国自加入欧元区之后,为了缩小与欧元区其他国家各方面的差距,工资一直在上涨,平均每年上涨10%以上,以至于这五国的工资水平与法国和德国之间的差距不断缩小。但是随着工资的上涨,竞争力也不断减弱,这些国家后期只能靠旅游、房地产等产业来拉动经济增长,因而在受到外部冲击时显得不堪一击。德国常年忍受着福利削减、工资长期不上涨的痛苦,此时此刻却要让它去救助那些享受高福利高工资的国家,本国民众显然会心理不平衡。因此,为了在大选中获得更多的选票,德国政府在做决定时必须要考虑民众的呼声。但是,如果不救的话,希腊等深陷危机的国家一旦违约,不可避免地会危及本国经济,德国自然不愿意看到这种局面,因此它面临艰难的选择。

直到欧盟统计局2010年4月公布债务水平数据后,欧盟和市场才都意识到事态的严重性,因为希腊债务问题的严重性超过了预期,涉及的国家越来越多,欧盟27个成员国中多达20个国家的财政赤字占GDP的比重超过了3%的警戒线。葡萄牙和西班牙当时也已经遭遇信用评级降低的境况,如果此时再不出台切实有效并有针对性的救援措施,则风险可能进一步蔓延。为此,2010年5月2日,欧盟出台了规模为1100亿欧元的新救援计划。

但是,此时希腊危机和欧洲债务风险已经蔓延到了全球金融市场,2010年5月的第一周,全球金融市场出现了罕见的动荡。5月5日,希腊爆发全国性大罢工,引发欧洲股市大面积下跌。5月6日,美国股市盘中下挫近千点,创单日盘中下跌点数历史之最。外汇及期货市场也出现了1987年股灾以来最混乱的局面。国际油价一周之内下跌十几美元。金属、农产品等大宗商品均大幅下跌。大量资金撤离股市和商品市场,为寻求避险转而涌向了黄金资产,致使黄金价格再次突破每盎司1200美元,创历史新高。面对剧烈动荡的金融市场,欧盟在极短的时间内再次和 IMF 联手出台了一系列救援计划,涉及的资金高达 7 500 亿欧元。

欧盟上述援助计划的实施使希腊等国的债务问题在一定程度上得到了缓解。但这仅仅是暂时的缓解,因为希腊还面临源源不断的到期债务,而其财政状况并未得到根本改观,偿付能力也没有得到实质性提高。2010 年年底,希腊债务占 GDP 的比重从 128% 进一步上升至 142.8%。2011 年 5 月初,在接受了 530 亿欧元救助资金后,希腊又面临 137 亿欧元的到期债务。此时,由于财政紧缩和经济增长下滑,希腊的支付能力实际是下降的。因此,当面临巨额到期债务时,希腊不得不要求欧盟降低对其援助贷款的利率,同时要求债权人延迟债务的偿还期限。

一波未平,一波又起。2011 年 5 月底至 6 月初,希腊债务危机再次爆发。5 月 23 日,希腊总理帕潘德里欧表示,2012 年和 2013 年希腊分别需要再融资约 270 亿欧元和 300 亿—400 亿欧元。但是,由于希腊无法在资本市场进行再融资,到期债务面临违约风险。因此,希腊 10 年期国债收益率飙升至 16.4%,与此同时,德国 10 年期国债收益率则降至 2.96%。希腊政府债券收益率与德国政府债券收益率之差如此之大,说明希腊政府债券的风险巨大,同时也说明希腊主权债务危机进一步恶化。6 月初,穆迪将希腊的主权信用评级从 B1 降至 Caa1,未来 5 年债务违约风险上调至 50%。此时,黄金价格飙升,每盎司已经超过 1 500 美元。

为此,2011 年 6 月初,欧元区就救助希腊的新一轮计划达成临时性协议。临时性协议要求希腊的私人部门出资约 300 亿欧元。市场当时预期整个救援规模约为 650 亿欧元。临时性协议还要求希腊私人部门债权人将即将到期的债务置换成期限更长的债务。但是,该轮援助计划由于 IMF 原总裁多米尼克·斯特劳斯-卡恩(Dominique Strauss-Kahn)的丑闻和欧元区内部的争论而进展缓慢,直到 7 月 21 日才正式出台。根据该轮计划,欧元区国家向希腊提供 1 090 亿欧元的融资。此外,私人部门提供 370 亿欧元。至此,救援的总规模已经远远超出市场的预期。这也充分说明了希腊债务问题的严重性。实际上,该轮救援计划所动员的资源基本是第一轮救援计划所确立的 7 500 亿欧元,只不过多了私人部门的参与。

二、救援方案

可以说,欧元区本身的经济实力和欧元区主要国家经济的持续增长是此次救援的基础。欧洲主权债务问题的解决方法除了货币贬值、市场融资,还有外部援助的方式。由于欧元区实行统一的货币政策,第一种方式对欧元区成员国显然并不适用,第二种方式因陷入危机的希腊融资难且成本高也不现实,第三种方式就是外部援助。而外部援助有两个途径:一是从欧元区国家获得援助,二是从 IMF 获得援助。

而欧盟此次救援采取的是欧盟、欧元区大部分成员国以及 IMF 联手共同救助的方法,即救援实施主体是欧元区成员国、欧盟和 IMF,受援主体主要是欧元区成员国。救援的运行基本都是通过欧元区和欧盟的财长会议及峰会来商讨救援政策并做出相应决策。救援的资金主要来源于欧元区成员国和 IMF。其中欧洲金融稳定基金规模最高可达 4 400 亿欧元,IMF 出资规模最高为 2 500 亿欧元,欧洲金融稳定机制出资规模为 600 亿欧元。各成员国承诺的出资规模是根据欧元区成员国在欧洲央行的资本金比例和现实的财政状况做出的。德国在欧洲央行的资本金比例最高(18.9%),财政状况良好,原定出资比例为27.1%,调整后出资比例为29.1%;法国次之,原定出资比例和调整后出资比例分别为20.4%和21.9%。希腊在欧洲央行的资本金比例为2%,原定出资比例为2.8%,但是,由于希腊财政状况十分糟糕,是此次救助的主要对象之一,希腊没有做出出资承诺。同样无法履行出资责任的国家还有葡萄牙和爱尔兰。

本次救援采用了分步走的策略:首先,救援规模要得到欧元区和欧洲金融稳定基金的同意,救援细节需要各方达成共识;其次,救援资金分多次发放,每次发放之前都要进行一次评估,考察受援国的承诺兑现程度以及后续政策的评估;最后,受援国要进行相应的改革,特别是财政整固计划。如果财政整固计划等政策执行不力,欧洲金融稳定基金可以暂停甚至取消对该成员国的援助。

(一)"自愿双边贷款救助计划"

在2010年3月25日召开的欧元区峰会上,欧元区成员国领导人终于通过了希腊救助方案,同意与IMF联手,共同救助希腊。根据计划,救助贷款只能在希腊走投无路,即市场不愿借钱、希腊政府债券无人问津时,经过欧元区所有成员国一致同意,才能动用。该方案同时要求加强监管,防范成员国的财政失控。在该方案中,IMF将少量参与救援计划。这符合欧元区的一贯想法,就是依靠欧元区自身的力量来解决问题,保持市场对欧元的信心。这套方案发出了一个稳定的信号,对希腊经济产生了积极影响。但是,由于这项计划只在欧元陷入最危急的情况下才可以实施,该计划只能算作道义上的支援,目的也只是增强市场对希腊的信心,以便让希腊在金融市场上能以同等条件筹措到资金。但事与愿违,希腊债务危机并没有因此而减弱,而是开始向其他欧元区国家蔓延。这说明,当时欧盟对希腊债务危机的程度估计并不足,认为希腊债务危机不会扩大。

(二)三年救助方案

2010年4月11日,欧元区财长就一项针对希腊危机的三年救助方案的细节达成一致,三年总金额为1100亿欧元。第一年救助总额达到450亿欧元,其中2/3由欧元区成员国承担,而其余的150亿欧元由IMF支付。德国2010年承担的金额达到84亿欧元。在该方案公布后,希腊又可以从国际金融市场筹措到资金,以解决国内巨大的债务问题。但是,希腊要为此支付更高额的利息。2010年4月23日,希腊政府正式申请该援助计划。其后三年希腊必须筹措到1200亿欧元,才能避免国家破产。而如此高额的数目,以希腊当时的情况靠自己是不可能做到的。

如果希腊陷入国家破产的局面,那对于欧元区以及欧盟来说,后果都将是灾难性的。一直致力于欧洲一体化以及货币一体化的德国更是不愿见到这种局面出现。2010年5月3日,德国方面同意了该援助计划。5月4日,德国联邦银行承诺将购买希腊债券。5月7日,德国联邦议院和联邦参议院通过了援助希腊法案。5月12日,希腊获得了该救援计划的一部分资金——来自IMF的55亿欧元。

(三)7500亿欧元救援机制

随着越来越多的欧元区成员国卷入债务危机,欧元兑美元的汇率连续下跌以及欧美股市暴挫,特别是希腊信用评级被降至Caa1之后,欧元的稳定受到了11年来最大的冲击。为防止债务危机进一步蔓延,维持欧元及欧元区经济的稳定,欧盟再次重拳出击。2010年5月10日,欧盟出台了总额为7500亿欧元的救助机制,这是欧债危机救援的核心政策,该救援机制的目的是为可能步希腊后尘的其他欧元区国家构筑一道"防洪堤",以遏制危机的发展,保持欧元区的稳定。德国总理默克尔公开表示,德国将不惜一切代价维持欧元的稳定。

7500亿欧元救助资金由三部分构成:欧元区国家出资4400亿欧元,这笔资金由欧元区国家根据相互间协议提供,为期三年。4400亿欧元救助款项被赋予了一个全新的名称——"特别目的工具";欧盟委员会出资600亿欧元,这笔资金将以欧盟《里斯本条约》相关条款为基础,由欧盟委员会从金融市场上筹集。2009年中东欧国家陷入主权债务危机时,欧盟用类似的名为"欧洲危机基金"的机制向匈牙利、拉脱维亚和罗马尼亚提供了超过100亿欧元的贷款;IMF出资2500亿欧元,占欧元区成员国出资总额的一半,贷款利率为5%,这一高利率的贷款迫使成员国先行紧缩措施,再向IMF贷款。欧盟要求其成员接受IMF的贷款条件。

此外,为了纠正证券市场的偏差,欧洲央行还决定认购欧盟成员国发行的国债,并且不设定购买规模的上限。欧洲债务危机爆发之后,频频出现针对欧元和欧元资产的做空行为,造成欧元大幅贬值和部分成员国债收益率大幅上升。欧洲央行的这一举措可以有效地防止成员国陷入被迫接受高成本融资的困境。也就是说,欧洲央行可以通过变相印钞为成员国融资,这是量化宽松货币政策的一种形式。在此政策下,欧洲央行成为希腊最大的债主,持有其超过500亿欧元的债券。

这一规模庞大的救助计划表明各国越来越担心局势会恶化到可能阻碍脆弱的全球经济复苏的进程,折射出当时欧洲债务危机的严重性,也打消了人们长期持有的一种看法,即在财政问题上欧盟各成员应各扫门前雪。在此危机面前,欧元区成员国为解决财政困难,正前所未有地联手共同承担责任。

通过欧盟和IMF的联合救市行动,欧元区的债务危机暂时得到控制。鉴于欧盟成员国中许多国家的财政状况十分糟糕,财政赤字和国内负债总额占GDP的百分比都远远超过《马约》中规定的3%和60%的标准,其中不乏像西班牙、意大利甚至德国这样的欧元区经济大国,欧盟要求各成员国尤其是欧元区面临债务危机的国家紧缩财政、节省开支、减少负债,以避免重蹈希腊的覆辙。为此,意大利推出了高达10亿欧元的节支计划,争取让2009年的财政赤字从5.3%降到3%以下,到2012年缩减国家支出240亿欧元。此外,计划还包括:将继续加大对偷税的打击力度,未来三年公务员将不加薪,减少官僚主义作风等;已经深陷债务危机的希腊推出了数额达300亿欧元的节支计划,包括公务员工资制度改革、养老金改革等。这一紧缩计划对希腊至关重要,一是只有这样才能获得欧盟的援助,二是也只有这样才能真正走出危机。英国政府的公共债务截至2010年1月底高达8485亿英镑,占GDP的60%以上,这一负债规模几乎相当于希腊、葡萄牙、爱尔兰以及西班牙四国债务的总和。因此,英国政府也推出了6240亿英镑的节支计划,其中包括缩减公共事务支出等。此外,葡萄牙、西班牙以及爱尔兰也相继推出了自己的节支计划,都力争达到《稳定与增长公约》中规定的标准。

第五节　欧洲债务危机对欧盟经济复苏的影响

欧债危机对欧洲经济以及世界经济的影响不同。首先,此轮欧洲的债务危机发生在欧洲经济正在复苏的过程中,这势必使欧洲振兴经济的努力严重受挫。为了削减赤字、减少负债,那些负债率高的国家纷纷开始紧缩财政,实施瘦身计划。德国更是身先士卒。希腊、西班牙、葡萄牙、意大利、爱尔兰、英国都抛出节支计划。欧洲央行在破例收购欧洲债券后,为避免欧元流动性增加而上调利率。沉重的债务和动荡的欧元使得国际投资大幅下降,所有这一切对欧元区经济的复苏来说无疑是雪上加霜。欧洲经济全面恢复元气步履维艰,其复苏进程也会落后于美国和其他发达国家以及新兴经济体国家。其次,由于依靠紧缩的财政政策来解决债务问题,这势必会触及许多阶层的利益,导致社会动荡。例如,希腊政府公布自己的节支计划后不久,希腊工会就领导了规模浩大的罢工示威游行,使得希腊的经济部门等的工作一度处于瘫痪状态。葡萄牙宣布紧缩财政措施,包括公共领域公务员的薪酬降低5%。此举也引起了大罢工。西班牙的情况也一样。这种社会的动荡势必会影响欧洲经济的复苏。然而,从欧洲主权债务性质来看,这次债务主要是政府为了上一轮的金融危机救市而大量向国民借钱所致。这是欧盟各国政府对其国民的欠债,而不是国与国之间的欠债,所以这次危机并没有像美国次贷危机那样向其他国家迅速扩散。就欧盟本身而言,本次债务危机并没有波及全部或欧元区国家,而主要波及东南欧及地中海的一些国家。德国、法国和英国以及北欧一些国家的经济基本面还是比较好的。特别是欧盟的援助措施出台后,各国也开始紧缩财政,厉行节支,上述举措逐步实施并产生了一些效果。此次欧债危机对于以中国为代表的新兴国家的影响十分有限,这是因为世界经济的复苏动力仍然来自新兴国家。中国、印度、俄罗斯、巴西、南非等新兴经济体的经济保持着向上向好的势头,全球贸易和投资也在逐步回升,这一总体趋势并没有因为欧洲债务危机而停止。美国2010年以后经济也开始复苏。

第六节　欧洲债务危机对金融业的影响

欧债危机过程中,由于市场信心不足,主要的金融市场都出现了剧烈震荡。以爱尔兰、西班牙为代表的"泡沫破灭"国家的债务问题始于银行业,通过政府的救助开始由银行体系向本国政府传导。而银行由于持有大量的政府债券,再度面临潜在资本损失。很多银行由政府持股或控制,政府在危机时刻对一些具有系统重要性的金融机构伸出援手。在此情形下,这种债务危机会不断地在政府与银行之间传导。在欧洲,银行持有政府债券的现象十分普遍。希腊国家银行是希腊国内最大的银行,在希腊债务危机爆发前,该银行一级资本充足率达到了11%的高水平,但该行持有180亿欧元的希腊国债,一旦希腊政府进行债务重组,这些债券将大幅贬值,该银行也必将遭受重创。

国外的一些大型金融机构也持有大量希腊国债。例如,巴黎百富勤集团和德国商业银行分别持有50亿欧元和30亿欧元的希腊国债。希腊作为欧元区的小型经济体,其国债的减值对债券持有人已经具备了相当大的杀伤力,就更不用说意大利和西班牙这样的国家了。如果意大利、西班牙等大型经济体也发生国债减值,就势必再度引发全球性金融危机。英国巴克莱银行在西班牙拥有约439亿欧元的债权性资产,规模仅次于该行在英国、美国的资产数量。这些资产有一半以上与房地产业相关。与上述机构相比,由英国政府控股的苏格兰皇家银行处境更糟。该行当时持有高达640亿欧元的爱尔兰债务,其中120亿欧元的债务已经违约。该行总资本在2010年年末为580亿欧元,虽已得到英国政府的救助,但如果爱尔兰债务问题继续恶化甚至全面违约,则该行必将面临破产的窘境。意大利作为全球第三大国债发行人,其债权人遍及世界各地。欧洲银行业直接或间接持有的意大利债务高达9987亿欧元。美国金融业在欧元区的风险也不小。根据巴克莱银行的统计,美国银行业持有的意大利和西班牙债务分别高达2690亿美元和1790亿美元。一旦这些债务出现违约,处于温和复苏过程中的美国金融业也会再次遭受重创。

第七节 希腊主权债务危机没有导致欧元崩溃

纵观危机整个过程可以发现,希腊债务问题是被人为"炒"成热门议题的。希腊的债务问题"被危机"了。有分析认为,金融危机爆发后,美国等一些国家的"救市"行为暗中造就了一批新的金融大鳄。出于资本逐利的本能,不排除他们企图借炒作希腊债务"危机"来唱衰欧元,进而为自己创造投机的机会。做空欧元的结果可使美元走强,这样,一方面可以打压欧元,另一方面又可转移市场对美国巨额财政赤字的关注。有观点认为,希腊债务问题"被危机"的背后可能存有"阴谋"。舆论普遍认为,虽然希腊当时的财政状况应该说问题是比较严重的,但还到不了"危机"的程度。市场对此的反应显得有些过度,因为希腊债务危机对整个欧盟而言还谈不上是严重的问题。欧盟对希腊的援助决定帮助希腊走出困境。所以,希腊的债务问题不可能导致希腊破产,更不可能导致欧元崩溃。

实际上,人们对欧洲债务问题的恐慌过后来看显然有点过度。高盛集团全球首席经济学家吉姆·奥尼尔(Jim O'Neill)当时就认为,希腊、葡萄牙、西班牙和爱尔兰在欧盟经济中所占比重不大,即使发生主权债务问题,也不至于影响整个欧元区的稳定。德国著名的政府经济顾问彼得·博芬格(Peter Bafinger)指出,所谓"希腊破产将产生多米诺效应"的说法有些过头。实际上,欧元区的平均主权债务相当于其GDP的88%,这个数字虽然很大,但比美国的92%和日本的197%却要小得多,非欧元区的英国的情况也比欧元区国家糟糕得多。

第八节 希腊摆脱危机

欧债危机爆发后,欧盟、欧洲央行与IMF分别在2010年、2012年和2015年向希腊政府提供了共计2890亿欧元的纾困贷款。作为交换条件,希腊政府在这期间实施了严厉的紧缩开支计划,并实行一揽子经济改革举措,包括延长养老金冻结年限、改革医疗保险和税收制度等。

在经历了八年严重的经济衰退和紧缩措施后,希腊的民众和企业均遭遇重创。但经过希腊民众和政府的努力,同时由于国际贷款与债务减免,希腊在恢复公共财政秩序、降低失业率、促进经济增长等领域的工作均卓有成效。

2018年8月20日对希腊和欧盟而言都是具有历史意义的一天。这一天,希腊正式退出了长达八年的债务救助计划,并重新拥有了自主发展经济的权力。希腊退出债务救助计划表明其终于走出了债务危机的困境,同时也证明了欧盟在这场债务危机中对其成员国救助的成功。从此以后,欧盟等机构将不再对其提供新的救助,希腊将依靠自己来发展经济。

尽管希腊开始摆脱举债度日的艰难时期,但其经济总量仍未恢复到危机前的水平,公共债务总额仍然占其GDP的180%,可持续发展仍面临巨大挑战,恢复经济稳定仍然是摆在它面前的艰巨任务。所以希腊的未来仍取决于它能否坚持改革与紧缩开支计划。

为防止希腊在经济改革过程中"走回头路",欧盟在希腊退出救助计划声明中要求希腊政府继续履行改革承诺,并明确表示今后欧盟委员会、欧元集团以及欧洲稳定机制将继续监督其经济与财政状况,核查其是否落实改革举措,全力解决债务危机遗留的经济和社会问题。

2018年8月20日,希腊正式退出了长达八年的债务救助计划。随着退出救助计划,希腊人开始进入经济和社会发展的"新阶段"。图为在希腊雅典,人们在浏览夏季打折的橱窗

第九节 欧元前景

欧元自诞生以来已迅速成为仅次于美元的第二大国际货币。在国际货币体系中,欧元削弱了美元在国际货币体系中的霸权地位,使国际货币体系呈现两强格局。由美国2007年次贷危机引发的全球金融危机一度为欧元进一步提升地位提供了机遇。伴随着欧元汇率一路走强、欧元资产供不应求,有关欧元向美元发起挑战的声音在欧元诞生10周年之际不绝于耳。然而,一场希腊债务危机却终结了这一大好势头。这场危机所暴露出的欧元区内在缺陷令人对欧元的信心大打折扣。

客观地说,欧元近期尚无法在国际金融领域撼动美元的霸主地位,首要原因在于欧

盟国家的金融市场过于分散,规模太小,就以最大的法兰克福交易所为例,其交易量也只有美国纽约交易所的8%。欧盟国家的国债市场相加,债券和股票总额约有2.1万亿欧元,超过了美国,但同样因为不集中,难以形成合力对美元造成冲击。不过,随着欧元在欧洲的全面流通,这种情形必会有所改变。

对于希腊危机引发欧元崩溃的说法虽然有点杞人忧天的感觉,但这类危言耸听的言论并不稀奇。早在欧元问世之前,世人对欧元能否在1999年如期问世大多抱有怀疑甚至否定的态度。美国著名经济学家米尔顿·弗里德曼(Milton Friedman)曾经在欧元问世之前表示欧元不可能在其有生之年问世,即使问世也很快会夭折。然而欧元就是在这一片怀疑和否定声中如期而来,并成为仅次于美元的第二大国际货币。欧元的诞生虽然是一项伟大的创举,但它是欧洲一体化的必然结果,欧洲统一大市场的建成与不断完善的需要催生了欧元的问世。欧洲一体化六十多年的历程早已在成员国间形成了合作的传统和妥协的机制,它们会为共同的利益而彼此合作。当然,欧洲一体化进程并非一帆风顺,中间经历了不少挫折。每当外界由此引发对欧洲一体化进程和欧共体/欧盟的发展前景的担忧时,欧洲人用自己的行动化解了一个又一个危机,推动欧洲一体化继续前行。此次欧盟就希腊援助所做出的决定再次证明了这一点。实际上,美国人总是不断唱衰欧元的言论更多地反映出他们对欧元的一种抵触心态。

第九章 欧洲难民危机

欧盟近年时运不济,命途多舛,尚未走出主权债务危机,又陷入一场更令其闹心的难民危机。2015年9月2日,一张凄惨的照片登上了英国几乎所有主要报纸的头版,一名幼童的尸体被海水冲上博德鲁姆(土耳其著名旅游胜地之一)附近的海滩后俯卧沙滩。这张照片震撼了国际社会。照片上的男童名叫艾兰,叙利亚人,身穿红上衣、深色短裤,脸部朝下埋在沙中,身体不断地被海浪拍打着。

此次欧洲难民危机产生的原因比较复杂,可以说是多种因素叠加的结果,具体说,美国入侵伊拉克、利比亚造成的乱局持续发酵,横行北非中东的颜色革命恶果继续显现,叙利亚内战不断升级,以及宗教激进组织乘乱兴风作浪,所有这一切造成了大批难民源源不断地涌向欧洲。

但是,包括德国在内的欧洲各国政府与民间组织并没有对这场人数众多、来势凶猛的难民危机做好充分的准备。源源不断的难民显然超出了欧洲各国的收容能力,每一天难民所消耗的金钱和人力物力成本都让经济本来就萎靡不振的欧洲遭受沉重打击。这股汹涌的难民潮,让经济不振、深受主权债务危机困扰的欧洲叫苦不迭。因为难民的过多涌入,大量占用了原本欧洲国民的设施和福利,引起了很多国家的国民强烈的抗议,丹麦、瑞典更是爆发了反难民冲突。可以说,难民危机下的欧洲处于内忧外患之中,而寻求解决难民危机的出路也就成了欧洲各国政府的当务之急。

叙利亚小男孩艾兰之死,用最残忍的方式唤醒了全世界。在令人心碎的照片传遍全世界之后,欧洲对难民问题有所松动,可见,叙利亚小男孩陈尸沙滩的照片,一度唤醒了欧洲国家的良知。

这幅偷渡船只沉没后溺亡难民被海浪冲到岸边的悲惨画面只是难民遭遇的一个缩影。实际上,数千中东难民在冒险穿越地中海前往欧洲的途中不幸丧命,其中包括多名儿童。据国际移民组织2015年9月1日发布的数据显示,截至数据发布日,2015年已有35.1万移民和难民穿越地中海到达欧洲,比2014年全年的数量还多60%,其中2 643人死于横跨地中海的过程之中。据称,许多难民在烈日下不停地行走几个月,缺医少水,许多难民出现了脱水、出水疱、腹泻和晒伤等症状。

欧洲难民危机指的就是这一年(2015年)的夏天,深受战乱、贫穷困扰的中东、非洲难民铤而走险,一路颠沛流离、风餐露宿,前往心中向往的欧洲而造成的危机。这场由欧洲难民潮引发的危机此后持续发酵。

2015年上半年,中东地区战乱不断、持续动荡,加上极端组织的猖獗活动,使得自叙利亚、利比亚等中东和北非地区的大批难民源源不断地涌向欧洲,从而引发了这场欧洲难民危机。战乱已经使叙利亚取代阿富汗成为全球最大的难民输出国,联合国难民署2017年3月30日通报,截至当年3月,逃离叙利亚的难民人数超过了500万人,另有630万人在叙利亚境内流离失所,总计1 100多万人饱受战火的煎熬。仅2014年一年该国就

第九章 欧洲难民危机　169

背井离乡的难民视欧洲为他们理想中的目的地,这是偷渡欧洲的难民拥挤在皮筏中的照片

有390万难民流落到世界各地,其中一部分难民逃往土耳其、黎巴嫩、约旦、伊拉克等邻国寻求庇护,而大部分难民流向欧洲。

难民数量急剧上升,显然超过了欧洲各国的收容能力。这股汹涌的难民潮,让经济不振、深受主权债务危机困扰的欧洲叫苦不迭。希腊和意大利都是中东北非难民登陆欧洲的起始国,非法移民问题令这两个国家不堪重负,头疼不已。例如,意大利是接受非法

无家可归的难民住在红十字会提供的帐篷里

移民的前沿国家,其"南大门"兰佩杜萨岛就常年面临安置来自北非移民的压力。土耳其是难民从东线进入欧洲腹地的过境走廊,自叙利亚内战以来,土耳其已接纳超过 180 万的叙利亚难民。现在的问题是,非法移民不仅造成了希腊、意大利和土耳其等国面临的困境,同时也是欧洲各国面临的共同难题。

难民潮引发了欧洲政治、经济和社会问题以及人道主义危机,成为一些国家难以承受的重压,同时也考验着欧盟内部的团结和应对能力。德国总理默克尔曾表示,这场难民危机甚至比此前搅得整个欧洲都心惊肉跳的希腊债务危机更加可怕。欧债危机暴露的问题是欧盟统一的货币政策与独立的财政政策之间的矛盾,而此次难民危机让人们同时看到了在一体化建设进程中欧盟内部还存在其他严重的缺陷,如缺乏统一的边境安全政策等。

第一节 危机产生的原因

此次欧洲难民危机产生的原因比较复杂,可以说是多种因素叠加的结果,这些因素包括历史、政治、经济、社会和军事等。具体来说,美国入侵伊拉克和利比亚造成的乱局持续发酵,横行北非中东的颜色革命恶果继续显现,叙利亚内战更使这场危机不断加深。因此,难民人数多、来势凶猛和解决难度大的特点使得这场危机明显有别于欧洲历史上其他的难民危机。

一、历史因素

欧洲难民主要来自伊斯兰国家,伊斯兰国家主要分布在中东和阿拉伯半岛,以及非洲、亚洲的其他一些区域,如伊朗、阿富汗、也门、沙特阿拉伯、土耳其、印度尼西亚等。伊斯兰教派冲突由来已久,由什叶派主导的伊朗与逊尼派主导的沙特阿拉伯在中亚地区长期明争暗斗。这两个国家的背后有美国与俄罗斯的影子。伊朗一直希望控制中亚地区,成为地区性领导人。而沙特阿拉伯则与伊朗针锋相对,其在美国的支持下不断发展壮大,并将中东大部分产油区控制在自己手中。俄罗斯不甘将庞大的石油利益拱手让人,开始与美国进行政治上的博弈。当时双方之间的争斗一直处在可控范围之内,并且始终存在和平解决问题的可能性。这种局面一直持续到宗教极端主义组织 ISIS 脱离国际社会的控制,向全世界宣战为止。美国随后直接介入当地政局,支持叙利亚反对派武装,俄罗斯则大力支持叙利亚政府。事态由此开始变得日益严重。

两个大国的交锋直接导致了沦为棋子的小国自顾不暇,该地区的老百姓为了躲避战乱,开始前往政局稳定的国家寻求栖身之地,由此出现了大量难民出逃。这些难民纷纷逃离战火波及的地方。此次欧洲难民潮主要来自叙利亚、伊拉克、阿富汗、巴基斯坦、尼日利亚、索马里及厄立特里亚这些亚非国家,它们曾经都是欧洲列强的殖民地,如叙利亚是法国的殖民地,阿富汗及巴基斯坦等则是英国的殖民地。英法殖民主义造就了诸多讲英语和法语的第三世界国家,二战后它们虽然成为独立的民族国家,但大都贫穷落后、政局动荡。每当国家出现战乱,这些没有语言障碍的难民首先便涌向前欧洲宗主国。此外,由于欧洲紧靠中东北非,《申根协定》使欧洲各国之间来往不需要手续与审查。更重要的是,欧洲国家政治环境稳定,所以就成了大量难民避难的首选之地。

二、地缘因素

地缘因素也是引发欧洲难民潮的一个重要因素。欧洲地势平坦、紧邻亚非，与北非也仅一海（地中海）之隔，叙利亚、阿富汗、巴基斯坦、伊拉克、尼日利亚、索马里等西亚北非国家大多靠近欧洲，因此，无论是从海上还是陆上进入欧洲都比较容易。前往欧洲的路线大致有三个方向：一是横渡地中海，前往意大利、西班牙，再转往欧洲其他国家。地中海历来是偷渡欧洲的最佳捷径，这个曾经被称为"被上帝遗忘的脚盆"的地方如今已成为难民们奔向欧洲"天堂"路上的葬身之地。二是从东欧陆地边境渗透，线路灵活多样。三是经由希腊和西巴尔干半岛。难民们通常先偷渡到希腊岛屿，将其作为跳板再穿越西巴尔干前往西欧，首选之地是经济繁荣、工作机会较多的德国。

来自西巴尔干地区的经济难民和俄乌冲突造成的战争难民也加剧了欧洲难民潮的严重程度。这些年，科索沃、阿尔巴尼亚、塞尔维亚等国陷入严重的经济危机之中，一些国家的失业率高达70%以上，加上贪污腐败现象严重、有组织犯罪猖獗，社会福利瘫痪，人民看不到希望。据德国官方数据显示，截至2015年7月底，来自西巴尔干前南斯拉夫国家的经济难民占德国申请量的42%以上。对于上述两种人来说，因为他们本身就身处欧洲，现在只不过是从欧洲的一侧迁徙到另一侧，因此，当数以万计的人加入西亚北非国家的难民当中时，难民大潮蜂拥而至也就在所难免了。

三、政治因素

政治因素包括内部政治因素和外部政治因素。

（一）内部政治因素

政局动荡、战乱不断是难民的直接催生剂，而经济诱因只是欧洲难民人数急剧增加的外部因素。事实上，在中亚北非和平时代，叙利亚、伊拉克和利比亚等国的经济状况并不算差。20世纪90年代，叙利亚属中等收入国家，而伊拉克和利比亚的经济状况则更好一些，属中上收入的国家，伊拉克很长一段时间都处于发达国家的经济水平，而利比亚和埃及曾经也是引人注目的新兴经济体。但是这些国家都曾经历过强权时代或独裁时代。叙利亚长期由阿萨德家族统治（1963年至今）；伊拉克长期由萨达姆·侯赛因统治（1979—2003年）；利比亚长期由卡扎菲统治（1969—2011年）。三个国家都是典型的强人政治，这种强人政治一旦终结，国内便会出现政治动荡乃至内战。例如，叙利亚政治强人老阿萨德2000年6月10日去世后，其次子巴沙尔·阿萨德继任总统。从2011年年初开始，叙利亚政府与叙利亚反对派之间爆发了旷日持久的冲突。叙利亚的反政府示威活动于2011年1月26日开始并于3月15日升级，随后反政府示威活动演变成了武装冲突。巴沙尔总统无力掌控大局，国内反政府武装和极端势力越来越强，致使叙利亚战火越烧越旺，老百姓深受其害，一些中产阶级由于战乱而沦为难民。由于叙利亚邻国的难民营已经人满为患，看不到希望的难民只好冒着生命危险二次出逃，去欧洲寻找出路。伊拉克也一样，萨达姆政权一倒塌，伊拉克表面上实行了多党制，但政局不稳定，宗教矛盾、党派之争、族群冲突四起。所以说，上述难民输出国家即便过去经济曾经繁荣过，老百姓曾经安居乐业，但是教派斗争和大国博弈导致了这片地区的衰败，特别是当国家出现了政治动荡,甚至爆发了战乱,战争和死亡的阴影长期笼罩在老百姓的头上时,四处逃命或流亡异国他乡或许是他们唯一的出路,因此,他们就变成了战争难民。

(二)外部政治因素

西亚北非国家政局动荡,最终爆发战争,都是外部势力干涉的结果。美国动辄对别国进行武力干涉,而欧洲国家对美国亦步亦趋,一味追随,差不多每次都不同程度地参与,派兵出钱,助纣为虐。伊拉克战争是由以美国为首的西方势力直接武装干涉而引发的。同样,利比亚战争也是美国及法国等西方势力联手发动的。叙利亚战争从表象上看是国内政府武装与反政府武装直接冲突,其实也是西方势力插手叙利亚内政的结果。而且西方势力干涉这些国家时,往往以"这些国家违背人道主义对平民使用了化学武器,必须要由国际社会强力介入才能解决问题"为借口。但当西方势力推翻了伊拉克和利比亚的独裁者后,才"发现"这些国家根本就没有什么化学武器。叙利亚、利比亚和伊拉克的情况极为相似,而阿富汗和西巴尔干地区的遭遇也类似。例如,20世纪90年代由美国主导的北约打击南联盟,战争虽然结束,南斯拉夫也解体了,但留下的"烂摊子"至今还没收拾完。当所谓暴政、独裁体制被西方势力武装干涉而终结后,换来的并不是老百姓所期望的和平安宁,反而是内战不断、经济凋敝和民不聊生。由此可见,上述国家的暴政、独裁并不是导致大多数难民流离失所的直接原因;相反,战争才是难民的催生剂。

这次欧洲难民危机是美国等一些西方国家借"阿拉伯之春"运动对西亚北非局势进行蛮横干涉的结果,也与欧洲在西亚北非盲目追随美国的外交政策密不可分。"阿拉伯之春"政治风暴始于突尼斯,随后蔓延至埃及、也门、利比亚、叙利亚等阿拉伯国家,给这些国家的政治、经济、社会和人民生活都留下了无法弥补的创伤。突尼斯总统远逃海外,埃及政权五度易主,叙利亚半数国民流离失所。原本是自下而上的民主革命最终演变成一场席卷整个中东的政治风暴和社会冲突,二十多万人在运动中丧生,很多天真的孩童也成为政治运动的牺牲品。

阿拉伯国家在运动之初毫无防备,直到深陷其中不能自拔时才意识到,自己的满腔热血竟成为西方势力的炮灰。从表面来看,"阿拉伯之春"是这些国家长期独裁统治和人民追求民主自由的结果,实际上则是西方国家长期渗透演化出来的"颜色革命",剧变背后最大的始作俑者是美国。

以美国为首的西方国家此次将战火烧到中东,实际上是战略中心转移的必然结果。冷战时期,西方国家重点打压苏联和东欧地区,直到20世纪90年代造成了东欧剧变和苏联解体。随后,美国又瞄准了富饶的中东地区,一些国家长期的独裁统治成为美国演变和渗透的靶子,并由此打出了"民主与自由"的幌子。当阿拉伯人民感觉是在迎接民主、自由、文明、繁荣的曙光时,美国又强势介入,改变了政治力量对比,转移了政治运动方向,并由此引发了大规模的政治动乱和社会冲突。

美国以民主介入却最终引火烧身,一场和平与民主的革命最终不得不让位于流血和暴力冲突,甚至到了愈演愈烈、无法控制的地步。最终演变成流血和暴力冲突的"阿拉伯之春"运动说明,世界上没有普世的民主,美国二百多年的民主制度还无法替代其他国家几百年、上千年甚至几千年的政治制度。美国试图输出民主价值的做法,不仅会给其他国家带来灾难,最终也难免搬起石头砸自己的脚。

这一干涉政策最终导致西亚北非局势发生大规模动荡,进而引起整个中东的局势动荡,加上"伊斯兰国"扩张地盘,由此产生了近乎失控的难民潮。难民潮中有相当一部分难民来自叙利亚。持续了五年多的冲突使叙利亚陷入深重灾难。由于局势不断恶化,"如何偷渡去欧洲"成为2015年欧洲难民危机期间叙利亚人私下里谈论最多的话题。

四、经济因素

地中海南北地区的经济和社会状况存在天壤之别,这种差异导致大量难民冒着生命危险非法偷渡进入欧洲。可见由来已久的横跨地中海偷渡潮实质是由欧洲与中东、非洲之间发展水平的巨大落差造成的。

由于欧洲经济发达、生活水平较高、环境适宜人类居住且距离中东北非很近,前往欧洲找一份工作对于大部分目前食不果腹的难民来说是一个得以让自己和家庭生存下去的最佳选择。所以一些并没有发生战乱的地区和国家也同样出现了偷渡前往欧洲的情况。

利欲熏心的走私者的介入使得难民潮来势凶猛。人口走私者借助手机遥控指挥等科技手段,使组织难民偷渡呈现规模化,偷渡难民数量急剧增加,对难民潮起到了推波助澜的作用。

五、社会因素

西亚北非战乱国家的社会环境因战争而动荡不安,大都出现了经济问题和社会问题,社会秩序更是混乱不堪。无论是暴乱还是极端组织都在各国肆意蔓延,民众留在本国随时有可能出现生命危险,更不用说养老保障和后代教育等社会问题了。

虽然欧洲近年来也发生了一系列与移民问题相关的社会事件,如荷兰梵高侄孙被杀、穆罕默德"漫画事件"、法国《查理周刊》遇袭案等。但是,总体而言,欧洲国家,尤其是北欧国家和德国、英国、法国等国政局稳定,社会保障机制完善,社会福利普遍优厚,所以这些国家自然而然就成为难民首选的避难地。特别是,一旦战争难民通过非法偷渡进入欧洲国家,依照国际协定,欧洲各国是没有理由将其遣返回战乱国家的。

六、军事因素

2011年"阿拉伯之春"运动中,由沙特阿拉伯支持的军队推翻了埃及穆巴拉克政府,直接导致伊朗和沙特外交关系出现急剧恶化。同年,巴林政府出现内乱,沙特协助逊尼派代表巴林皇室镇压什叶派叛乱。同年,叙利亚内战爆发。"阿拉伯之春"使逊尼派势力范围大大扩展,伊朗对此不甘示弱,掀起新一轮战乱。欧洲开始接受难民,并将其称为战争难民。2012年叙利亚战场成为伊朗与沙特角力的重要支点。2014年ISIS宗教极端主义组织宣布正式成立,由于其传承自基地组织,成立之初就站在伊朗的对立面,所以沙特以及美国对其态度暧昧。10月,巴基斯坦塔利班宣布无条件效忠ISIS,战火进一步延伸,ISIS将世界上绝大部分国家列入敌对名单。欧洲难民危机达到令欧洲国家无力承担的地步,截至2015年,超过100万难民涌入欧洲。2015年由伊朗扶持的也门胡塞武装与沙特支持的政府军也陷入内战,以沙特为首的逊尼派迅速在也门进行空袭,协助也门境内逊尼派武装打击什叶派武装力量。伊朗与沙特关系日趋恶化,什叶派和逊尼派的对立情绪再次高涨。2016年1月2日,沙特以恐怖主义罪名判处什叶派教士死刑。紧接着沙特驻德黑兰大使馆遭到伊朗示威者的冲击,沙特宣布与伊朗断绝外交关系,伊朗宣布对沙特进行"神圣报复行动"。至此,伊斯兰世界内部动荡空前剧烈。2016年1月,欧洲接收难民的数量达到2015年同期的3倍。

第二节 难民潮成了难民危机

二战后数十年,各种非法移民和难民千方百计流向和平、富裕和高福利的西欧,而欧洲大陆的发展也伴随着移民的进进出出,所以说难民和非法移民并不是欧洲的新问题。传统上早就存在的外来移民在欧洲流动的现象,在一定程度上还缓解了欧洲劳动力不足的问题。正是出于这个原因,在这次难民危机中暴露出的欧洲一体化缺乏统一的边境安全政策漏洞,在危机之前并不明显。因为各国因劳动力需求对移民问题可以采取睁一只眼闭一只眼的态度,劳动力紧张时移民政策宽松,反之则紧;不需要时,属于非法移民可以遣返。然而,战争难民的情况不一样,他们不能被遣返。此外,2015年夏天以来的难民危机与以往不同,这次难民危机让欧洲人措手不及,其带有明显的难民人数多、来势汹汹的特点。此外,这次难民危机正好赶上欧债危机发生不久,欧洲经济普遍不景气。因此,解决危机的难度也大大增加。

据统计,2015年年初至11月有将近50万难民和非法移民经地中海进入欧洲,仅2015年8月就有15.6万名难民抵达欧洲。德国2015年全年迎来约80万难民。除了经济压力,大量不同语言、宗教、文化的难民的涌入,可能会对欧洲造成深层次的社会影响。此外,恐怖主义、排外主义等隐忧短期内难以消除。更危险的是有宗教极端人员试图以人道主义援助为掩护,利用难民涌入之机,劝诱并招募那些寻求庇护的人。极端组织也乘虚而入。

第三节 德国独木难支

德国是接收难民最多的欧盟国家,同时也是全球接受难民最多的国家,这是其实行宽松难民政策的结果,而德国难民政策宽松是有其历史根源的,究其原因是赎罪心理、报恩心理以及缓解国内劳动力不足的考虑共同作用的结果。

一、赎罪心理

二战以后,出于对战争的反思,德国人普遍有一种赎罪心理,在对待难民的态度上,因不忘自己在二战中犯下的罪行,所以会想着现在如何帮助这些受难的人。1970年12月7日发生了"华沙之跪"事件,当时身为联邦德国总理的威利·勃兰特(Wily Brandt)在华沙犹太隔离区起义纪念碑前敬献花圈后,突然自发下跪并且为在纳粹德国侵略期间被杀害的死难者默哀。以国家名义进行道歉非同小可,勃兰特的下跪意味着德国能够正视过去所发生的一切,能够谴责自己过去的罪行,并希望以道歉这种方式帮助每个人更好地走向未来。这也就是德国人格外同情难民,成为欧盟中执行《都柏林公约》最好的国家的原因。《德国蓝皮书:德国发展报告(2018)》指出,欧洲难民危机爆发以来,德国接收了大量来自叙利亚、伊拉克、非洲等地的难民。2015年、2016年和2017年三年中,德国分别接收了89万名、28万名和20万名难民。三年接收的难民数量庞大,使得德国已经成为全球第二大移民国家。这意味着德国境内每100人当中就有20人带有移民背景,且上百万移民都是由难民转化过来的。

二、报恩心理

除赎罪心理外,德国难民政策宽松在历史上还有另外一个原因,就是报恩心理。二战进入后期阶段时,大量德国难民逃离家园、流离失所,当时许多欧洲国家接纳了他们。二战后,德国在难民问题上采取宽松政策,以此来回报国际社会的帮助。德国总理默克尔2015年9月的誓言是"我们能做到!",这也是德国难民政策的纲领。默克尔政府决定开放德国边界,让叙利亚等国的难民畅通无阻地进入德国。许多德国人也自发到火车站、难民营等地欢迎难民的到来,民众对难民的爱心折射出的是一种报恩的心态。在这种氛围下,个别人发表攻击难民的言论都会遭到谴责。例如,汉堡一名大学生在校内论坛上公开发表贬低难民的言论受到指责,并被取消学籍。还有员工因在社交媒体上发表反对难民的声音而被公司开除。

三、缓解国内劳动力不足的考虑

近年来,由于德国人生育水平低,劳动人口不断减少,这对德国的经济持续发展十分不利。在本国劳动力人口无法满足社会经济发展需求的情况下,不断涌入的难民显然是对劳动力的很好补充,能够有效地缓解劳动力不足的情况。虽然难民的到来会给社会治安、福利体系带来不稳定因素,但是,难民潮也给德国带来诸如工程师、医疗护理人员等各类高素质人才和专门人才,为德国社会输入了新鲜的血液,因为难民中相当一部分人在自己的国家受过很好的教育。而大量青壮年难民的到来对缓解欧洲国家老龄化、填补用工缺口更是大有裨益。德国联邦统计局数据显示,2015年上半年在德国申请避难的难民中,80%的人在35岁以下,而同样年龄段的德国人仅占总人口的36%。青壮年劳动力为老龄化的德国社会注入了活力。从长远看,难民的到来可以填补用工缺口并推动德国经济的发展。因此,接收难民对德国来说也是一场机遇。

无论出于何种考虑,德国都既是欧洲也是全球接受难民最多的国家,这是一个不争的事实。面对像潮水一样涌入的大量难民,德国政府和民间组织在应对难民危机方面并未做好充分的准备。例如,住房、后勤供应和基础设施的短缺就是德国接收难民的一个不可回避的难题,因为难民每天都要消耗巨大的人力、物力和财力,这对德国来说是一个沉重的经济负担。因此,解决欧洲难民危机仅靠德国一家的力量显然是不够的。更何况德国社会对于本国难民接收政策的评价也是褒贬不一。一方面,民意测验表明60%的德国人相信德国有能力吸收难民,甚至还有一些经济界人士认为难民涌入是一次"机会",有利于解决德国劳动力紧缺问题;另一方面,反对难民的声音也越来越大。据2015年10月1日公布的民意调查显示,对难民的到来感到恐惧的德国人比例已由1个月前的38%上升至51%,仅35%的受访者认为外来移民进入德国总体上利大于弊,较前1个月下降了10个百分点。

统计数字说明德国人对移民的看法也出现了变化,主要原因不外乎大量难民的涌入占用了大量本国的设施和福利,引起了很多德国民众的不满,导致排外情绪严重。例如,德国政府在柏林、慕尼黑等地新建难民公寓,里面配有冷热水、暖气、厨房和新家具。难民住在里面只需支付很少的租金,大部分租金由德国政府补贴,同时难民还可以获得400欧元的生活费,享受免费的医疗保险,如果失业还可以获得失业金,上大学也是免费。德国2018年预算仅仅给难民的住房、医疗、生活和德语课等"融入措施"的开支就达200亿欧元。鲁尔区较贫困城区的居民在接受德国电视媒体采访时抱怨,"福利房"政府优先让难民住,而租住一般住房他们也争不过难民,因为市政府可以出高价为难民付房租。此外,大量难民的涌入对社会安全提出了严峻的挑战,也引起不少德国民众的担忧。2015年9月和10月,每天都有一万多难民入境,因为人数太多,难民身份根本无法检查和分辨,致使难民队伍中混入恐怖分子。2016年跨年夜科隆爆发大规模性侵事件后,德国民众对难民问题的态度发生了极大的变化。2016年,在柏林圣诞市场发生的卡车撞击人群的恐怖主义袭击事件,2017年11月21日被德国警方逮捕的六名疑似为ISIS成员的叙利亚人策划在埃森市的圣诞市场上作案等,直接让许多德国民众从同情难民到害怕难民,民意也导致德国难民政策随之改变。在此形势下,德国右翼势力乘势得到扩大,一些右翼小政党利用难民问题兴风作浪。针对难民营的袭击不断,约二百个难民避难所遭到骚扰和破坏。正如德国副总理加布里尔所言,应对难民潮是德国"统一以来最大的挑战"。

第四节　欧洲国家在安置难民问题上的态度

　　欧洲国家之间对如何安置难民产生了严重分歧。德国、法国等国主张各国摊派,而波兰、匈牙利、捷克等国则表示反对,坚持让德国等国"能者多劳"。根据欧盟2003年颁布的《都柏林条例》,难民第一步踏进哪个欧盟国家,该国就要承担登记、审核的责任。但这无疑对意大利、希腊、匈牙利等一线国家不利。面对汹涌而来的难民潮,一线国家早已不堪重负,有"放水"任其过境的嫌疑,匈牙利和保加利亚忙着在边境线修围栏围堵。匈牙利曾不查护照,直接放一火车难民到德国,引发柏林的外交抗议。欧洲国家在"配额制"与"自愿原则"之间争吵不休。布鲁塞尔提出"配额制",即按照成员国人口、面积、经济实力和以往接受难民数量为基数来安排移民"配额",但遭到了法国、英国和一些东欧国家的坚决反对。此外,斯洛伐克宣称只愿意接收基督教难民,而英国则沿袭以往的做法一再收紧政策、打击非法移民。

　　叙利亚小男孩艾兰之死,用最残忍的方式唤醒了全世界。在令人心碎的照片传遍全世界之后,欧洲人对难民问题有所松动,德国和奥地利决定向滞留在匈牙利的数千名难民开放边境,专列和大巴将难民送至维也纳、萨尔茨堡、慕尼黑,一些好心人前往车站送水、送衣、送面包……匈牙利在巨大压力之下,也开放了与奥地利的边界,并派大巴将难民送至奥地利那边。此前在难民问题面前互相推诿的欧盟各国,也纷纷做出积极姿态。德国、英国等多国放宽难民入境限制,德国总理默克尔表示德国准备安置80万名难民,英国宣布提高难民"配额",英国首相戴维·卡梅伦(David Cameron)松口称,英国将接收数千名叙利亚难民,但提出由英国自行从黎巴嫩难民营设摊挑选。芬兰也宣布提高难民"配额"。此外,慈善机构掀起了向难民捐助的热潮,如位于马耳他的援助组织"移民离岸救助站"一天之内就募集到破纪录的100万欧元捐款。可见,叙利亚小男孩陈尸沙滩的照片一度唤醒了欧洲国家的良知。

可惜的是,冷酷的现实并未被一张海滩上小小遗体的照片所改变。奥地利总理不久之后就发表了收紧移民措施的声明。德国也表示,虽然他们愿意帮助移民,但也不能让自己超负荷。由此可见,德国、奥地利等国的措施不过是压力之下的临时举措。此外,匈牙利也公开宣布其对开放与奥地利边界的举措"只此一回"。这意味着,滞留匈牙利的难民中只有一部分能够脱离苦海,而更多的难民不是在边境徘徊,就是在前往欧洲的路上或海上。

代表自由、平等、博爱的人道主义是近代欧洲人引以为豪的核心价值观之一,救助难民事关欧洲人的道义与良心,也是对其人道主义价值观的一次严峻考验。但如今面对大量难民的涌入,欧洲各国已是心有余而力不足,特别是在欧债危机爆发之后,由于经济普遍低迷,各国政府在难民问题上的扯皮现象表现得越来越明显。例如,希腊和意大利等地中海国家认为难民到它们那里只是过境,最终的目的地是德国、英国、法国和北欧等国,因此要求这些国家出资帮助解决难民问题。很显然,从现实出发,欧洲各国如今都无法再为了道义而"慷慨大方"。对此,德国《明镜》周刊一针见血地指出,为保护自己的富足,欧洲不得不筑起反难民的"欧洲堡垒",曾经高贵的人道主义现在显然变成了"奢侈品"。

第五节　欧盟面临的挑战

难民危机迅速蔓延整个欧洲大陆,并且仍在不断发酵。各国出于国情和利益的考虑,想要达成有效合作仍然需要跨越许多障碍,包括合理确定各国应承担的难民份额以及有效应对在接收难民移民问题上持不同意见的民族主义政党和运动等。近年来,极右政党在欧洲议会选举和各国国内大选中声势崛起,说明欧洲民粹主义又卷土重来。因此,难民问题日益成为欧盟及其成员国政治家手中的"烫手山芋",一旦处置不当,有可能导致各国民族主义情绪和极右排外势力抬头,这对欧洲一体化进程非常不利。

因此,对欧盟的挑战并不只是管控边境那么简单,而是需要欧盟有一个全面的移民政策,来应对地中海地区安全形势的变化。欧盟成员国领导人2015年曾四次就难民安置、援助等问题进行协商,但始终未能达成共识。因此,要让欧盟各国"一盘棋"来共同应对难民潮问题显然是不可能的。看来欧盟要实现《马约》中确立的政治、社会和安全一体化的道路还很漫长。

第十章　英国脱欧

欧洲一体化进程可谓一波三折、危机不断：先是主权债务危机，接着是难民危机，紧随其后的是英国脱欧危机。这一连串的危机对欧洲一体化进程构成了巨大威胁。

世人瞩目的英国脱欧公投于2016年6月23日进行。在临近公投的最后日子里，主张脱欧和留欧的两大阵营都加大了游说力度，各界重量级人物纷纷出来站台，陈述脱欧或留欧的利弊，双方针锋相对，激烈程度达到白热化。当时，倾向于留欧的人略多于倾向于脱欧的人，给人的印象是最终留欧派会获胜。这是一场关乎英国未来命运的公投。

2016年6月24日，英国脱欧公投结果揭晓，出人意料的是脱欧派胜出，最终投票结果显示，51.9%的选民支持脱欧；48.1%的选民选择留欧，英国成为首个脱欧的国家。此次公投的投票率为71.8%，超过3000万选民参与了投票。据分析，英国民众做出脱欧选择是出于政治、经济等多方面的考虑，而最终是主权债务危机和难民危机坚定了英国脱欧的决心。但是，归根到底，英国决定脱欧是因为不看好继续留在欧盟内的发展前景。

2017年3月29日，英国向欧盟递交脱欧信，正式启动脱欧程序。同年6月19日，也就是在脱欧公投过去将近一年之际，英国和欧盟在布鲁塞尔正式开启脱欧谈判。这场谈判被当时不少的媒体形容为"世纪谈判"，由此可见谈判的重要性和复杂性。

2018年11月，英国与欧盟达成了脱欧协议草案。2019年1月15日，草案在英国议会遭到否决。3月12日，英国议会就修改后的脱欧协议进行了再次投票表决，但该协议仍然没有获得通过。10月22日，英国议会投票否决了首相鲍里斯·约翰逊（Boris Johnson）为推动脱欧协议尽快在英国议会获得通过而制定的立法时间表。2020年1月9日，英国议会下院投票通过脱欧协议；1月22日，英国议会上院通过脱欧协议。1月23日，英国女王伊丽莎白二世签署批准了英国议会此前通过的脱欧协议相关法案。1月30日，欧盟正式批准了英国脱欧。1月31日，英国正式脱欧，结束了其47年的欧盟成员国身份。

英国脱欧的原因有很多，但归纳起来主要有以下几点：政治原因、经济原因、文化原因、历史原因、地理原因和难民原因。

第一节　政治原因

脱欧的原因是多方面的，如英国"疑欧主义"文化的盛行、游离于欧盟的边缘以及地理位置的特殊性等，但政治因素被认为是直接触发此次英国脱欧公投的主要原因。

一、第一次脱欧公投

1973年1月，英国加入欧共体。但加入欧共体后，英国内部就入欧一事存在很大分歧，特别是执政党工党内部也发生了内讧。1975年，也就是英国刚刚加入欧共体两年之后，英国首相哈罗德·威尔逊（Harold Wilson）（工党领袖）发起第一次全民公投，以决定脱欧或留欧,结果67%的英国民众选择了支持留欧。当时作为反对党保守党党魁的撒切尔夫人在那次公投中也呼吁支持英国留在欧共体,她支持的理由非常明确:欧洲有助于放大英国的实力。当时的欧共体还只有9个成员国,其市场规模、经济体量和政治影响力与现如今的欧盟不可同日而语。而撒切尔夫人已经能够清楚地意识到像英国这样一个中等的欧洲国家离开欧共体所面临的严峻政治现实,正如她在一次演讲中所言:"英国并不梦想舒适、孤立地存在于欧洲共同体的边缘。我们的命运注定在欧洲,作为共同体的一部分。"

二、第二次脱欧公投

(一)背景情况

在2008年金融危机发生后的5年间,英国经济低迷,保守党憎恶欧盟的情绪与日俱增,保守党内部在英国的全球地位、国家认同和主权等问题上发生争论,卡梅伦担心保守党会因此出现巨大分裂,故在2015年大选前表示,如果在大选中获胜,他将启动与欧盟的重新谈判,并就谈判结果举行全民公投,让所有英国人得到一个对是否应该继续留在欧盟表达态度的机会。2015年5月29日,英国政府向下议院提交并公布了有关脱欧公投的议案。

(二)为何此时公投

2016年2月20日,卡梅伦正式宣布公投的时间为当年的6月23日,而原计划公投是在2017年年底前举行,这是因为欧洲难民问题的加剧令公投留欧倾向更弱,特别是夏季将至,这是更多难民涌入的季节,卡梅伦认为事不宜迟,应该马上进行公投。英国政府这才匆匆决定6月公投。

(三)卡梅伦的目的

显然卡梅伦此举是想以退为进,通过脱欧公投向欧盟施压,与欧盟讨价还价,为英国争取最大利益。这是一箭双雕的策略,它能让卡梅伦达到既可避免保守党分裂,又可让英国在欧盟得到更多的例外权的目的。可见,2016年的脱欧公投与卡梅伦的推动密不可分。为了获得民意支持和化解国内疑欧派给执政党的压力,卡梅伦像他的前辈威尔逊一样也将脱欧作为一种政治工具。因为当时的民调显示,英国保守党的支持率不高,卡梅伦的脱欧公投意在重新获得流向支持脱欧的独立党的部分选票。此外,卡梅伦还希望以此作为筹码与欧盟谈判,获得对英国更为有利的成员国条件,意图在欧盟内分得更大一杯羹。

显而易见,政治因素是英国两次举行脱欧公投的导火索。1975年,当时的执政党工党为了转移国内压力以及压制保守党举行了公投,时任首相的工党领袖威尔逊通过脱欧公投的方式化解了党内的压力,同时也提高了自身的政治威信。此次,执政的保守党为了转移国内压力以及向欧盟争取更多的政治和经济利益也使用了这一工具。然而,对卡梅伦而言,这步险棋的直接后果是其在屈从于英国国内民粹主义的同时,也培育了一股最终导致英国退出欧盟的政治势力。这股脱欧势力最终占据上风,使英国成为首个从欧盟退出的成员。比较1975年和2016年的两次脱欧公投,不难发现,政治因素都在其中扮演了重要角色。

（四）公投失败

卡梅伦曾于2015年12月公开阐述英国留在欧盟的四个条件：一是确保欧洲单一市场对英国等非欧元区国家一视同仁；二是增强欧盟的竞争力，减少对成员国经济的束缚；三是允许英国不参与欧盟政治一体化进程，增强欧盟成员国议会的权力；四是控制欧盟进入英国的移民，限制欧盟移民在英国领取就业者福利的权益等。

欧盟与英国在2016年2月进行了相关磋商，并就欧盟改革达成协议，欧盟将给予英国一定的"特殊地位"，包括不再歧视和干涉非欧元区国家、改善生产要素的流动、允许英国不加入更紧密的政治联盟以及削减欧盟移民的部分福利等。

与威尔逊一样，卡梅伦以脱欧为工具与欧盟达成了新的留欧协议。然而，与1975年状况不同的是，部分英国民众并没有因为达成新的协议而转向支持留欧。卡梅伦试图以此来赢得民意、获取选票并弥合党内裂痕的愿望也没有实现。由此可见，脱欧虽然是有效的政治工具，但运用它的风险却非常高。

第二节　经济原因

经济因素是英国多数民众投票选择脱欧的又一个主要原因。英国中小企业常常抱怨布鲁塞尔所制定的规章制度限制了它们的经营活动。农民则批评欧盟共同农业政策所带来的制约。渔民也受到了欧盟许多措施的限制。总而言之，英国大多数民众认为留在欧盟的经济成本太高。欧盟资金的75%来自各成员国按照各自GDP的比例上交的资金，英国缴纳金额约占1/8，仅次于德国和法国，位列第三，但它并未得到与付出相应的回报。而更令英国人不悦的是，金融危机后，一些欧元区国家降低了贡献额，导致英国贡献比例大幅提高。2014年世界经济出现了低迷和下滑，欧盟部分成员国债务危机严重，这些问题需要欧盟所有成员国共同承担解决。而欧盟应对欧债危机的举措让英国人觉得欧盟是拿着英国纳税人的钱去救那些"问题国家"。

欧元区的危机就像永远不会结束一样，希腊仍需要数十亿欧元的救助、地中海海域偷渡者遇难事件接连不断，以上情况让英国人产生了这样一个想法：欧洲一体化计划已经失败，整个欧洲大陆的境况每况愈下。相比之下，英国经济那几年呈现出了新的活力，所以英国认为脱欧就像离开一条漏水的船，能够摆脱南欧国家潜在危机的拖累，不再受欧盟劳工法的约束，可以激活劳工市场，有利于自己谋求生存和发展。更何况，退出欧盟可以使英国节省其缴纳给欧盟的巨额资金（英国一年需缴纳80亿欧元，相当于其GDP的0.3%）。

此外，英国人认为，脱欧后，英国可以与整个世界进行自由贸易。虽然英国从欧盟获得的好处是不可估量的（作为欧盟成员，英国的商品进入欧盟市场时享有巨大的优惠，另外还有其他方面的好处），但是在疑欧派看来，脱欧后，英国在贸易方面的表现可能会更好。他们认为，届时伦敦可以成为WTO的总部所在地，并与中国、印度以及亚洲和拉美的一些新兴国家签订新的贸易协议。他们还认为，英国与英联邦成员的特殊关系也会为退出欧盟后的英国带来光明的贸易前景。显而易见，英国希望通过脱欧后带来的新机遇，帮助其经济增长，并进一步提升其在国际舞台上的地位。

第三节 文化原因

在欧盟28个国家中,英国是对欧盟持怀疑态度最强烈的国家,这种"疑欧"心结在英国早已有之,而"疑欧主义"在英国也长期盛行。在信念上,很多英国人感觉自己在欧洲一体化进程中受到了拖累,认为英国与欧洲其他国家并没有共同的政治抱负。英国前首相丘吉尔就认为,英国不能算是一个欧洲国家,他认为英国跟欧洲拥有两种完全不同的制度,这样一种心结也影响了英国与欧洲大陆的关系。

疑欧主义文化的产生和盛行源自英国与欧盟之间在对国家主权、政治制度和宗教等方面的认知上大量难以调和的分歧与差异,英国民众因此对欧盟缺乏长期稳定的认同感。长期存在的疑欧主义是支撑脱欧话题在英国长盛不衰最主要的文化原因。

例如,在对待国家主权问题上,作为西方最早实行议会制度的国家,英国强调议会主权至高无上,并认为国家主权是不可分割的。可以说,主权在英国人心里具有神圣的地位。加入欧盟后,英国大约有70%的法律条文是由欧盟制定的,欧盟法院上至英国驱逐恐怖分子下至啤酒售价都要管。而英国人对阻止欧盟糟糕的立法几乎无能为力,这些都令英国人十分不悦。作为一个主权国家,英国的不少事务都要由欧盟说了算,而欧盟委员会自身官僚主义严重,办事拖拖拉拉,各方面的限制很多,这导致不少英国人产生不满。英国人批评欧盟理事会缺乏民主,因为它并不是一个通过选举产生的决策机构。英国最激进的疑欧派要求英国有权否决布鲁塞尔做出的决定。在这一要求无法得到满足的情况下,他们便把退出欧盟当成了恢复英国主权的唯一方式。而欧洲大陆国家则主张国家主权并非完全集中于国家,而是存在于地方、国家和欧洲等多个层面。

在政治制度上,英国认为欧盟对国家主权具有侵蚀作用,并反对超国家组织,欧洲一体化被看成是对英国民族特性的威胁;而欧洲大陆国家则认同欧盟所体现的后现代国家的新型政治制度,能比较容易地接受主权让渡与分割的概念。

在宗教认知上,英国是传统的基督教国家,在16世纪的宗教改革运动中,出于对现实利益的考虑而进行了宗教改革,成了一个新教国家。英国国教中的现实主义原则影响着其在对外交往中表现出的对现实国家利益的极大追逐。比如,英国在外交政策上始终追求国家利益最大化,在对待欧洲事务上以最大限度地争取和维护自身国家利益为准则。在此宗教背景下,英国对欧盟的"三心二意"是对形成其功利主义与实用主义的最好诠释。

近年来,在疑欧主义文化盛行的背景下,英国民众对欧盟的认同感持续下降。根据欧洲晴雨表2015年的调查,英国民众对欧盟成员国资格、欧盟委员会和欧盟议会等均表现出极大的不信任。

在政府层面,英国的疑欧主义也得到了充分反映。例如,20世纪50年代,英国拒绝参加法国和德国发起的合作计划;60—80年代,从撒切尔政府到梅杰政府,英国都表现出对欧共体成员资格的不安,越来越多秉持疑欧主义的保守党议员涌现;90年代,英国出现了致力于终止英国的欧共体成员国资格的党派,如英国独立党。

英国对欧盟的猜忌和不信任始终存在,主要原因是其认为欧盟未来的一些政策趋势也可能损害到英国的利益。而欧债危机的蔓延,不仅使英国的疑欧情绪快速发酵,而且加快了脱欧的步伐。

与此同时,欧盟其他国家民众对英国的"三心二意"也日渐不满,认为英国作为欧盟的一员,在融入欧盟的过程中却表现消极,一直扮演着拖后腿的角色,如拒绝加入欧元区、不参加欧盟的危机救助、不为缓解危机出力、反对一切金融监管政策等。因此,他们认为英国脱欧对欧盟的发展来说反而是好事,欧盟今后在其一体化进程中会少很多阻力。由此可见,双方的互信降到历史低点。

第四节 历 史 原 因

在欧洲一体化进程中,法国和德国一直是核心,它们在欧洲事务中发挥着主导作用,而昔日的"日不落帝国"英国一直游离于欧共体/欧盟的边缘。虽然早在1946年9月英国首相丘吉尔就曾提议建立"欧洲合众国",但英国的入盟之路可谓一波三折。1960年,英国首次申请加入欧洲经济共同体,却遭到法国总统戴高乐的否决。之后英国又多次申请加入均未果。直到1973年,英国首相爱德华·希斯(Edward Heath)重启加入欧共体谈判,英国终于成为成员国。

从1951年欧洲煤钢联盟成立,到1973年英国正式加入欧共体,在这22年间英国从未参与到欧洲一体化进程中,相应地,欧共体的各项政策也并不是为英国专门打造的。

事实上,在欧共体快速发展的这22年中,法国和联邦德国一直牢牢把握着欧共体的发展方向。比如,法国和联邦德国于1963年签署了《法德友好合作条约》,该条约将两国全面和解与合作以条约的形式固定下来,并成为欧洲一体化的政治基础。在该条约的框架下,法国逐步成为欧共体内的政治与文化领袖,而联邦德国以其强大的经济实力成为推进欧洲一体化进程的发动机。显然,在英国加入欧共体前,法国和联邦德国已经是欧共体的核心。而几经坎坷后终于在1973年1月加入欧共体的英国当时在欧共体内的政治和经济影响力已无法与法国和联邦德国抗衡。

在加入欧共体后,英国也曾希望能逐步改变这种现状,并形成英、法、德三国鼎立的态势,然而由于在主权意识、政治制度和宗教态度等方面的分歧,英国并未真正融入欧共体中,它在促进欧洲一体化进程中可谓"无所作为",法国和联邦德国依然决定着欧洲一体化进程。

1982年,法国和联邦德国构建了"波恩-巴黎"的合作轴心,大力推动欧共体内部的经济合作。1986年,法国和联邦德国签署了《欧洲单一法案》,加快了欧洲内部统一大市场的步伐。1990年,法国和联邦德国提出加速将欧共体从经济一体化和政治合作的实体转变成共同外交与安全政策的政治联盟。1991年,法国和德国主导了《欧洲经济与货币联盟条约》及《欧洲政治联盟条约》的签署,为欧盟的诞生打下了坚实的基础。欧盟诞生后,德国继续积极推进一体化进程,比如,推动欧盟机构改革、推进欧盟东扩、推动欧元区建立和加速财政一体化进程。

由此可见,无论是在加入欧共体之前还是之后,英国始终没有如法国和联邦德国一样在欧共体中取得核心地位。这与英国经常不合拍,对待欧共体"三心二意"有关。例如,它拒绝加入欧元区;在签订《里斯本条约》时以司法、社会政策等领域的"例外权"作为交换条件,不加入开放边境的《申根协定》;2011年拒绝签署旨在加强欧盟财政纪律的"财政契约";2012年11月,否决欧盟扩大预算的提案,令欧盟峰会以失败而告终。这些情况都使英国进一步被边缘化。例如,没有加入欧元区固然使英国不但拥有自主的财政政策,还能继续发行自己独立的货币,保持出口竞争力,但是,这也使得英国很难真正参与到欧洲大陆的事务中。尤其是在欧债危机的关键时期,由于各种利益分歧明显,英国这一传统强国逐步丧失其在欧盟中的地位。因此,英国在欧盟内被边缘化这一现象被看成是推动英国再次举行脱欧公投的另一个重要原因。

第五节 地 理 原 因

英国地处欧洲大陆之外,出于地理与历史原因,自19世纪晚期以来,英国对欧洲大陆事务一直奉行不干预的政策,这被认为是成就英国近代辉煌的重要经验。独特而有利的地理位置使得英国民众长期以来在心理上与欧洲大陆产生疏离,他们不愿放弃对欧洲大陆保持距离的传统。正如丘吉尔所说"英国与欧洲在一起,但不属于欧洲"。

在英国与欧洲大陆之间横亘着加来海峡与英吉利海峡,长久以来英国"孤悬海外"。英吉利海峡是一道天然的屏障,这种进可攻、退可守的有利地理位置使英国免受历史上多场欧洲战火的影响。比如,1453—1871年间,除了在1792—1815年间卷入"反法同盟"战争,英国避开了多场大规模的欧洲大陆战争。

此外,加来海峡与英吉利海峡是欧洲到美洲、非洲航线的必经之路,是全球最为繁忙的航线之一,英国凭借对这两个海峡的控制掌握了海上霸权近三百年,并成就了盛极一时的"大英帝国"。

英国长期对欧洲大陆保持着优越感,一直对欧洲一体化若即若离。英国把自己视为欧洲之外的全球性大国,认为异于欧洲的独特性是其崛起和强大的原因。虽然逐渐衰弱,但优越感依旧强烈。二战后,每遇挫折或危机,英国便会将问题归咎于欧共体/欧盟,每次都会引发疑欧情绪的高昂,这次金融危机和欧债危机也不例外。

第六节 难 民 原 因

英国人最担忧的问题就是移民。欧洲当时正面临一场难民危机,大量中东难民被强制摊派。2015年数百万难民闯入欧洲,130万移民申请在英国避难,其中36.3万来自叙利亚。接纳这些难民不仅会拖累经济发展,还会给社会带来安全隐患。因此,英国一直都以《都柏林公约》为由,拒绝任何可能分配给它的难民配额。相比一年中接纳了近110万难民的德国,同样是欧盟大国的英国仅表示过愿意在未来5年内接收2万名难民。

在代表主权主义的英国独立党的鼓动下,英国人普遍产生了英国"人满为患"的想法。欧盟东扩以来,英国净移民数量持续增长。2015年英国净移民人数增至33.3万,其中来自欧盟国家的移民人数为18.4万,创历史最高纪录。统计发现,在进入英国的外来移民中,超过半数来自欧盟国家,尤其是波兰、罗马尼亚等中东欧国家以及波罗的海三国。欧盟所实行的人员自由流动政策使得英国无法采取措施来限制此类移民。经济萧条的情况下,移民被认为是挤占福利、住房、医疗和教育资源的"罪魁祸首"。主张脱欧的英国首相鲍里斯·约翰逊(Boris Johnson)就曾表示,英国要想控制移民人数,唯一的方法就是脱离欧盟。在这种情况下,英国政府只得进一步收紧针对欧盟以外国家的移民限制。在疑欧派看来,只要退出欧盟,英国就可以重新控制自己的边界以及本国的移民政策。

面对 2015—2016 年出现的难民危机,按照欧盟的原则,英国必须要接收一定配额的难民。因此,对于那些希望脱欧的英国民众而言,难民危机坚定了他们脱欧的决心。

第七节 民粹主义在公投中的作用

英国临近投票前的形势是有利于留欧派的,也就是说,留欧派当时占据上风。但是民粹主义者利用矛盾日益尖锐的难民问题,在最后几天极力煽动英国普通民众对建制派的不满,鼓动他们反对留欧并投票支持脱欧,最终他们的企图得逞了。

显而易见,民粹主义在此次英国脱欧过程中也起了很大作用。可以说,英国脱欧是民粹主义在欧洲乃至世界的一次胜利,它已经并将继续产生重要影响。民粹主义的共同点是反对精英阶层、主流政治和既有体制。民粹主义者标榜自己是代表"被社会遗忘的普通民众"。英国的民粹主义除了具有上述共同特点,还有反欧盟、反欧元和反移民等特点。

欧洲大陆过去几年的民粹主义源于大量难民的涌入,从而导致社会矛盾的激化,英国也不例外。在此次脱欧公投中,英国的民粹主义者也是利用民众对难民潮的恐惧心理以及因难民问题引发的社会矛盾,大打反移民和反欧盟的政治牌,最终获得他们的支持。

由于英国加入欧盟的好处不如预期,特别是难民问题带来了一系列的社会安全、经济安全、政治安全乃至人身安全等问题,这些"被社会遗忘的普通民众"支持脱欧也就不足为奇了。由此可见,大量中东难民涌入欧洲,无疑是点燃这次全欧范围内以反难民为特征的民粹主义烈火的最重要的诱因。

英国面临各种经济、社会、安全挑战,引发了中下阶层民众的严重不满,这为民粹主义提供了很好的土壤。比如,在英国脱欧公投中,民粹主义反对欧洲一体化的理念与实践,要求把"主权"从欧盟手中夺回来,这正是脱欧派所希望的。民粹主义的兴起对欧洲一体化无疑是最大的潜在威胁。

第八节 脱 欧 影 响

英国退出欧盟的公投无疑是欧盟迄今为止面临的最大一次挑战,是一场没有赢家的政治赌博。英国脱离欧盟的结果是英国和欧盟都遭受损失。

一、对英国的影响

英国脱欧之前,欧盟作为世界上最大的区域性经济贸易集团,已经拥有 28 个成员国,人口达 5.11 亿。尤其重要的是,欧盟的扩大进程还在继续。脱欧在政治、经济和国际影响力方面对英国意味着什么是不言而喻的。许多英国经济学家认为,离开欧盟会使英国的经济受到伤害,对英国的就业形势不利,并会造成物价上涨、GDP 下降,这将比金融危机更加糟糕。具体来说,脱欧对英国最直接的影响可能有以下几个方面:

（一）政治

在政治方面，尽管英国脱欧后仍可通过联合国安理会成员、北约成员等角色继续发挥作用，但它不再能通过欧盟成员国身份影响欧盟决策，更不可能再依托欧盟发挥超出自身实力的影响力。以前，作为欧盟的重要成员国，英国借助欧盟的影响在很多国际事务中可以发挥重要的作用，从而提升自己在国际上的影响力，如在对俄罗斯实施制裁及与伊朗谈判中，英国都扮演了重要的角色。而脱离了欧盟，英国在国际上发挥重要作用的余地就会变小，它有可能由于不再能作为欧洲与美国之间的桥梁而在一定程度上失去对美国的吸引力。脱欧还有可能导致其他的后果，其中最严重的是再次引发有关苏格兰独立的全民公决。而苏格兰一旦独立，将对英国造成致命的打击。因为少了苏格兰的话，英国的国力将遭受重挫。

（二）经济

从经济角度看，欧盟对英国至关重要。离开欧盟意味着离开世界最大的内部市场，这个代价很大。欧盟既是英国最大的对外直接投资来源地，也是英国对外直接投资的主要目的地。欧盟是英国最大的贸易伙伴，英国与欧盟国家的年贸易额超过 4 000 亿英镑，占英国对外贸易总额的 50% 以上，约占英国 GDP 的 15%。英国不到一半的出口是输往欧盟的，一半以上的进口来自欧盟其他国家。英国十大贸易伙伴中八个是欧盟国家。退出欧盟后，英国出口到欧盟的关税将大大提高。自由贸易是欧盟贸易的核心利益所在。英国脱离了欧盟，那么它与欧盟的贸易关系就发生了变化，而以前与欧盟的贸易协议都需要重谈，双方需要很长时间就条款进行协商。这期间，英国经济将不可避免地受到影响。此外，由于双方的关系发生了根本变化，欧盟在与其谈判新的贸易协定时不可能轻易对其做出让步。因此，英国脱欧虽不至于是一场灭顶之灾，但也需要付出不小的代价。

由于欧盟实行统一的对外贸易政策，脱欧后，英国将花数年的时间与美国、日本等主要经济体进行谈判，以重新建立与这些国家的经济贸易关系。而它以一国之力去与其他国家商谈贸易条款不会占任何优势，所谈条件也很难好于欧盟统一对外谈成的条件。

（三）金融

在金融方面，伦敦金融城承载了 74% 的欧盟外汇交易、40% 的全球欧元交易，管理着欧盟 85% 的对冲基金资产以及 50% 的欧盟存款保险。英国金融业有 250 家外国银行，其中 84% 反对英国脱欧。由于脱欧后英国还能否保证金融机构可以自由地在欧盟进行金融活动尚不确定，很多在英国的美国和日本跨国公司已对此表示担忧，它们极有可能把部分欧洲的分支机构转移出英国，包括高盛、德银在内的多家金融机构在公投前曾表示若英国脱欧，它们将撤出其在伦敦的总部。此外，以欧元计价的其他相关业务及许多金融活动都很有可能会撤出英国。

二、对欧盟的影响

欧盟对英国公投结果感到担忧是显而易见的。英国是欧盟内仅次于德国的第二大经济体，其 GDP 占欧盟 GDP 的 17.6%。因此，从欧盟角度出发，少了作为欧盟内实力最雄厚的成员国之一的英国,欧盟不仅在经济实力方面会减弱近1/5,而且其在世界政治经济格局中的地位都将大打折扣。英国脱欧之前,欧盟内部普遍认为,英国脱欧对欧洲一体化进程是一次重大挑战,也会影响欧盟内部的团结。英国脱欧在欧盟内部开了一个很坏的先例,无论是从经济角度还是政治角度来看都会造成不良后果。人们担心英国此举会在欧盟内部引发多米诺效应,因为其他成员国极有可能效仿英国,试图与欧盟讨价还价,以承担尽可能少的责任来换取和之前同样多的利益。这种负面效应是客观存在的,如瑞典在英国公投前的民调显示,有半数国民认为如果英国脱欧,则瑞典也应该紧随其后。法国极右翼政党国民阵线主席玛丽莲·勒庞(Marine Le Pen)也主张退出欧盟。脱欧公投大大助长了欧洲激进的反欧势力,欧洲一体化面临反欧势力的新一轮冲击。

英国是联合国五个常任理事国之一,在国际舞台上扮演着重要的角色,它同时也是拥有核武器的国家,军队在欧洲以规模和能力著称。因此,英国的退出将削弱欧盟的外交和军事能力。所以,尽管英国之前在欧盟内部已经享有从《申根协定》到欧元等诸多"例外权",并且英国这种"例外主义"常常令欧盟领导人及其他成员国十分不满,但他们并不希望英国退出欧盟,即便是法国也认为让三心二意的英国留在欧盟利大于弊,原因就是没有英国的欧盟在全球的影响力会遭到削弱,其国际地位也会因为没有了英国而受到影响。

但是,后来的事实证明,失去英国并没有让欧盟受到太大的影响。欧盟内部当时最担心的一个问题是,英国脱欧会在欧盟内部开启一个很坏的先例,但这种担忧事后证明是多余的。此外,人们还担心欧盟内部的团结将受到挑战。但是,人们担心的事情并没有发生。恰恰相反,英国公投决定脱欧之后发生的情况让其他成员国看到,英国不但没有占到便宜,反而使整个国家陷入危机之中。这对其他成员国而言是一个很好的警示。

三、对中国的影响

英国脱欧对中国的影响主要体现在经济方面:

首先,中国通过加强与英国的经贸合作来影响欧盟对华政策的努力可能会受到影响。中国着力发展与英国日益密切的政治与经济关系,希望使其成为自己在欧盟内的重要伙伴和支持者。英国是欧盟内部自由贸易的最坚定捍卫者,一向反对设立针对中国的贸易壁垒,同时承认中国的市场经济地位。英国脱欧将使中国在欧盟失去一个重要的支持者,还将使中国通过英国来影响欧盟的努力受到影响。

其次,英国脱欧可能会对人民币国际化产生一定影响。伦敦在人民币国际化战略中发挥着重要的作用。近年来,它积极推动人民币离岸市场的形成,并成为仅次于香港的第二大人民币离岸结算中心。2015年,中英两国在金融领域的合作得到深化。在这一年,中国财政部在伦敦发行了人民币国债,中英两国央行续签了双边本币互换协议并扩大了互换规模,中国人民银行在伦敦发行了50亿元人民币的央行票据。由此可见,伦敦为中国在亚洲以外推动人民币国际化提供了良好的平台,并为巩固和加强人民币的国际影响力提供了支持。而一旦退出欧盟,伦敦作为世界主要金融中心的地位也将面临挑战,这对人民币的国际化会产生一定影响。比如,人民币通过英国在欧洲推广的战略成本将大大增加,中国的金融机构一旦撤离伦敦需要付出一定的调整成本等。人民币国际化是中国的重要目标,英国脱欧后,伦敦能否仍在人民币国际化过程中继续发挥重要作用变得更加不确定了。

最后,中欧贸易合作将面临严峻考验。虽然欧盟是一个拥有五亿人口的统一大市场,但由于欧盟的保护主义倾向,中国企业要进入这个市场绝非易事,而英国则是中国企业进入这个市场的重要渠道。英国是欧盟内主张贸易和投资自由化最积极的国家之一,所以不少中国企业将英国选为其在欧洲的生产基地,将伦敦作为其进入欧洲的通道,通过投资相对自由的英国来达到其进入拥有五亿多潜在消费者且监管严厉的欧盟市场的目的。近年来,这类战略性投资变得愈发重要。特别是当中国企业在投资美国和其他欧洲国家受阻时,对英国的投资就显得尤为重要。而一旦英国脱欧,那么中国企业这种先进入相对宽松的英国市场,然后以此为基础再进入欧洲市场的迂回策略就会受到影响。

奥巴马执政期间,美国实施重返亚太战略,使中国面临的周边环境压力增大。在这种形势下,欧盟自然成了中国应对美国压力的重要战略合作伙伴,而英国在中国加强与欧盟政治经济关系中发挥着桥梁作用。2015年以来,中英贸易往来日益频繁,创造了越来越多的经济利益共同点。在经贸领域,英国逐渐成为中国的重要支持者和伙伴,例如它大力游说欧盟承认中国市场经济地位。除此之外,它还大力推动中国-欧盟自由贸易协定的谈判。如果该协定能够成功签署,将会有助于中国全面打开欧洲市场。

然而,英国一旦脱欧,中国通过英国加强与欧盟合作的战略计划将会变得困难重重。英国脱欧无异于间接削弱了中国和欧盟的经贸联系,使得中国不得不另外选择其他方式来加强与欧盟的合作。脱欧后英国和欧盟之间可能产生的贸易壁垒将降低中国企业在英国生产的意愿,这些企业可能会选择前往欧盟内部市场较开放的国家,如比利时和爱尔兰等。英国脱欧对欧盟产生的经济影响也可能会波及中国的出口,特别是欧盟一旦采取贸易保护政策,将会影响中欧双边贸易。

尽管英国脱欧可能会对中国产生诸多负面影响,但事实上也会有正面影响。这是因为,一旦脱欧,英国会更加乐意与中国展开更广领域的合作,英国在西方国家中率先加入中国发起的亚投行就是其中的一个例子。英国是最讲实用、最不教条的欧洲国家。它不顾美国的反对,申请加入亚投行,并带动了德国、法国、意大利等一大批欧洲国家加入。

2015年10月习近平主席访问英国,英国首相卡梅伦冒着被媒体批评的风险,将英国带入与中国关系的"黄金时代"。卡梅伦辞职后,继任的特蕾莎·梅利用杭州二十国集团峰会的机会,再次发出"黄金时代"的誓言。脱欧后,英国将更需要发展与中国的经贸关系,更需要中国投资者到英国投资。

四、对美国的影响

2016年4月,美国总统奥巴马访问英国时特别表示,脱欧公投结果"将影响美国前景"。他到达英国当天就在英国《每日电讯报》上发表署名评论文章,呼吁英国选民做出明智的选择。奥巴马称,"强大的欧盟不是对英国全球领导地位的威胁,而是加强了英国的全球领导地位"。奥巴马还警告称,如果英国脱欧,它将会排在美国贸易条约的"队伍尾端",将可能花十年以上的时间和美国协商贸易条约。

二战后,与其他欧洲国家不同的是,英国与美国一直保持着"特殊关系",在很多国际问题上,英国都坚定地站在美国一边。尤其是"9·11"事件后,英国坚决与美国站在反恐第一线,在欧洲大国法国和德国都反对发动对伊拉克战争的情况下,英国毅然与美国联手推翻了萨达姆政权。为此英国有人把时任英国首相布莱尔称作"美国的哈巴狗"。此外,英国一直以来与美国共享情报,由此可见,英美的关系确实非同一般。

然而,随着实力的下降,美国在解决世界热点问题和全球性问题上越来越力不从心。美国认为,一旦英国脱欧产生连锁反应,那么拥有28个成员国的欧盟将面临瓦解的风险,这必然会削弱欧盟作为美国盟友的实力,进而在解决世界热点问题上对美国提供的帮助或将大大减少。

英国与美国有着非常特殊的关系,它是美国控制欧盟以及扩大美国在欧洲影响力的重要力量。当初英国不加入欧元区,虽然主观上是担心丧失货币政策的独立性,但客观上却帮助美国维护了美元霸权。一旦英国脱欧,美国很难在欧盟成员国中再找到一个像英国这样的盟友代言人,这对谋求世界霸权的美国而言,是最不希望看到的结局。

综上所述,无论英国脱欧会给各方带来什么样的影响,它毕竟是欧盟在一体化进程中的一个重要事件,给欧盟敲响了警钟。

第九节 脱欧谈判

英国于2017年3月29日正式向欧盟递交脱欧信函,这就意味着,从此启动《里斯本条约》第50条,正式履行脱欧协商程序,这也使英国成为第一个寻求退出欧盟的成员国。《里斯本条约》第50条是关于成员国脱欧的正式机制。成员国一旦启动第50条,则将在通知后两年内退出欧盟(除非与欧盟达成一致协议同意延长协商时间)。据此,英国将在2019年3月29日子夜正式脱欧。这也就是说,双方需要在两年内,亦即2019年3月29日之前完成脱欧谈判。按照此前拟定的谈判时间表,双方必须在2018年10月前完成全部谈判并达成协议(因为协议还需要双方相关机构的批准)。

2017年6月19日,也就是在脱欧公投过去将近一年之际,英国和欧盟在布鲁塞尔正式开启脱欧谈判。从谈判被当时不少媒体形容为"世纪谈判"这一点就可以想见当时脱欧谈判的复杂性。谈判的主要内容是确定英国退出欧盟的条件和决定未来英国与欧盟的关系。因此,谈判分为两个阶段:第一阶段的谈判主要围绕英国退出欧盟的条件,即"分手费"、爱尔兰边境和欧盟在英公民权利问题展开;第二阶段的谈判则聚焦于过渡期安排和欧盟与英国的贸易关系。第一阶段,双方总共举行过六轮谈判。在谈判中,欧盟一直掌握着主动权,而英国则表现得相对较弱。欧盟谈判的底气主要来自两方面:首先,英国脱欧不仅没有在欧盟内部引发示范效应,相反却让身处欧洲大陆的其他欧盟成员国更为团结,它们普遍认为应该让英国为脱欧付出政治和经济代价;其次,在欧洲范围内,民粹主义暂时退潮、经济复苏势头良好等因素让一体化进程重获发展动力。而英国在谈判中处于劣势,是因为英国急于完成脱欧谈判。对英国而言,脱欧谈判的不确定性对其经济产生了不良影响。久拖不决不但会影响企业、公民和投资者对英国的信心,还会加剧政治、社会等领域的矛盾分歧。此外,苏格兰政府首席大臣尼古拉·斯特金(Nicola Sturgeon)关于"只要英国不硬脱欧,我们就不闹独立"的表态被看成是对中央政府的最后通牒,这无疑进一步增加了英国政府与欧盟谈判的压力,也加大了谈判失败可能造成国家分裂的风险。所谓"硬"脱欧是指英国拒绝在人员自由流动等议题上让步,同时又想保住进入单一市场的权利。所谓"软"脱欧是指英国步挪威后尘,仍然是单一市场成员,但必须接受人员自由流动。由于这涉及双方谈判的底线,硬脱欧还是软脱欧就成为谈判中最为棘手的议题。

专栏 10-1

"苏格兰在欧洲"议案

2016年12月20日,苏格兰政府首席大臣尼古拉·斯特金在苏格兰地方议会公布了"苏格兰在欧洲"议案,此议案的主要内容有三点:首先,呼吁英国留在欧盟单一市场并提出具体建议;其次,如果英国政府硬脱欧,苏格兰希望在脱欧协商中得到"区别对待",继续留在欧盟单一市场;最后,要求英国政府进一步下放权力,赋予苏格兰议会更大的自治权。

议案的核心是,如果英国中央政府坚持硬脱欧,即选择离开欧盟单一市场,苏格兰将采用"挪威模式"继续留在欧盟单一市场之内,以便能够继续与欧盟其他成员国在无关税的情况下进行商品和服务贸易。

斯特金表示,只要英国能够在脱欧谈判中达成软脱欧协议,苏格兰将放弃再次进行独立公投。言下之意是,只要英国不硬脱欧,苏格兰就不闹独立。

自1707年并入英国后,苏格兰争取独立的声音和行动就时有发生。在2016年6月23日脱欧公投时,苏格兰绝大多数人支持留欧。有分析认为,苏格兰此次表态如此硬气的一个重要原因是欧盟委员会希望英国实现软脱欧。

斯特金曾表示,他有意将其个人比较偏好的选项(苏格兰独立并加入欧盟)搁置在一边,以寻求一个相互妥协的选择。其首要目标是为苏格兰赢得一份好的协议以及欧盟单一市场准入权。苏格兰此时再度提出独立公投的目的是向英国政府施加压力。

斯特金还在《金融时报》上发表文章称,苏格兰选民在2016年6月的公投中选择留在欧盟,但现在却因英格兰选民选择脱欧使得苏格兰也得跟着脱欧,这是违背自己意愿的事情。所以说,即便英国中央政府想要硬脱欧,苏格兰也要在脱欧谈判中争取到"区别对待"的待遇,并以再次举行公投相要挟。这无疑增加了英国政府与欧盟谈判的压力。

苏格兰地方当局试图获得某种只有主权国家才拥有的经济地位,很大程度上是把地方的经济诉求政治化和国际化。一旦苏格兰成功,西班牙的加泰罗尼亚和意大利的西西里岛等都将群起仿效,这将不仅会对英国而且会对整个欧洲都造成巨大的负面冲击。

由此可见,执政的英国保守党政府在脱欧进程中的表现至关重要。从谈判形势看,英国在这场"1对27"的博弈中一直不占上风。本节涉及的主要内容包括谈判步骤、六轮谈判情况、谈判难题以及最终可能出现的结果等。

一、脱欧谈判的步骤

自英国确定脱欧后,无论是英国还是欧盟,都在为这场不可避免的谈判做各种准备。首先是各自任命谈判代表和组建谈判团队,英国首席谈判代表是脱欧事务大臣戴维·戴维斯(David Davies),欧盟首席谈判代表则是米歇尔·巴尼耶(Michel Barnier)。其次是各自表明谈判原则和立场,划定底线。例如,英国坚持"夺回"移民控制权,而欧盟则坚持

"人员、商品、服务、资本"自由流动,这是双方各自坚持的底线。欧盟认为,如果人员无法在欧盟和英国之间自由流动,英国也就不再是欧盟单一市场的组成部分,那么英国的商品和服务自然也就不能自由进入欧盟,也就意味着被剥夺单一市场的准入权。就谈判内容而言,英国和欧盟主要就两方面的问题进行谈判:一方面是现在如何分家。自1973年加入欧共体以来,英国与欧盟之间的关系通过大量的法律或协定确定下来,已有上万条与欧盟有关的法律并入英国法律体系。如今想要解除只能逐一谈判。为确保英国在脱欧之后法律能够独立顺畅地继续运作,2017年3月30日英国政府公布了《大废除法案》,旨在将现有欧盟法律转换为英国国内法,为英国脱欧后的法律承接做准备。这被视为英国在脱欧过程中最重要的法律依据,对英国最终脱欧、收回议会立法主权至关重要。该法案在脱欧后就会生效。另一方面是今后如何相处,双方需要确立一个新的关系框架,尤其是在经贸领域。就谈判步骤而言,欧盟提出分两个阶段进行:第一阶段重点是公民权利、英国的脱欧账单("分手费")以及英国与爱尔兰的边界安排。只有这个阶段的谈判取得进展后,才能进入第二阶段的谈判,即商讨欧盟和英国的未来关系。根据《里斯本条约》第50条,脱欧最终期限为2019年3月。考虑到协议还需要双方相关机构的批准,双方须在2018年10月前完成全部谈判。

二、六轮谈判情况

由于在脱欧问题上英国议会和英国政府内部存在严重分歧,民间留欧派与脱欧派相互对立,在与欧盟的脱欧谈判中,英国很难协调或平衡国内各方利益,议会三次否决首相梅与欧盟达成的脱欧协议草案。在英国议会无休止的争吵中,英国脱欧的实际日期也不断被延迟。相比之下,欧盟其他27个国家却目标明确,并且知道自己想要什么,而且在首席谈判代表巴尼耶的领导下团结一致。此外,在整个谈判过程中,英国换了几位首相、脱欧部长以及谈判代表,而巴尼耶却始终代表欧盟与英国谈判,并且欧盟继续让其领导欧方团队与英方就贸易协议进行谈判。由此,人们就不难理解英国在这次谈判中从一开始就陷入被动的原因了。英国与欧盟一共举行了六轮脱欧谈判,第一轮谈判始于2017年6月19日,第六轮谈判结束于同年11月10日。六轮谈判情况大致如下:

2017年6月19日,欧盟与英国进行了第一轮脱欧谈判。谈判第一天英国就做出让步,同意欧盟提出的谈判方案,即第一阶段双方只谈脱欧后的公民权利、脱欧费用以及北爱尔兰边境问题这三大议题,并且只有在欧盟认为谈判取得重大进展的情况下,才会进入第二阶段的谈判,即双边贸易及其他重要问题。

7月17日,欧盟与英国进行了第二轮谈判,双方争论的焦点是"分手费"和公民权利问题。欧盟方面认为,双方谈判进展不顺利的主要原因是英国在许多问题上都"缺乏明确的立场"。此外,针对欧盟的关切,英国只回应了北爱尔兰和爱尔兰边界问题,而对"分手费"、居民权益等问题没有具体态度,有避重就轻之嫌,这也令欧盟深感不满。第二轮谈判结束后不到一个月,也就是在8月15日和16日这两天,英国分别公布了两份脱欧文件:第一份为"新关税计划"。新关税计划也称为"英国与欧盟新的关税关系意向",主要内容是英国希望脱离欧盟关税同盟后能有一个零关税过渡期,为此,英国拟成立"临时关税同盟",以避免脱欧对经济造成重大打击。根据"新关税计划"的设计,英国与欧盟之间应建立"高度精简和无障碍的关税安排机制",在具体操作层面,可保留一部分现行关税体制，并出台新的补充措施，以有效规避贸易壁垒，并尽可能简化企业通关手续。同时，根据新关税计划，英国希望通过消除商品在边境滞留的风险，从而尽可能实现双方商品的自由贸易。双方应采取相向而行的互惠关税政策，在进口货物的标准上，英国希望能够参照欧盟对最终目的地为欧盟其他国家标准。重要的是，英国希望在设立临时关税同盟期间，自己有权与非欧盟国家签订自由贸易协议。第二份脱欧立场文件是关于英国北爱尔兰地区与爱尔兰的边界安排文件。英国政府表示，脱欧后将采取措施，确保这一边界"无缝对接"，维持现状，建议不在陆上及海上边界设海关等实体设施，在人员自由通行方面"一切照旧"。英国政府两天内公布两份有关脱欧的立场文件，对外显然是对欧盟的不满和质疑做出的回应，亮出自己的底牌，表明自己已经做好了新的谈判准备，以争取主动。对内则有两个作用：一是显示政府在脱欧问题上的团结一致。在脱欧问题上，英国政府内部此前存在分歧，此次公布相关立场文件，说明英国政府官员在脱欧问题上的立场实现了统一。二是对企业和投资者的安抚。由于此前英国政府在不少问题上态度不明朗，许多企业、民众、投资者对前途感到迷茫，担心自身利益会受到脱欧的冲击和影响。对此，政府有针对性地出台这些文件，可以起到安抚民心、稳定社会的作用。

对英国提出的新关税计划，欧盟方面表示会认真研究。但在私下，欧盟认为这不切实际，因为英国一边想要与欧盟设立临时关税同盟，一边又希望有权与非欧盟国家商签贸易协议，这实际上是想要鱼和熊掌兼得，即一方面继续享受留在欧盟的传统优惠，另一方面又享受脱欧的好处。欧盟议会脱欧首席谈判代表维霍夫斯达（Verhofstadt）在推特上撰文称："英国所谓无国界随意出入关税同盟，简直是一个幻想。"爱尔兰欧盟事务专员霍根（Hogon）强调指出，英国临时关税同盟计划能取得成功"绝非易事"，因为这一建议需要得到欧盟所有27个成员国的同意才能获得通过。

2017年8月28日，欧盟与英国开始了第三轮谈判。这次谈判与第二次并无明显不同，在公民权利、"分手费"等问题上仍存在较大分歧。例如，在公民权利问题上，虽然英国接受欧盟提出居民权益的部分计划，但拒绝接受居住在英国的欧盟公民可以通过欧盟的法律来维持自身的权利，这明显触及英国夺回司法主权的底线。截至2017年8月，在英国居住的欧盟公民约为320万人，居住在欧盟的英国公民约为120万人。在英国正式退出欧盟前，欧盟公民可以继续在英国居住，并可以申请英国居住证和所有福利。双方互相指责对方不积极推动谈判进程。欧盟多次表示，如果在这些方面无法取得足够的进展，就不会与英国就脱欧后双方之间的贸易关系进行磋商。谈判之所以如此艰难，与没有脱欧先例，英国和欧盟都没有相关谈判经验有关。所以谈判的过程本身就是一个试探和摸索的过程，鉴于此，第三轮谈判后，双方仍无法开启第二阶段的谈判。

2017年9月25日，英国与欧盟举行第四轮脱欧谈判。此前，也就是在9月22日，英国首相梅在意大利佛罗伦萨发表讲话，就英国脱欧谈判核心议题表明了英方的立场，这就是：英国将"信守对欧盟预算的承诺"，愿意在过渡期内支付200亿欧元，但前提条件是在两年过渡期内欧盟单一市场仍然向英国开放。梅向欧盟成员国保证，它们不会在当前的欧盟预算期间失去来自英国的财政收入，而目前的预算期将持续到2020年。在过渡期内，欧盟公民前往英国将不会受到限制，但在英国脱欧之后，他们在抵达英国后需要进行登记。

虽然英国政府态度的软化有助于打破谈判僵局，缓解各方对于前景不确定性的担忧,但是德国和法国两国对英国抛出的这一谈判"筹码"却反应平平。欧盟方面期待的是更多的细节,例如英国脱欧愿意支付的"分手费"数额。欧盟坚持自己的开价,要求英国支付 600 亿—1000 亿欧元的"分手费"。随着脱欧谈判的深入,英国和欧盟围绕核心利益的博弈日趋激烈,短期内难以达成重大妥协。

第五轮脱欧谈判于 2017 年 10 月 10—12 日在布鲁塞尔举行,谈判没有取得明显的进展,双方在关键议题上陷入对峙,因而无法按原定计划进入第二阶段的谈判。关于"分手费",欧盟预计约为 1000 亿欧元,但英国认可的数额约为 400 亿欧元,双方之间的差距很大。在这个问题上,此轮谈判英欧双方仅停留在比较计算方法等技术层面。在公民权利问题上,巴尼耶强调欧盟法院应有权监督在英欧盟公民权利的维护情况,但遭到英方坚决反对。而英方希望尽快启动过渡期谈判的要求也被欧方拒绝。巴尼耶在欧洲议会会议上表示,在"分手费"问题上双方并未达成一致,距离目标还很遥远。此外,来自欧盟内部和英国内部的压力也令谈判步履维艰。

2017 年 11 月 9—10 日,欧盟和英国在布鲁塞尔举行第六轮谈判。由于前五轮谈判未能取得实质性进展,双方在第六轮谈判开启之前都释放出希望"加速谈判"的信号。然而,双方在这次谈判中仍未取得实质性进展,只是在"分手费"、公民权利及爱尔兰边界问题上继续磋商。欧盟对英国提出的 200 亿欧元"分手费"不满,在公民权利方面双方分歧依旧,如家庭团聚问题、社保转移问题以及脱欧后欧洲法院判决是否仍对英国有效等问题。本轮谈判依然是无果而终。第六轮谈判结束后,欧盟方面向英国下了最后通牒,要求英国在两周时间内明确回复"分手费"问题,否则无法开启第二阶段的谈判。此后,双方在幕后仍然保持着密切接触,并取得了一些进展。

三、谈判难题

双方在进入第二阶段谈判前面临的三大难题:

一是"分手费"金额。英国首相梅 2017 年 9 月在佛罗伦萨演讲时说,2019 年 3 月脱欧后,英国需要大约两年的过渡期,其间英国会支付欧盟预算。据估算,这笔钱约为 200 亿欧元。但欧盟方面认为,除此之外,英国还应履行作为成员国时的承诺。这是因为英国与其他欧盟成员国共同签署和资助了一系列项目,有的项目执行期长达数年之久。英国想要退出,就必须清偿应该承担的份额。此外,不少英国人仍在欧盟机构工作,英国还应该负担这些人的养老金。有鉴于此,欧盟向英国开出的"分手费"达 600 亿—1000 亿欧元。如果英国拒绝付钱,双方将无法达成协议。

欧盟在"分手费"问题上态度强硬,而英国除了让步,似乎别无选择,因为只有首先解决这一问题,谈判才能触及更重要的议题。英国脱欧事务大臣戴维斯此前暗示,英方很可能在"分手费"问题上做出一些妥协,以换取欧盟在其他议题上的让步。当时有媒体透露英国政府已基本同意支付欧盟提出的 600 亿欧元"分手费"。

有分析认为,由于英国是第一个提出脱欧的国家,如果其他国家也效仿英国脱欧,欧盟可能面临解体危机,因此容克此前就强调,英国必须为离开欧盟支付约 500 亿英镑的费用,这笔钱不是为了处罚英国脱欧,而是防止其他国家效仿。

二是"过渡期"安排。梅表示,过渡期内,英国和欧盟"应继续根据现有条件进入彼此的市场"。英国商界同样支持设立过渡期,认为此举能够最大限度地减少脱欧对英国企业的冲击。但欧盟对这个问题持不同立场。巴尼耶说,英国有序脱欧,可能需要一段过渡期,但在此期间,要维持欧盟的全面监督和管理,维持英国的经济现状和所有义务。但出于政治原因,一些欧盟成员国不会支持设立过渡期的建议,因为这些国家不愿意看到英国在脱欧后仍能像之前一样进入欧盟市场。

三是未来的贸易协定。戴维斯表示,英国政府希望在2018年10月前完成谈判时,能与欧盟达成两份协议,一份是"分家"协议,包括设立为期两年的过渡期,另一份是关于未来贸易安排的政治协议。两份协议"不可分割",将一并提交给议会批准。英方表示要与欧盟达成一份全新的贸易协定,既不同于挪威模式,也不同于欧盟与加拿大所签的自由贸易协定。但欧盟方面认为,英国的想法不切实际。巴尼耶表示,单一市场是一整套法则与标准,其完整性不容谈判,要么身在其中,要么身在其外。

专栏 10-2

英国脱欧可能会付出的代价

"分手费"一直是脱欧谈判双方的焦点。英国一直都是欧盟的主要经济来源之一,2016年英国向欧盟上交的资金占欧盟总收入的13.5%,仅次于德国和法国。欧盟智库提出,英国应该向欧盟支付1 100亿欧元作为"分手费",但英国认为只能支付300亿欧元。"分手费"关系到双方各自的利益,因此双方为此纠缠不休。欧盟和英国能否就"分手费"达成一致决定了英国脱欧谈判的前景。英国脱欧可能会付出的代价包括三方面:① 实际账单;② 未来贸易关系;③ 欧元结算业务。

一、实际账单

欧盟提出的费用包括英国此前承诺的864亿欧元财务金额和115亿欧元的或有负债(指特殊情况下发生的支出)。这一金额比此前欧盟成员国所一致达成的索要金额还要高出许多,但英国退出欧盟时也会收到欧盟的一部分退款。欧盟预计两者间的差额将为602亿欧元。英国没有照单接收,而是在谈判中对此数额进行讨价还价。欧盟方面表示,如果英国希望脱欧"软着陆",那么它必须向欧盟支付约定的费用。可见,欧盟的其他27个成员国都不愿意看到英国在不付出任何代价的情况下就轻松脱欧,因为这会鼓励其他成员国的脱欧想法。分手费是由欧盟单方面提出的要求。欧盟谈判代表表示,他希望英国承担预算成本、英国驻欧盟官员的养老金,以及对爱尔兰的援助贷款等支出。欧盟方面提出,这笔费用可能在1 000亿欧元左右。而英国认为这么大的数目是无稽之谈。欧盟官员表示,如果在"分手费"问题上无法达成一致,他们就不会讨论自由贸易等问题。如果把脱欧看成是离婚,欧盟希望先离婚再谈之后的相处,英国则相反。"分手费"是一笔十分复杂的细账,既要考虑到各成员国分摊的权利义务,还要考虑到给英国的退款。即便英国政府答应支付这笔款项,但在其国内也会遇到各种政治阻力。此外,获得英国议会批准也绝非易事。

二、未来贸易关系

一旦退出欧盟,英国曾经享受的贸易和关税优惠政策都将被收回。这意味着英国要为脱欧付出的代价远不止高额的"分手费"一项那么简单。梅任命新西兰前驻WTO大使福克纳(Falconer)为英国政府首席贸易谈判顾问,以协助英国与世界其他国家达成新的贸易协议。福克纳和他的团队将与欧盟以外的国家进行自由贸易协定和市场准入协议的谈判。他还将协助英国与其他国家在特定行业和特定产品方面达成贸易协定。福克纳的这一任命表明,梅仍打算硬脱欧。英国财政部长菲利普·哈蒙德(Philip Hammond)证实了这一点,他称,"英国不仅将离开欧盟,还将离开单一市场和关税同盟"。梅曾多次表示,她希望拥有一个"全球化的英国",并寻求与美国、中国、澳大利亚等国签订新的贸易协议,而这正是英国作为欧盟及其关税同盟的一员所无法实现的。

欧盟是英国最大的贸易伙伴,英欧贸易额大约占英国对外贸易总额的50%。因此,英欧之间最终能否达成零关税的自由贸易协定对英国来说意义重大。英国脱欧导致的规则变化将首先体现在英国制造业对欧出口方面。在欧盟统一大市场内部,无论是中间产品还是最终产品,都可自由流动。但脱欧后,如双方不能签订自贸协定,英国企业用进口零部件加工制造成最终产品对欧盟出口,将无法享受相应的关税待遇。

三、欧元结算业务

硬脱欧将使英国的金融业遭到重创,这是英国必须付出的代价。欧盟委员会要求改革以欧元计价的衍生品市场的现行监管制度,这将迫使结算机构把业务从伦敦迁往欧盟境内,也意味着欧盟将收回欧元结算业务。这将对英国服务业产生重大影响,其优势服务业,如保险、金融、知识产权、运输等今后进入欧盟市场将面临较高的监管成本。退出欧盟单一市场,英国将丧失单一市场金融通行证,其对欧盟金融服务出口将因此减少,每年涉及的金额约为200亿英镑。而在英国的外资金融企业需重新在欧洲大陆设立总部,从而导致金融行业吸引外资减少。金融服务业在英国经济中所占的比重约为10%,而这些业务主要集中在伦敦。根据伦敦金融城的评估,欧盟约35%的批发性金融服务由伦敦提供;伦敦股市中有126家来自欧盟其他成员国的公司挂牌;欧盟排名前十的律师行总部均设在伦敦;这里处理着欧盟78%的外汇交易、74%的利率场外衍生产品交易,管理着85%的欧盟对冲基金资产、64%的私人股权基金资产、59%的国际保险金。而伦敦作为全球欧元结算中心,负责处理约3/4的欧元交易,支撑着成千上万个工作岗位。这里每天处理的结算业务量约为8500亿欧元,也是英国第一大结算机构——伦敦结算所的所在地。根据欧盟的建议,如果该机构还想继续进行欧元计价资产交易的话,就不得不从伦敦迁至欧洲大陆。届时,原本在英国工作的金融人士将一同去往欧洲。据估算,这将使伦敦在未来7年丧失约8万个就业岗位。未来欧元结算业务转移至欧洲大陆的可能性比较大。伦敦作为国际金融中心,欧元结算是它的主要利润来源。英国一旦退出欧盟,这里将不再受欧盟法院的管辖,而梅提出加强边境管制的要求也使人员流动受到限制。巴黎和法兰克福甚至卢森堡都表示愿意为接收国际金融机构提供优惠政策。长期来看,伦敦的金融中心地位将受到削弱。

四、达成脱欧阶段性协议

英国和欧盟谈判过程中存在的最大矛盾是英国对欧盟的财政义务。欧盟委员会主席容克明确表示:"英国必须先在'分手费'问题上与欧盟达成一致,然后再讨论贸易谈判的问题。"根据欧盟的要求,英国必须履行其预算承诺,并接受600亿—1000亿欧元的"分手费"。但英国不认可欧盟提出的"分手费",明确表示它的立场是先谈妥贸易协议,而后再付"分手费"。

从六轮无果而终的谈判看,第一阶段的分手谈判进展相当缓慢,双方在"分手费"、边界问题和公民权利问题上存在重大分歧。但随着欧盟峰会(2017年12月15日举行)的临近,英国和欧盟发现僵持下去对双方都不利。因此,为了尽快结束第一阶段的谈判,双方后来都做了必要的让步,最终化解了关键分歧,达成了阶段性协议。可以说,双方最终是通过妥协才换来了阶段性的进展,梅称之为"来之不易"的结果。之后,英国和欧盟就英国脱欧的一些政治安排达成了初步协议,并确定了与英国脱欧有关的各项条款。根据这项协议,英国预计向欧盟支付400亿—500亿欧元的"分手费";英国承认爱尔兰与北爱尔兰边界的"特殊情况",承诺避免出现"硬边界",即保证脱欧后英国北爱尔兰与爱尔兰边境不会设立海关、边检等实体边界;在公民权利问题上,在英国的欧盟其他国家的公民和在欧盟的英国公民的权利都将在脱欧后维持不变。这项协议排除了谈判中的主要障碍,为开启第二阶段的谈判铺平了道路。

2017年12月8日上午,英国首相梅和欧盟委员会主席容克在布鲁塞尔举行会晤,双方随后召开新闻发布会宣布欧盟与英国达成了脱欧协议。这意味着,双方经过近半年时间的谈判终于在"分手费"、爱尔兰边界、欧盟在英公民权利等核心议题上取得了一致,也标志着双方可以开启第二阶段谈判。容克表示,将在峰会之后开始脱欧过渡期的工作,相信欧盟其余27国将会对下一阶段的谈判采取开放态度。梅表示,英国将离开欧盟,并且希望与欧盟拥有深入且特殊的伙伴关系。英方将信守对北爱尔兰的承诺,保证爱尔兰岛不会有硬边界,同时还表示英国向欧盟承担的预算责任将持续到2020年。

五、第二阶段的谈判

欧盟在2017年12月14—15日举行的最后一次峰会上宣布,英国脱欧第一阶段的谈判已在核心议题上取得"足够的进展",因此,双方可以开启第二阶段的谈判,即可以开始就贸易协议进行谈判。虽然谈判进入第二阶段,但双方分歧依旧,谈判难度加大。其中,又以英国脱欧后与欧盟的贸易关系以及英国和北爱尔兰及爱尔兰的边境管控问题最为棘手。这一阶段谈判的特征仍然是双方深度博弈。

(一)谈判的指导方针

根据欧盟为第二阶段谈判制定的指导方针(以下简称"方针"),这个阶段谈判的目标是确定2019年和2020年英国脱欧过渡期的相关安排及未来欧英关系的整体框架,并且将一揽子解决包括第一阶段谈判遗留问题在内的所有脱欧问题。方针要求双方在完整履行第一阶段谈判的全部承诺并尽快将其转化为法律条款后,方可向前推进第二阶段的谈判。根据方针,在过渡期内,英国无权提名或选举欧盟机构成员,不能参与欧盟机构的决策,而欧盟现行的管理、预算、监管、司法等规章制度将继续在英国和欧盟适用,包括欧洲法院的管辖权;英国将继续留在关税同盟和欧洲单一市场中,遵守单一市场货物、服务、资本和人员自由流动原则,遵守欧盟贸易政策、关税政策,履行关税义务等。方针重申欧盟愿意与英国建立紧密伙伴关系,但有关双方未来贸易关系的协议只能在英国完成脱欧后才能签署。

(二) 英国和欧盟贸易协议可能采取的模式

就英国和欧盟未来的贸易关系而言,可以借鉴的模式有不少,但最有可能的模式是挪威模式和加拿大模式。

所谓挪威模式指的是,英国在脱欧后仍能进入单一市场,也有义务缴纳会费并遵守欧盟的主要法律,同时移民也可自由出入欧盟,但农业、渔业、司法和家庭相关法规不在欧盟的监管之下。在英国脱欧派中,希望采用挪威模式的人不在少数,在他们看来,挪威模式能使英国在与欧盟保持若即若离的关系的同时,又能享受到欧盟的诸多便利。英国财政部曾就此联合英国的几所高校一起进行民意调查,并发布调查报告称,挪威模式能使英国脱欧后遭受的经济打击最小。英国亚当·斯密学会发起的一份民意调查则显示,支持脱欧后采用类似挪威模式的受访者是反对者的两倍。

所谓加拿大模式指的是,加拿大与欧盟于2017年9月21日签署并生效的全面性经济贸易协议(Comprehensive Economic and Trade Agreement, CETA),这项协议使加拿大得以进入欧盟单一市场,免除大部分关税(根据这项协议,欧盟和加拿大之间98%的货物没有关税),欧盟和加拿大双方的公司均可以参与竞标对方政府合同。与此同时,加拿大不需要承担挪威所需承担的义务。但该协议只覆盖了部分服务行业。

鉴于英国政府内部围绕脱欧模式吵得不可开交,脱欧事宜久拖不决,欧盟很可能采用加拿大模式与英国达成一项自贸协定,这是欧盟的备选计划,主要目的是防止谈判无法取得有意义的进展。①

如果签订像CETA那样的协议,英国的银行就很难获得在欧盟运营的许可,英国的金融服务行业也就无法像留欧时那样进入欧盟单一市场。目前,英国公司可以在任何欧洲国家开展业务,无需每个成员国的进一步授权。但随着英国离开欧盟,这项权利预计将受到限制。这种模式远未达到英国方面所希望达到的,因为这种模式将限制英国服务业的准入,而服务业在英国经济中所占的比重很大,对英国至关重要。

此外,由于加拿大与欧盟为达成全面经济贸易协议足足用了七年的时间,英国与欧盟要在短时间内达成类似协议也是一个问题。

(三) 主要分歧

英欧在第二阶段谈判中的主要分歧是:

第一,单一市场准入机制。英国一直寻求单一市场准入程度最大化,但英国的诉求遭到欧盟部分机构的反对,它们认为对未来的英国贸易安排不能优于现状。

第二,英国想要采取逐渐脱欧的办法,直至完全适应为止。但是欧盟则表示,不会按照英国的愿望来制定一个专门的方案。

第三,虽然英国和欧盟都已经同意在2019年脱欧生效之后,将有一段过渡期,以求经济和政治上的稳定,但过渡期究竟多长时间双方各持己见,梅建议安排两年的过渡期,也就是到2021年3月29日为止,而欧盟则主张过渡期到2020年年底。

---

① 2020年12月24日英国与欧盟达成(脱欧后)的贸易协议,与欧盟和加拿大达成的"加拿大式的协议"类似,但比欧盟给加拿大提供的条件更为优越。因此,这也被视为英国首相鲍里斯取得的重大胜利。

（四）来自英国内部的障碍

首相梅内外交困。一方面，她要与欧盟斡旋；而另一方面，她要花更大的精力去应对国内各种复杂的局面，这导致英国在整个脱欧谈判过程中一直处于比较被动的地位。大选失利后，英国政府内部危机四伏，党内批评声浪此起彼伏，内阁因性骚扰丑闻而饱受诟病，党内同僚在议会不保持团结致使保守党在大选中失去议会多数优势。2017年12月13日，英国下议院通过了《退出欧盟法案》第七修正案。此修正案要求英国政府与欧盟达成的脱欧协议必须经议会表决通过才能签订，也就是说，此后英国和欧盟不管达成什么协议，都要面对英国议会方面的审核。此修正案实际上将脱欧谈判的最终权力从政府转移回议会，束缚了政府在脱欧谈判中的手脚。此外，2018年10月10日，保守党在下议院的盟友北爱尔兰民主统一党也出来反对在北爱尔兰和英国其余地区之间新增任何边检，并威胁如果新增任何边检，它就不再支持保守党政府。该党虽小，在下议院仅拥有10个席位，但是，如果失去这10票，首相梅将丧失控制下议院所需的多数席位，直接面临当年秋季预算或难通过的险境。因此，在与欧盟博弈的过程中，英国国内这种状况对梅极其不利，也使英国与欧盟第二阶段的谈判变得更加艰难。

专栏 10-3

《退出欧盟法案》第七修正案

英国前首席检察官多梅尼科·格里夫（Dominic Grieve）就英国《退出欧盟法案》提出了修正案，要求以法律条文加以明确，在英国与欧盟最终达成脱欧协议前，英国议会必须进行"有意义的投票"。

2017年12月13日，议员们对格里夫提出的《退出欧盟法案》修正案进行了激烈辩论，并于当天晚上进行投票表决，支持政府立场、反对修正案的保守党议员以305票对309票的4票之差，输掉了投票。这是梅成为首相以来的第一次重大立法失败。

包括保守党副主席斯蒂芬·哈蒙德（Stephen Hammond）在内的11名保守党议员在投票中反对本党立场，支持修正案，致使执政的保守党遭遇败北。作为保守党内反对派代表的哈蒙德表示，修正案涉及原则问题，必须要把原则放在党的利益之前。会后，哈蒙德即被保守党解除该党副主席职务。

此修正案实际上将脱欧谈判的最终权力从政府转移回议会，束缚了政府在脱欧谈判中的手脚。

鉴于英国国内这种形势，英方很难达成一个在政治层面能够被各方都能接受的折中方案。例如，由于保守党在脱欧模式问题上存在严重分歧，党内有多名议员和大臣辞职（因反对梅政府在脱欧事务中向欧盟做太多让步，英国脱欧事务大臣戴维斯和外交大臣约翰逊先后辞职，这两人被视为梅政府中硬脱欧的代表），这给首相梅带来很大威胁，对谈判的顺利通过亦造成影响。

由此可见，梅在脱欧这件事上"腹背受敌"。此前是英国议会意见不一，之后议会即便能够就脱欧达成一致，梅也还得说服欧盟同意才行。欧盟谈判代表巴尼耶在面对英国的要求时表现出了强硬的谈判立场。

如何平衡好国内留欧派和脱欧派之间的斗争,如何处理来自苏格兰地方政府及英国民众的不满,是梅政府当时亟须解决的问题。

(五)最后期限一再推迟

英国和欧盟最初提出脱欧谈判在2018年6月底前完成,但由于双方在关键问题上分歧严重,导致谈判进展缓慢。鉴于谈判的复杂性和艰难性,谈判截止期限被迫推迟。双方希望将10月中旬召开的欧盟峰会作为谈判的最终期限。虽然大约80%的脱欧协议内容已经确定,但在爱尔兰边界这个关键问题上,双方分歧依旧。10月14日晚间,双方在布鲁塞尔进行的最为紧张的商谈没能打破谈判僵局,脱欧后爱尔兰的边境命运问题仍然是阻碍谈判成功的最大绊脚石。会谈破裂后,英国的大臣们被告知需要在数周内开始为英国无协议脱欧实施各项计划。英国首相梅在欧盟峰会召开的前一天(10月16日)召集主要大臣,讨论北爱尔兰与爱尔兰共和国之间的边境问题。这个问题是英国政府内部分歧的根源。此前,梅曾警告说,英国脱欧草案条约"没有成功的希望",并可能撕裂她的政府。梅还派遣她的脱欧事务大臣多米尼克·拉布(Dominic Raab)前往布鲁塞尔,向欧盟方面说明梅不可能在17日举行的一个峰会上签字同意英国脱欧条款。欧盟峰会于2018年10月17日和18日在布鲁塞尔召开,第一天的会议主要聚焦于英国脱欧问题,但并未就脱欧协议取得突破,在此期限前达成协议的希望再次落空。此后,英国和欧盟不得不再次将谈判期限推迟到11月中旬。爱尔兰边界问题仍然是谈判一再推迟的主要原因。虽然双方都希望避免硬边境,但没人知道如何将这一点与各自的利益相协调,从而使双方都能接受。

(六)取得重要进展

谈判并未就此结束是因为,除了贸易协议,双方还要准备有关英国和欧盟未来关系的"政治宣言"。此后,双方继续激烈博弈。最终,11月25日,在欧盟布鲁塞尔特别峰会上,27个成员国就英国脱欧协议草案进行投票表决,一致通过了该协议草案。欧盟委员会主席容克当天表示,"对英国和欧盟来说,这都是一份最好的协议,也是唯一一份可行的协议"。舆论也普遍认为,这是英国与欧盟开始脱欧谈判一年多以来取得的重大成果。

脱欧协议规定,英国需向欧盟支付总额约390亿英镑的"分手费",在2019年3月英国正式脱欧后设置为期21个月的过渡期,其间英国仍留在欧洲共同市场和欧盟关税同盟内,享受贸易零关税待遇。协议强调,英欧将着眼于建立"自由贸易区"。

(七)来自英国议会的阻力

按照法律程序,脱欧协议仍需双方议会表决通过才能生效。实际上,该协议在欧盟议会获得批准不存在法律障碍。在欧盟峰会宣布通过该协议草案后,法国、荷兰等欧盟成员国领导人纷纷呼吁英国支持这份协议。而在英国国内,包括工党、社会民主党、苏格兰民族党在内的多个党派却表示将在议会投票时反对这份协议。

为了使这份来之不易的协议能够在议会获得批准,梅和她的内阁成员在国内展开广泛游说,以争取各方支持。梅在欧盟布鲁塞尔峰会通过协议草案的当天就写信给英国民众,强调这份脱欧协议将使英国收回移民、法律等方面的管辖权,同时又可避免每年向欧盟缴纳巨额款项,希望各界能够支持这份脱欧协议。但是反对者却并不认同她的看法,他们认为,梅仅仅提到了有利于英国的方面,而对于脱欧协议对英国可能造成的负面影响却只字未提。

英国议会下院原定于2018年12月11日就协议草案进行投票表决。但是面对保守党党内一百多名议员的反对,梅感到协议草案要在议会通过毫无胜算,于是在前一天召开内阁紧急会议,宣布将表决推迟到2019年1月15日。

梅当时还寄希望于欧盟方面能伸出援手。实际上,她在原定投票表决时间的前两天(12月9日)就曾致电欧洲理事会主席唐纳德·图斯克,表示除非欧盟同意修改脱欧协议草案,否则英国议会下院11日投票会否决有关协议草案。就在英国做出推迟议会投票时间的同一天,欧盟法院裁定,英国不需要欧盟其他27个成员国的同意就可以单方面撤销脱欧计划。欧盟的这一表态,对于英国国内的留欧派人士来说无疑是一种鼓舞。

主要反对党工党当时明确表示,一旦保守党政府在脱欧协议草案投票中遭遇失败,工党就会挑战保守党的执政权。英国保守党45名议员也提交了对首相的不信任信函,这触发了保守党重新选举党的领袖。包括前外交大臣约翰逊在内的极有竞争力的九人盯上了首相宝座,准备参加角逐。

(八)议会表决结果

2019年1月15日,英国议会下院就英国政府与欧盟达成的脱欧协议草案进行第一次投票表决。协议草案最终以202票赞成、432票反对遭到否决。脱欧协议无法通过的主要障碍是其中关于北爱尔兰的"后备计划"。所谓"后备计划"实际上是一个旨在防止英国北爱尔兰地区与爱尔兰共和国之间出现任何硬边界的方案。英国议会中的许多批评者认为,"后备计划"条款很可能让英国无法真正实现脱欧。

由于英国议会投票否决了脱欧协议草案,因此,梅面临三种选择:第一种是重新与欧盟谈判;第二种是解散议会、重新大选;第三种是再次举行全民公投,将脱欧前途的决定权再度交还到民众手中。

第一种选择显然是行不通的,因为欧盟已经明确表示不可能再与英国就脱欧协议进行谈判,欧洲理事会主席图斯克在英国议会表决结果出来后随即表示,欧盟的计划里没有重谈,欧盟认为此前达成的协议是最好的,也是唯一能让英国离开欧盟的方案。第二种选择是提前大选。提前大选既可以由梅主动发起,也可以由反对党发起。对于梅而言,提前大选的前提是,她这样做能使保守党在议会获得更多席位,从而有利于她的脱欧协议在议会获得通过。但类似情况有前车之鉴,之前在2017年她发动的那场大选豪赌中,保守党在议会的席位不但没有增加,反而减少了(她后来遭遇的困境与那次选举结果有很大的关系),所以这次她并没有这样做。而反对党(工党)领袖杰里米·科尔宾(Jeremy Corbyn)在投票结果公布后不久就表示,要发起对梅政府的不信任投票,以迫使梅提前举行大选。第二种是再次举行全民公投,将脱欧前途的决定权再度交还到民众手中。这种选择的结果不排除英国留在欧盟的可能性。因为2016年的脱欧公投颇具戏剧性,在临近公投的最后日子里,倾向于留在欧盟的人多于倾向于退出欧盟的人,当时很多人以为最终留欧派会获胜。但是投票那天,支持脱欧的人投票踊跃,而很多赞成留欧的人都认为这只不过是一场闹剧,因此也就没去投票,所以才出现了脱欧派胜出的结果。出于这个原因,当时希望重新投票的呼声很高。工党倾向于重新举行全民公投留在欧盟或制定一份与欧盟联系紧密的软脱欧协议。但是梅这次已公开表示宁可无协议脱欧也决不重新举行公投,其实就是在告诫工党,不要寄希望于通过否决现有的脱欧协议来达到重新举行公投的目的。

最终,英国一厢情愿地还是选择了第一种方案。为此,英国议会2019年1月29日就七项涉及脱欧协议的修正案展开激烈辩论并进行表决。结果,只有两项修正案获得通过:一项是反对无协议脱欧,另一项是要求修改有重大争议的爱尔兰边境"保障措施"。

之后,英国议会要求梅重启脱欧谈判。但是,欧盟方面不同意改变和英国达成的脱欧协议草案内容。图斯克明确表态,2018年已经谈妥的脱欧协议"没有重新商讨的可能性"。

2019年3月12日,英国议会下院就脱欧协议进行第二次投票表决,结果以242票赞成、391票反对再次否决了协议草案。按《里斯本条约》第50条的规定,英国应于3月29日正式脱欧。鉴于两次投票均遭否决,梅在英国议会的授权下于3月20日向欧盟提交延期申请,希望将最后期限延长至6月30日。3月21日,欧盟同意了英国延期脱欧的申请,排除了英国3月29日无协议硬脱欧的可能性。但是,欧盟同意英国延期脱欧有一个前提条件:英国议会第三次投票表决能够批准脱欧协议。而如果脱欧协议在第三次投票表决中仍无法通过,那么,脱欧日期只能延到4月12日。

由于前两次脱欧协议均遭到否决,英国下议院议长要求提交第三次表决的方案必须有重大变化,否则议会将不进行第三次表决。但此时与欧盟重新协商修改协议显然不可能,梅只能将脱欧协议修正案拆分为"脱欧方案"和"英国与欧盟未来关系的政治宣言"两部分,然后将"脱欧方案"这部分提交议会进行投票表决。

2019年3月29日原本是英国脱欧的日子,而英国议会就在这一天举行了第三次对脱欧协议的投票。结果是286票赞成、344票反对,以58票的差距第三次否决了梅和欧盟达成的脱欧协议。事实上,在投票的前两天(3月27日),保守党议员内部举行会议,梅在会上孤注一掷,宣布自己不会领导下一阶段的脱欧谈判,并且以承诺辞职来换取党内脱欧强硬派议员的支持。梅的最后努力使部分党内脱欧强硬派议员包括约翰逊改投了支持票,但保守党内仍有34位议员投了反对票。

脱欧协议之所以三次被否,其主要原因是最具争议的北爱边境保障条款。该条款规定:如果未来英国和欧盟没有找到替代方案,那英国和北爱就将无限期地留在欧盟关税同盟,并且英国不得单方面离开。这让那些投反对票的保守党议员感到这份协议并没有让英国真正脱欧。

按照原先达成的脱欧延期方案,如果第三次投票仍未能通过脱欧协议,英国在2019年4月12日就应该脱欧。为避免英国"无协议脱欧"的最坏结果,欧盟在4月10日召开紧急峰会讨论延期的可能性并决定是否让英国参与欧洲议会选举。会后,图斯克宣布,英国脱欧的截止日期为10月31日。

(九)脱欧进入混乱期

2019年6月7日,特蕾莎·梅正式辞去保守党首脑一职。随后保守党开始竞选新党首。2019年7月23日,鲍里斯·约翰逊击败时任外交大臣杰里米·亨特,在保守党新首脑选举中胜出,成功当选保守党领袖,并自动成为英国新首相。随着约翰逊7月24日正式接替梅入主唐宁街10号,英国脱欧也进入了最难以预测和混乱的阶段。鉴于约翰逊在脱欧问题上的一贯强硬立场,英国在10月31日实施硬脱欧的可能性大增,从而引发各方高度关注。

脱欧协议三次遭到否决使英国深陷危机。实际上,在英国脱欧期限临近的一段时间内,不少英国民众的危机感也与日俱增。由于担心到时会出现供应不足,不少人开始囤积食品和生活必需品。一家英国食品公司抓住这个时机向市场推出脱欧"生存包",内有食品和其他一些生活应急用品。此种生存包一经推出,就受到民众的欢迎。对于民众的恐慌情绪,英国政府一再呼吁民众保持冷静,并告诉他们不要囤积日用品,因为政府会采取措施确保物资供应。

上述只是英国脱欧过程中的一个小插曲,但英国民众的过度反应却折射出英国社会的一种心态,反映出英国民众对充满变数的脱欧的焦虑和担忧。很显然,英国无论以何种形式脱欧:有协议脱欧或无协议脱欧,其结果都已经对英国造成了负面影响。比如,它在政治上进一步分裂了英国社会。"脱欧派"与"留欧派"、"硬脱欧派"与"软脱欧派"之间的对立,加剧了英国的社会矛盾,让脱欧进程举步维艰,同时也加剧了英国执政党与在野党、英国本土与北爱尔兰之间的分歧。

(十)最后的脱欧方案

在脱欧进入倒计时的重要时刻,约翰逊首相于2019年10月2日提出脱欧最终方案用"四年双边界"方案代替之前饱受争议的"备份安排",并称这是英方做出让步后的最后方案,如果欧盟方面不能做出相应的妥协,英国将如期在10月31日"无协议脱欧"。

"四年"是指,在英国脱欧的过渡期于2021年终止后,北爱尔兰将与欧盟维持四年的特殊关系,即北爱尔兰至少在2025年之前大体留在欧盟单一市场内,但将与英国本土一起离开欧盟关税联盟。四年后,北爱尔兰议会可以选择未来是继续遵守欧盟的法规,还是遵守英国的法规。

而"双边界"是指,在爱尔兰海上有一条北爱尔兰地区和英国其他地区之间的监管检查边界,另一条边界是在北爱尔兰地区和爱尔兰之间设置海关检查。根据最后的方案,海关检查不会设在北爱尔兰地区与爱尔兰的边界上,而是在距离边境5—10英里①的地方设立一连串的海关关卡,并在货车上安装实时跟踪设备。

爱尔兰一向反对在其与北爱尔兰地区之间进行海关检查,欧盟其他国家也认为该方案可能违反爱尔兰与北爱尔兰地区签订的和平协议《贝尔法斯特协议》及欧盟单一市场的完整性。

新方案公布后,英国在野党内出现了一些反对的声音。例如,英国脱欧事务大臣基尔·斯塔默(Keir Starmer)认为新方案是对两年前给北爱尔兰地区人民承诺(不会回归硬边界或有相关检查)的倒退。英国反对党工党领袖科尔宾也已经表示,不会接受新的方案。

---

① 1英里=1 609.344米。——编者注

约翰逊自上台后,在包括"提前大选""无协议脱欧"等英国议会内的重要表决中,多次遭到挫折。爱尔兰边境问题一直是脱欧谈判的关键症结所在。此前英国政府和欧盟达成的方案中,脱欧协议包含一份就边境问题设立的"备份安排",但是这个方案在英国议会内部被否决了三次。之后,英国政府也一直在技术层面寻求备份安排的替代方案。总的来看,约翰逊在这个阶段获得的支持要比上任首相梅多。

(十一)正式脱欧

英国议会下院和上院分别于 2020 年 1 月 9 日和 1 月 22 日投票通过了脱欧协议,1 月 23 日,英国女王伊丽莎白二世签署批准了英国议会此前通过的脱欧协议相关法案。1 月 30 日,欧盟正式批准了英国脱欧,从而完成了所有法律程序。根据这份协议,英国于 1 月 31 日正式脱欧,结束了其 47 年的欧共体/欧盟成员国身份。这一天对英国和欧盟来说,都是一个历史性的时刻。从 2020 年 2 月 1 日起到 2020 年年底是脱欧过渡期,这期间,英国将继续遵守欧盟的规则,并与欧盟进行多项事务的谈判。如果双方未能在过渡期结束前就贸易问题达成一致,英国无协议脱欧或将成为现实。英国与欧盟的自贸谈判于 2020 年 3 月 2 日正式开始。

至此,脱欧大戏终于落下帷幕。

在英国 2019 年 12 月 13 日的大选中,保守党的选举口号是"完成脱欧"(Get Brexit Done),保守党获胜后,英国政治在选举之后的主题工作就是"完成脱欧"

英国脱欧无疑是欧盟迄今为止面临的最大一次挑战,但是,欧盟经受住了挑战。虽说欧盟和英国一样也蒙受损失,但毫无疑问,英国为此付出的代价比欧盟因失去它这个成员的代价更大。因为有英国的欧盟会锦上添花,在国际上的影响力会更大;而脱离欧盟的英国则不然,它在很长一段时间内将内外交困。

参 考 文 献

1. 陈歌.欧盟货币政策与财政政策协调的潜在风险[J].现代经济信息,2013,13:1—2.
2. 顾颖,董联党,等.欧洲一体化进程中的区域经济发展[M].北京:中国社会科学出版社,2008.
3. 郭辉:浅析舒曼计划原因及其意义[J].首都师范大学学报(社会科学版),2005年增刊,86—90.
4. 黄嘉敏,陈晓伟,等.欧共体的历程:区域经济一体化之路[M].北京:对外贸易教育出版社,1993.
5. 劳木.欧洲难民危机,罪魁祸首是美国[EB/OL].(2015-09-08)[2015-10-31].https://opinion.huanqiu.com/article/9CaKrnJPctw.
6. 李登旺.欧盟共同农业政策改革助力可持续发展[J].农村工作通讯,2017,24:1—2.
7. 李思默,《欧洲难民危机系列报道》第二篇:争吵的欧洲[EB/OL].(2015-10-18)[2015-10-31]. http://m.cnr.cn/news/20151018/t20151018_520181937.html
8. 刘明礼.贸易摩擦下的欧盟角色[J].环球,2018,15:7—25.
9. 缪晓娟.欧盟财政预算的来源和分配[EB/OL].(2012-11-22)[2013-03-06].http://roll.sohu.com/20121122/n358395463.shtml
10. 欧洲遭遇前所未有的难民危机[EB/OL].(2015-9-5)[2016-1-14]. https://www.chinanews.com/gj/2015/09-05/7505804.shtml
11. 任世平,王景文.比利时提出十大财税措施应对金融危机[J].全球科技经济瞭望,2010,5,25(5):30—33.
12. 沈木珠.论国际反倾销与中国之因应对策[J].法商研究,2002,2:16—28.
13. 陈秋兰.入世后中国如何应对反倾销:BELLIS律师、傅东辉律师的分析与展望[J].国际法学,2002,2:13—16.
14. 宋和平,黄文俊.反倾销法律制度概论[M].北京:中国检察出版社,2001.
15. 随新玉.欧盟的财政制度与效应分析[J].财政研究,2003,9.
16. 王保安.欧盟财政政策评析[J].中国财政,2004,9.
17. 王寒寒,彭红斌.欧盟普惠制的变化及其对中国的影响[J].经济研究导刊,2010,9:135—136.
18. 王鹤.欧盟经济概论[M].北京:中国社会科学出版社,2014.
19. 维纳,迪兹.欧洲一体化理论[M].朱立群,译.北京:世界知识出版社,2009.

20. 吴津清. WTO 反倾销规则[M]. 广州：广东人民出版社，2001.

21. 高永富，张玉卿. 国际反倾销法[M]. 上海：复旦大学出版社，2001.

22. 王景琦. 中外反倾销法律与实务[M]. 北京：人民法院出版社，2000.

23. 吴侨玲. 从欧洲难民潮看欧洲一体化建设[EB/OL]. （2015-11-30）[2015-12-01]. http://news.hexun.com/2015-12-01/180901170.html

24. 翁贝尔托·特留尔齐. 从共同市场到单一货币[M]. 张宓，刘儒庭，译. 刘儒庭，李玉成，徐力源，校. 北京：对外经济贸易大学出版社，2008.

25. 吴侨玲. 从希腊主权债务危机看欧元发展前景[EB/OL].（2015-11-30）[2016-04-11].

26. 张小欣. 试论西欧经济一体化对关税同盟理论的影响[J]. 重庆师院学报（哲学社会科学版），2001，3：49—54.

27. 中国驻匈牙利经商参处. 欧盟结构和投资基金浅析[EB/OL].（2015-04-30）[2015-08-01]. https://china.huanqiu.com/article/9CaKrnJKwcb

28. European Commission. Europe in 12 lessons[M]. Publications Office of the Eupean Union，2018.

后　记

　　我们编著本教材的目的是给学习"欧盟经济"课程的学生,以及希望了解欧盟经济有关情况的人们提供一本通俗易懂的教材或参考书。

　　1999年欧元问世引起世人瞩目,人们在关注它给欧洲经济、世界经济和国际货币体系带来何种影响的同时,也必然要探究欧元产生的背景。实际上,欧元的诞生不是偶然的,而是欧洲经济一体化发展的必然结果。

　　一般认为,欧盟是区域经济一体化的先驱,也是最成功的范例。欧盟自2004年至2019年一直是我国第一大贸易伙伴;2020年东盟取代欧盟成为我国第一大贸易伙伴,欧盟则降为我国第二大贸易伙伴;我国则在2020年取代美国,跃升为欧盟的第一大贸易伙伴。

　　欧洲是"一带一路"的重要地区,在"一带一路"倡议下,我国企业"走出去",开拓欧洲市场,需要了解欧洲的经济政策以及欧洲统一大市场及其营商环境。

　　中欧投资协定谈判历时七年,终于在2020年12月30日结束。当时,这一消息在国内和欧盟都引起广泛关注并受到普遍欢迎。但是,2021年3月,由于新疆棉事件,欧盟开始制裁中国,中国采取相应的反制措施之后,欧洲议会宣布无限期停止审议中欧投资协定。这让人们感觉中欧关系出现了问题、遇到了困难。在这种变化下,如何看待未来中欧关系和中欧经贸的发展前景?

　　中国与欧盟的前身欧共体于1975年5月6日建交。回顾中欧关系47年的风雨历程,中欧经贸关系的发展经历了几个阶段,发展速度令人瞩目。如今中欧每天的经贸额达到18亿美元,而建交时一年只有24亿美元。在我们看来,如今中欧关系的困难只是暂时的。中欧投资协定在欧盟审议和通过只是个时间问题,因为这是一个互利共赢的协定。

　　在百年未有之大变局的时代,在新冠肺炎疫情依然在世界蔓延的情况下,在构建人类命运共同体的今天,中欧关系的健康发展不仅有利于中欧双方,也对世界的和平稳定与发展具有重要的现实意义和深远的历史影响。我们作为多年从事对欧经贸合作的管理人员和多年从事欧盟经济教学与研究工作的教师,都会为此付出自己的努力。这不仅是我们的职业和研究兴趣,更是一种与之相伴的使命、责任和追求。

　　在编写本教材的过程中,我们根据教育部《高等学校课程思政建设指导纲要》等文件精神,力求把思政教育和专业知识有机融为一体,旨在提供一本符合新时代人才培养需要的教材。同时,我们参考和引用了有关中外学者的相关著作文章,以及网络资源等,在此向相关作者深表谢意。感谢本书的责编兰慧老师在本书出版过程中的辛苦付出。由于水平所限,本书的错漏之处,敬请读者批评指正。

张新生　吴侨玲
2021年12月27日